华中师范大学出版基金丛书
学术著作系列

国家社会科学基金重大项目(18ZDA331)、国家自然科学基金面上项目(32271128)和国家社会科学基金后期资助项目(20FSHB003)成果之一

社会心理：知与行

温芳芳
佐　斌　主编

CBJJ

華中師範大学出版社

新出图证（鄂）字 10 号

图书在版编目（CIP）数据

社会心理：知与行/温芳芳，佐斌主编. —武汉：华中师范大学出版社，2023.3

ISBN 978-7-5769-0052-1

Ⅰ.①社… Ⅱ.①温… ②佐… Ⅲ.①社会心理学—研究 Ⅳ.①C912.6-0

中国国家版本馆 CIP 数据核字（2023）第 016643 号

社会心理：知与行

温芳芳　佐　斌　主编

责任编辑： 缪　玲　　**责任校对：** 肖　阳

封面设计： 罗明波

编辑室： 基础教育分社　　**电话：** 027－67862387

出版发行： 华中师范大学出版社有限责任公司

社址： 湖北省武汉市洪山区珞喻路 152 号　　**邮编：** 430079

电话： 027－67863426（发行部）

网址： http://press.ccnu.edu.cn　　**电子邮箱：** press@mail.ccnu.edu.cn

印刷： 武汉兴和彩色印务有限公司　　**督印：** 刘　敏

字数： 268 千字

开本： 710 mm×1000 mm　1/16　　**印张：** 16.75

版次： 2024 年 1 月第 1 版　　**印次：** 2024 年 1 月第 1 次印刷

定价： 79.00 元

欢迎上网查询、购书

导语　印象：社会心理学的样貌

作为一名社会心理学人，我必须面对这三个基本问题：我是什么样子？社会心理学是什么样子？社会心理学人（我算一个）看到的人是什么样子？如果按照古今中外的理论来回答，别说三言两语讲不清，著述十本百部也不一定说得明。如果依据此时此刻我脑海里的浅思遐想，一个词语似乎可以把这三个问题串起来，那就是“印象（Impression）”。

是的，我们在自己和别人心中的印象、我们对各类社会中人的印象、我们描绘的社会心理学的印象，这是社会心理学人研究的基本内容。印象，虽然在国内外社会心理学教科书中的地位还不高，内容也不算多，但是当我们打算开展社会心理学科普工作的时候，是必定不会把“印象”放掉的。

110 年前，英国心理学家 William McDougall 和美国社会学家 Edward Ross 分别出版了《社会心理学导论》和《社会心理学》两本书，它们标志着社会心理学的诞生。虽然这两本书分别从个体和群体的层面展现了社会心理学最初的面貌，但是 Gordon Allport 和 Floyd Allport 两弟兄对社会心理学“样子”的个体心理取向定义与实验科学范式成为后来西方心理学者关于社会心理学的标准“印象”，对于中国社会心理学的发展也具有相当重要的影响。

不错，他们主张社会心理学研究人对于人的影响（Influence），但是“影响”的本真也是“影”和“响”。形象与声象是“影响”发生的基础或前提条件甚至就是过程。所以我认为，“印象”是社会心理学的外形或容貌，“影响”是社会心理学的内在或气质。社会心理学研究的两大主题社会认知与社会影响，就是“印象”和“影响”的写照。

印象与形象（Image）是社会生活中常用的两个词。印象是接触过的客观事物（主要指人）在人的头脑里留下的迹象；形象指能引起人的思想或感情活动的具体形态或姿态。可以说，凡有“形”者（感觉到的），都能令人生“象”（知觉），能被“印记”（记忆）时便产生了印象。形象与印象的差异之处在“形”（外显特点属性）与“印”（认知加工过程），共性聚焦于“象”（知觉与心理表征）。因此，形象是“面貌特点的集合”，印象是对面貌集合的“感知与记忆”结果。印象来源于形象，但是印象总是相对笼统的、粗略的和概括的，对形象进行了过滤。印象形成往往在短时间内完成并且会随着认识与互动过程而调整，这就决定了印象不可能覆盖认知对象所有的“形”，从而导致认知偏差如首因效应、近因效应、晕轮效应、刻板效应等。

基于形象的印象心理过程发生在我们生活中的每一天。所有能被提取加工的印象，几乎都能被“有形”地表达（语言）或测量出来（行为），对我们的内在心理产生作用，引发我们的情绪情感，引导着我们的交往与生活行为。

印象从何而来或者因何而成？有这样三方面的“有形”线索。第一是生理或视觉线索，包括性别、种族、外貌（身高、体重、长相、衣着、发型）等；第二是社会信息线索，包括职业、家庭收入、教育背景、地位、学业成绩等；第三是反映人格与情绪的行为信息线索，如快慢、好坏、动静、趋避、哭笑等。印象形成过程中，人们会简省类别线索的采择从而降低认知负荷，群体刻板印象可能导致群际偏见与歧视。

我心目中真正的社会心理学应该充满了“印象”，印象负载了社会心理学及认知心理学非常本质的内容。

社会心理学的内容纵使如阿伦森所言，是被称为社会心理学家的人所弄出来的知识，但是这些知识也是有共识的：自我与社会化、社会认知、人际互动、群体心理与行为、文化心理与社会变迁等是社会心理学的知识板块。除了在社会认知园地中，印象和刻板印象必然隆重登场露脸；在其他的知识领地里，印象也是活跃分子。社会心理学对于人的印象的研究，属于基础性内容，也是常新的研究热点。只有看清社会心理学的形貌，才能够懂得社会心理学的气质。社会心理学必须研究个体印象及形成，也当然要研究群体刻板印象及后果。

《社会心理：知与行》这本书定位于传播社会心理学的科学研究成果为民众所用，抒发中国社会心理学人对社会和人民群众（包括我们自己）的人文情怀和社会态度，部分成果来自我们“印象社会心理”公众号的

"问心集"，我们希望通过我们研究发现的社会心理知与行 51 个主题作为一个小的窗口，展露社会心理学人的真容，绽放社会心理学的美貌，为满足人民群众对美好生活的向往奉献绵薄之力。

佐 斌

2021 年 8 月

目　录

第一篇　自我篇

威廉·詹姆斯曾说："自我是人类心理宇宙的中心。"古希腊德尔菲神庙的廊柱上也镌刻着一句名言——"认识你自己"。然而，"我是谁?"这一问题千百年来困扰着无数人。正如尼采所言，"离每个人最远的，就是他自己"。自我与我们如此亲密，而又似乎神秘莫测、遥不可及，就像某首歌曲中反复吟唱的："so near，yet so far."可以说，自我就是我们最熟悉的陌生人。

自我是个体社会化的起点，在心理学研究中，我们把个体在特定社会文化环境中，学习和掌握知识、技能、语言、规范、价值观等社会行为方式和人格特征，适应社会并积极作用于社会、创造新文化的过程，称为社会化。在中国文化中，社会化就是我们说的"成人""做人"。自我具有个体性和社会性双重特征，它既体现个体独特性，也通过个体与外界互动丰富个体的社会性。因此，自我绝不仅是日常语用中的"自私"或"自我中心"，相反，人是社会中人，自我在社会互动中形成发展，不能脱离社会，个体不断改变自我去适应社会，同样，也在不断更新自我去改造世界。

本篇从社会心理学的核心主题自我出发，从自我认识、自我发展和自我健康三大方面对其进行了介绍。

在自我认识方面，我们首先从个体角度出发，阐述了自我的定义、产生与发展，自我认识的途径及各类自我偏向。其次立足于社会层面，我们发现自我会影响个体对群体的认知与偏好。同时，我们特别提到了社会生活中影响自我认识和自我发展的刻板印象威胁。

在自我发展方面，我们基于人的生命历程发展视角，首先立足于个体自身角度，介绍了希望乐观、自我肯定、需要愿望、自我效能、创造训练、积极归因、具身认知等因素对自我发展的作用。其次个体步入成年期后，工作对自我发展有着举足轻重的作用，因此，我们介绍了职业选择、潜质偏好、职业认同等话题。最后到了老年期，每个人都必须面临变老，于是我们引入了与变老相关的研究，帮助大家更好适应。

在自我健康方面，我们介绍了如何进行自我调适，提出了心理健康“六人同行”，并强调尽管自我的形成与发展离不开社会的塑造，生活中也有不同威胁与挫折，但我们依然要坚信我命由我，寻找生命意义，抵抗抑郁，珍惜幸福。

“认识你自己”，这句镌刻在古希腊德尔菲神庙上的箴言，是社会心理学关注“人”的问题的原点。在社会关系中发现自己，在面临威胁时肯定自己，在追逐梦想中丰盈自己，在自我发展中珍视自己。“我就是我”，独一无二，做好自己，绽放精彩。希望本篇内容能够帮助读者朋友正确认识自我，积极发展自我，维护健康自我。同时，衷心祝愿读者朋友们能够读有所获，遇见最美的自己。

01　以人为镜　自我意识

【知行心语】自我是社会化的起点，具有个体性和社会性双重特征，它既体现出个体的独特性，也通过社会交互丰富个体的社会性。自我具有主我和宾我的二元性，包括物质自我、社会自我和精神自我。没有人是一座孤岛，自我打着深刻的社会文化烙印，在与他人的社会互动中，以人为镜，人们会逐渐形成和发展出清晰的自我意识。

大多数人对“庄周梦蝶，蝶梦庄周”的故事并不陌生。两千多年前中国思想家庄周曾提出了一个至今仍让人感到迷惑的问题，即“我是谁？谁是我？”这个问题不光是哲学家、文学家、艺术家感兴趣，心理学家也对其兴趣盎然。那么，什么是自我，自我意识是如何产生和发展的呢？我们一起来寻找答案吧！希望对大家的自我认识有所助益，同时也为大家人际交往奠定一定的基础。

一、解读自我，神秘又熟悉

那么，什么是自我？下面我们将从自我的界定、特点和结构三个方面进行简要的概述。

1. 自我的界定

在自我的界定中，我们首先来看看自我的二元性。自我由对自己的看法与信念所组成。西尔格德的一句名言说出了自我的悖论和趣味，他说：自我意识是最不可靠的，你自己就像坐在理发店里的两面镜子中间一样，一个影像对着另一个，你看着我，我看着你，很快，你就会对哪一个自我是在看，哪一个是被看而感到迷惑。

威廉·詹姆斯是第一个认识到自我二元性的心理学家，他用了“主我 I”和“宾我 me”这两个概念来区分自我的两个不同方面。根据他的理论，主我用来指代自我中积极地进行知觉、思考的主体部分，宾我则用来指代自我中被注意、思考或知觉的客体部分。例如，当我说“我看见我自己”时，两个术语都涉及了。我是看的主体，也是看的客体（乔纳森·布朗，2015）。

将自我的主我与宾我结合起来，就可以建立一种一致的认同感。我们可以这样描述自我的二元性：自我是一本书，同时也是这本书的读者；书中的精彩内容是自我长期累积下来的，而作为书的读者的自我能够在任何时刻自由读取书中的某个章节或是随意增添新的章节。

自我的二元性是自我的两个方面，而自我图式则是我们用以组织世界的心理模板，它影响人们所注意到的、所思考的以及所识记的关于他们自身的信息。马库斯（1977）提出，那些认为像"友好的"这样的特质是特别重要的人，也会对他们自己的友好有特别丰富的记忆。例如，具有友好自我图式的人可能记得"我在地铁与一个陌生人交谈"这样一些具体事件的记忆，也可能记得"当我和朋友在一起时会感到特别开心"这样一些在不同环境中典型反应的一般看法，或者认为"我是个热情的人"这样更广泛的自我归类。

2. 自我的特点

那么，自我又表现出怎样的特点呢？在此，我们主要来看看自我的社会性和文化差异。

首先请大家做个小游戏，请在你的额头上写一个大写字母 E。你在额头上写的是哪种 E 呢？第一种：如果一个人写的 E 从镜子中自己能进行准确地判读，那么就说明这些人有更强烈的自我意识，这种人不会太在意别人说些什么，而更喜欢按照自己的方式做事。第二种：如果一个人写的 E 在别人看来是正确的 E，那么这种人往往更关心他们的公众形象，更在意别人对自己的看法，也会更多地站在别人的角度思考问题。这个测试的统计结果显示，70%的被试都写出了在别人看来是正确的 E，也就是说过半的人都很在意别人对我们的看法和评价。这也说明自我表现出一定的社会性。

除了社会性，自我也表现出了一定的文化差异。请大家想一想：一只熊猫、一只猴子、一根香蕉，哪两者更可能归为一类？研究发现，美国人更多将猴子和熊猫归为一类，而亚洲人则更多地将猴子和香蕉归为一类，他们能更多地看到猴子吃香蕉的关系。类似地，当呈现一个栩栩如生的水下场景时，日本人对场景的描述更多从事物的关系着手（例如，青蛙在植物旁边）；美国人则把注意更多放在焦点目标上，比如一只单独的大鱼，而较少注意到周围环境特点。此外，心理学家朱滢曾做过一项 fMRI（functional magnetic resonance imaging，功能磁共振成像）研究也显示，中国被试的“自我”概念与重要他人“母亲”的概念激活在同一个脑区，而西方被试的“自我”激活则在一个独立脑区。可见，自我存在很大的文化差异。

3. 自我的结构

自我本身是十分复杂的，那自我具有怎样的结构呢？不同的学派有不同的界定和分类。心理学家黄希庭教授曾对自我进行了比较全面的概述：1）从主客关系维度来区分，可以将自我分为主体自我和客体自我；2）从与人的关系维度区分，可以将自我分为个体自我、关系自我和集体自我；3）从与时间关系维度区分，可以将自我分为过去自我、现在自我和将来自我；4）从发展的维度区分，可以将自我分为身体自我、物质自我、心理自我和社会自我；5）从个人活动领域维度区分，可以将自我分为家庭自我、工作自我、学校自我、学业自我和数理自我等；6）从评价维度区分，可以将自我分为好我和坏我；7）从个体意识关注方向的维度进行区分，可以将自我分为私我和公我；8）从中国传统文化特别重视的自我维度可突出地分析自立、自信、自尊和自强。可见，自我是个复杂的系统（吴漾，2019）。

自我的结构复杂多样，用不同的区分方式可以分成不同的层面，在此，我们主要对詹姆斯所区分出的物质自我、社会自我与精神自我进行简要的介绍。

第一是物质自我。物质自我指个体对自己生理物质的意识，如性别、年龄、容貌、体形、健康状况等。有时人们也将物质自我延伸到与自己的身体密切相关的事物上，例如衣着打扮以及属于“我的”人和物。比如，我们可能对自己的旧衣物舍不得扔，从某种意义上讲，这些东西也是自我的一部分，这可能也是现在《断舍离》之类的书籍畅销的原因之一吧。再如“人名字母效应”，它是指 26 个字母中，我们表现出对构成自己的名字的首字大写字母的偏爱，同样，0～9 的数字中，我们也更偏好与我们生日有关联的数字，这些都是延伸的物质自我的体现。

第二是社会自我。社会自我指的是我们被他人如何看待和承认。迪克斯等人（1995）区分了五类社会特性：种族/宗教、政治倾向、私人关系、烙印群体以及职业/爱好，其中有一些特性被认为是归属特性（即生来就有的特性，例如儿子或女儿），其他特性是后来自己获得的（即在生活中得到的，如老师或学生）。在不同的社会情境中，每一种特性都伴随着一系列的期望和行为。如一个在父母和老师面前举止文雅的少年可能会在他的同伴面前表现得狂妄自大。

第三是精神自我。精神自我是我们的内部自我或我们的心理自我。它代表了我们对于我们自己的主观体验——我们对我们自己有什么样的感受。

物质自我、社会自我与精神自我之间既有区别又有联系，共同组成个体的自我意识。

二、产生自我，互动发展

那么，我们是不是唯一有自我意识的物种？人类的自我意识是如何产生的呢？带着这些问题我们来看自我的产生。

许多有趣的研究指出，我们并不是唯一有自我意识的生物。在一项经典实验中，盖洛普（1977）在黑猩猩的笼子外面放置了一面全身镜，一开始黑猩猩表现出社会行为，就像镜子里的是另一只黑猩猩一样。但是几天过后，它们开始表现出以自己为导向的行为，如照镜子给自己打扮。随后，盖洛普在麻醉了黑猩猩后在它们的前额点上红点。当黑猩猩看见自己在镜中的成像时，它们会伸手触摸前额上的红点。有趣的是，这个现象只发生在成长于社会环境中的黑猩猩身上。在隔离环境中长大的黑猩猩并不能认出自己在镜中的成像，这说明自身与他人的关系是自我观念发展过程中的重要组成部分。

而人类的自我意识又是如何产生的呢？人类自我意识的发生或形成主要有三个标志：物我知觉分化、人我知觉分化和有关自我的词的掌握。物我知觉分化可分为三个发展阶段。第一阶段，最初出现物我感觉分化时，刚刚出生的婴儿其实并不知道自己身体的存在，他们吮吸自己的手指、触摸自己身体部位时就像吮吸、触摸别的东西一样。第二阶段，当婴儿能够感觉出自己和其他事物的区别时，他们就出现了物我感觉分化。此时，婴儿出现了主体（自我）感觉。第三阶段，到一岁末时，幼儿开始将自己的动作和动作的对象或结果进行区分，在感觉上对两者产生了分化，这是在物我感觉分化基础上形成的对自己动作以及与动作相联系的其他事物的分化知觉。在幼儿进一步的发展中，他们开始知觉到他们所做的动作是由自己发起的，自己是活动的主体，这标志着他们出现了最初的相对于客体的（尤其是无理性客体）主体意识。

人我知觉分化可以分为两个发展阶段。第一个阶段是对人微笑，沃尔夫的微笑反应研究表明，婴儿的微笑反应经历了三个阶段，第一阶段是内因性的笑，即出生后三周内的婴儿在浅睡中因自己身体舒适而引起的情绪反应，这并不是由外部的刺激引起；第二阶段是功能性的笑，即第四周到三个月内的婴儿见到人脸时会做出微笑反应；第三阶段是社会性微笑，即出生后3～6个月的婴儿对周围刺激物作出的分化反应，这个时候，婴儿对周围的刺激物才有的微笑反应。

人我知觉分化的第二个阶段就是个体能从形象上区分他人和自己。相比于认识自己的形象，婴儿更早能认识他人的形象。不到6个月的婴儿已经能够对不同的他人做出不同的反应，并且能从镜子中认识父母的形象。7～8个月的婴儿开始关注镜子中自我的形象，10个月时有了与镜中的自己玩耍的倾向。婴儿从1岁8个月开始能区分不同的同伴（包括通过照片进行区分）。例如，刘易斯等人（1978）所做的经典的鼻头红点实验：在婴儿的鼻子上抹一点胭脂，然后把他们放在镜子前。9～12个月的婴儿将镜子中的形象当成另一个小孩，并未对其鼻子上的红点产生兴趣。由于他们缺少自我意识，所以不能认出镜子里的婴儿就是自己。但18个月左右的婴儿就会好奇地看着镜子里的自己，并去摸鼻子上的红点，他们此时已经意识到在镜子中所看到的人就是自己，而且自己看起来还与平常有点不同。2岁2个月的幼儿能够准确地认识镜中或照片上的自我形象，这表明他们出现了最初的（相对于他人）的自我意识——自我知觉（佐斌，2009）。

1岁以后，幼儿开始能将自己与表示自己的一些词语（名字）进行联系。同时，发展出对自己躯体的认识以及对自己身体感觉的意识。掌握“我”这个词对于儿童自我意识的形成而言是一个质的变化。儿童从最开始把自己当作客体的人来认识，转变为把自己当作主体的人来认识，并最终形成了自我意识。

对于如何形成自我意识，库利在1902年提出了镜中之我（Looking-glass self）理论。他认为，自我意识的产生与发展必须经历社会化的过程。儿童在周岁左右时，给他拍照，他会哭泣不从。到了4岁的时候，他就逐渐懂得了此时如何反应才能被他人所接受，因此在拍照时，他会面对镜头微笑，因为在他看来，这种方式能被别人所接受。可见，自我意识的形成过程其实就是社会化的过程。在这个过程中，儿童通过他人来逐渐了解自己，把他人作为一面镜子，从中来反省自己，省查自己。

除此之外，米德的自我发展观认为自我意识其实是在社会交往过程中产生的，是个体对自己所担当角色的认识。当我们与他人相处时，我们会思考他人将如何对我们的行为做出反应，他人又将如何看待我们。总体而言，从库利的镜中之我理论和米德的自我发展观来看，社会互动是自我意识产生的必要条件。

三、聚焦自我，增强意识

一项有关大学生自我意识的研究表明，我国大学生的自我意识总体上以优秀、积极、进取为主，不论年级、性别还是文理专业的不同，大学生优秀、积极的自我意识平均水平在统计学意义上显著高于差劣、消极方面的自我意识。优秀、积极的自我意识能引导我们向善向美，直面挫折，迎难而上（赖文龙，2009）。那么，我们该如何提高自我意识呢？

从上文得知，2 岁 2 个月的幼儿已出现了区别自己与他人的自我意识，而为什么人们在人生的不同时期依旧有那么多的迷茫？这是由于自我意识不仅与个体自然生理发育有关，而且它会随着人们与他人在社会互动中不断发展变化。我们在不同时期，充当不同社会角色，承担不同社会责任。这些纷繁复杂的社会情境，导致我们必须不断更新自我意识，因而在某些时期陷入迷茫。思考以下问题，或许能够对你在提高自我意识的过程中有所裨益：

我最重视的人和事是什么？

我担负什么样的责任？

我的目标/期待是什么？

我想成为什么样子？

我有什么特点？长处和短处分别是什么？

我面临着什么困难与挑战？

我的长期目标、短期计划和优先事项是什么？

02 认识自我 适当调控

【知行心语】通常我们会从反省、观察自身行为和他人的评价、与他人做比较中获得对自我的认识。同样，为了更好地提升自我，我们也在进行不同程度的自我调控。自我调控需要能量，能量的获取可以来源于外界环境，但更多来源于自我的一场修炼。

富兰克林曾经说过：有三样东西是极端坚硬的，钢铁、钻石以及认识自己。你真的认识你自己吗？你想认识你自己吗？让我们一起来开启自我认识之旅吧。首先，请大家想想这样几个问题：你听自己的录音或看自己演讲的视频时，会觉得奇怪吗？与他人交往时，你在意别人对你的评价吗？你的好朋友在学校中的表现超过你时，你感觉高兴吗？希望通过我们对自我的学习，大家都能找到答案。

一、认识自我，多样途径

塞万提斯也曾说过：把认识自己作为自己的任务，这是世界上最困难的课程。人们都是如何认识自我的呢？概括起来，认识自我主要有以下三种途径：①内省；②观察自身行为；③通过他人来认识自我。

1. 内省

关于内省，大家想想，你在一天中有多少时间想到自己呢？为了寻找答案。有研究者请来自 5 个不同公司的 107 位员工戴一个星期的呼叫器。每个被试每天随时都可能通过呼叫器被呼叫，从早上 7 点半到晚上 10 点半，每天会被呼叫 7 到 9 次。在每次被呼叫到的时候，被试必须回答一些与他们当时的活动、想法以及心情有关的问题。研究者发现，人们想到自己的次数少得让人惊讶。在所有被记录下来的想法中，仅有 8% 是有关自己的；这些被试更多想到的是工作、杂务与时间。此外，“什么都没有想”的反应比想到自己的反应还多。当然，我们有时的确会将意识集中在自己身上。特别是有些时候，在环境中遇到的事件能激发人们的自我觉知。例如，看录像中的自己，或是注视着镜中的自己。但是，有心理学家指出，即使人们处于自我觉知状态，并对自己的内心世界进行反省，也很难了解我们的真实感受。可见，内省并不总是认识自我的有效方法。

2. 观察自身行为

除了内省，人们还通过观察我们的行为来认识自己。大家想想，因为我们在笑，所以就能说明我们很高兴吗？还是因为我们很高兴，所以才笑？莱尔德（1974）的研究是将被试的脸上连上电极，然后电极的数据会反映出他们观看卡通片的时候微笑或皱眉的次数。当人们被要求微笑而不是皱眉的时候，他们会认为节目更为有趣。面部表情反馈假说认为面部活动是可以影响我们情绪的。根据这一假说，微笑，即便是在你根本不想笑的时候也能有助于改善心情。所以人们经常说“笑一下吧，你会觉得好一点”是有道理的，因为微笑确实能引发积极情绪。面部表情反馈假说甚至可以延伸到非语言动作，如耸肩或点头。事实上，布诺等人（2003）发现，当人们在听讲座时，如果坚定地点头，那么他们就会更认同演讲者所讲述的内容。

但是，我们通过观察自己行为来认识自己时，常常会对一些情绪唤起进行错误的归因。想象一下，你跟某位非常吸引你的人去看一部恐怖电影。当你坐在那儿时，看着电影，身边坐着你的恋人，你感到心在怦怦跳，呼吸也急促起来。那是因为你的恋人非常吸引你呢，还是电影令你害怕？由于难以准确地指出造成唤起的原因，我们有时会产生对情绪的错误认识。你也许会认为大部分的唤起状态来自约会恋人的吸引力，然而事实上可能有很大部分是来自恐怖电影。

如果是这样的话，正好说明了情绪唤起的错误归因这一现象，即人们有时会对自己感受的起因做出错误的推论。在一项经典实验中，达顿等人（1974）让一位年轻迷人的女士在两种极不相同的情境下去接近公园里的男人。

在第一种情境中，这些男士正走过一座约 137 米长的吊桥，这座桥横跨在深谷之上，并且是由固定在钢丝绳上的木板组成的。当人们走过时，他们不得不俯下身扶着很低的扶手。在走过一小段吊桥之后，突然起风使得吊桥左右摇动。桥上大多数人都产生了较强的情绪唤起状态，他们的心跳得很快，呼吸变得急促，身体开始出汗。正在此时，这位迷人的女士请他们填写她的调查问卷。你觉得她对他们有多大的吸引力呢？

而在另一种情境下，直到男士们已经走过吊桥，并且坐在公园内的板凳上休息了一会儿之后，这位女士才接近他们。男士们便有机会让自己平静下来，他们的心跳不再激烈，呼吸的频率也恢复正常。当这位女士请他们做问卷调查时，他们正安静地欣赏风景。这位女士对这些男人的吸引力又有多大呢？

实验结果表明，女士在吊桥上接近的一大部分男士会在事后打电话给这位女士并要求与她约会；而坐在凳子上才被接近的男士中，只有相对较少的一部分给这位女士打了电话。可见，我们常常并不真正了解自己，也许你会由于错误的归因而坠入爱河。

3. 通过他人来认识自我

除了通过观察自己的行为来认识自我外，人们还可以通过他人来认识自我。首先，通过反射性评价。也就是，我们所知觉到的其他人对我们的反应。国外一个非常有趣的关于反射性评价的研究招募了一些信奉天主教的学生（Baldwin et al.，1990），在研究中，他们将被试随机分成两组，一组给他们看教皇皱眉的照片，另一组则看一个普通人皱眉的照片。随后，让被试对自己的人格特征做出评价。研究结果发现，信奉天主教的学生在看过教皇皱眉的照片后对自己的评价更为严苛。可见，教皇皱眉的反射性评价，对信奉天主教学生的自我评价产生了很大的影响。

社会比较是通过他人来认识自我的第二条有效途径。例如，如果问你：你感到幸福吗？可能我们大多数人会觉得挺幸福的。假如再问你：跟周围人比，你感到更幸福吗？我们可能会有不同的感受了。再如，抽奖时你抽中了500元的奖励，你感到很开心，但当得知你的好朋友中了1000元，你是否还会感到那么开心呢？可以看出，很多时候我们都在与他人进行比较。

1954年，现代社会心理学的先驱者费斯廷格提出了社会比较理论，该理论的主要观点为：人们都希望正确地评价自己的观点正确与否与认识自己的能力水平；在缺乏直接的自然标准时，人们会通过与他人比较来对自我进行评价；通常来说，人们会将自己与那些水平和自己相同的人进行比较。

个体自发的比较会对其产生非常重要的影响。这一观点在摩尔斯等人（1970）的经典研究中得到了证明。在他们的研究中，招募的被试来应聘兼职工作，对他们的自尊先进行前测，然后他们在同一房间里填写申请材料。这时他们会遇到由研究助手所扮演的“脏先生”或“净先生”。一半的被试遇到的是“脏先生”，他是一个穿着皱巴巴的裤子、发臭的运动衫而且没穿袜子的年轻人。他无视纪律，在填写表格的时候频繁扫视全屋的人。另一半的被试遇到的是“净先生”，他是一个衣着得体而且非常自信的年轻人：他穿着一身黑西装，胳膊下夹着一个公文包。随后，对被试的自尊进行后测。研究结果发现，那些与“脏先生”进行下行比较的被试的自尊水平提高了，经过比较，他们感觉自己更好、更强；然而，那些与“净先生”进行上行比较的被试的自尊水平则下降了，经过比较，他们感觉自己不是很好，不如他人。这个结果说明，个体自发的社会比较会对其自我评价产生重要的影响（乔纳森·布朗，2015；佐斌，2009）。

二、自我调控，良好适应

除了自我认识外，自我通常会积极主动地去控制和修正它自身的思想、情感和行为，以更好地适应、影响和改变环境，即进行自我调控（吴漾，2019）。

早期关于自我调控的研究主要关注儿童延迟满足的能力。这方面的许多研究都运用了下面的范式。实验者会将一个儿童单独留在房间里，他会面临这样的选择：儿童可以一直等到实验者回来，从而获得更多的奖励（例如，两块水果软糖），或者儿童叫实验者马上回来，得到更少的奖励（只有一块水果软糖）。在这种实验情境下，儿童等待的时间越长，他们就更能抵挡诱惑，进而获得更丰厚的奖励，这样的儿童的延迟满足的能力也越好（Mischel，1974，1996）。

以往研究表明，这种延迟满足的能力反映了高水平的适应技能。那些为了得到更丰厚的奖励而等待更长时间的儿童，在十年以后被他们的父母认为获得了更多学业成就和社会适应方面的技能（Mischel et al.，1988）。儿童早期的延迟满足能力可以反映自我调节中一种较为广泛、持久和高度适应的能力，即在学术领域和人际交往领域获得成功所需要的调控个人思想、情感和行为的能力。

初看起来，自我调控对于我们提升自我和适应社会很有帮助。但在生活中以及电影中经常看到这样的情形，当一位女性看到前男友跟自己的闺蜜在一起时，她会自我调控，表现得很大方，会微笑地与前男友打招呼，但她一回到家，可能会通过狂吃薯片等垃圾食品来自我安慰。鲍迈斯特等做的一项有趣的研究能对这种现象进行解释，他们发现，对自我的某一方面进行自我调控，会使随后对自我其他方面进行自我调控变得困难起来。有研究者对被试说要做一个味觉实验，并要求被试在来实验室前至少三个小时不吃任何东西。被试一来，就会走进一个摆着小烤箱的房间，里面正烤着巧克力曲奇饼干，房间里充满了巧克力和烤食物的美味香气。然后他们坐在一张桌子旁边，桌上一边放着一堆巧克力曲奇，一边放着一碗萝卜。坐在萝卜旁的被试被要求至少吃两到三块萝卜；坐在巧克力旁边的被试被要求至少吃两到三块曲奇饼干。被试只能吃分配给他们的食物。完成这一任务后，研究者要求被试完成一个解决问题的任务，花多少时间随其所愿。事实上，这项任务是不可能得到解决的。这个研究的因变量就是被试在放弃这项任务之前所能坚持的时间。结果发现，坐在萝卜旁边的被试之前进行了自我控制，忽视巧克力的存在，消耗了更多能量资源，因此，在解决问题任务中，会更快地放弃解决问题的任务。可见，自我控制是一种有限的能量资源，如果在一项任务上花费能量，会限制人们在另一项任务上所能使用的能量。

那么，我们花在自我调控上的能量到底是什么？最近的研究显示，它是我们的血糖含量。血糖，是糖类中的一种，能为大脑提供能量，当人们发现很难控制住自己的行为时，他们需要大量的血糖。因此，如果我们需要完成某一个任务（例如，需要对着前男友微笑），那么在其他任务上（如抑制住吃薯片的欲望）所能赋予的血糖就少。一项研究也发现喝有糖柠檬汽水的被试比喝无糖柠檬汽水的被试能够更好地实施自我控制。可见，当你需要努力控制自己时，适当吃点糖是有好处的。

三、做好自己，温暖他人

可以说，认识和感受自己的方式的研究是心理学课题中受到关注较多的。一方面，人们通过多种渠道比如内省、观察自身行为，以及他人的评价和比较等来更清晰地认识自我；另一方面，为了更好地提升自我和适应社会，自我也具有很好地自我调适和控制的能力，比如对需求的延迟满足，对情绪的平复，对意志的考验等，这些自我调控都需要能量资源，而这些能量除了来自外界的给予，更大程度来源于自我的修炼和主动获取。然而，自我是矛盾的，也是复杂的，认识自我和自我调控都绝非易事。国内一项研究探讨了社交媒体自我控制失败对硕士生主观幸福感的影响，研究表明社交媒体自我控制失败能够显著负向预测主观幸福感（陈必忠 等，2021）。由此观之，自我调控并不总是成功，它会影响我们的主观幸福感。那为什么我们会自我调控失败呢？其原因可以是多方面的，但也可能源于对自我认识的不确切性，换言之，良好自我调控的前提是清楚地认识你自己。那么，我们如何认识自己呢？以下措施或许对你有所启发：

（1）内省与观察自身行为，如正念练习和写日记。

（2）通过他人认识自己，如与人沟通，获得反馈。

（3）以上均不奏效时，尝试做一些心理测量，如卡特尔 16PF 测试、EPQ 人格测验等。

认识自我，调控自我，做好自己，是我们每个人在生命这场旅行中的必修课。愿我们每个人都能成为一道光，照亮自己，温暖他人。

自我认识的偏差

鲍迈斯特曾说：“对于人来讲，再也没有比人更有趣的话题了。而且，对于多数人来说，最有趣的人正是他们自己。”然而，自我认识难免会出现偏差，如常见的焦点效应和优于平均数效应。

所谓焦点效应，也被称为探照灯效应，即在我们每个人心中，都觉得自己最重要，感觉有盏探照灯正照着我们。比如，穿了新衣服或换了新发型时我们会觉得别人都注意到了，其实，他人可能根本没有注意到我们。

优于平均数效应，即我们常常会把自己想象得比平均水平要好，能力更高，情绪控制更强，道德水平更高。弗洛伊德讲过一个笑话：一个丈夫对妻子说：“如果咱们两个中的一个人先去世了，那么我想我会搬到巴黎去住。”

这个丈夫就自信地认为，面对死亡的时候先走一步的不是他自己。

03　面孔识别　同类偏向

【知行心语】相比其他群体，人们对自我群体的面孔识别和再认具有更多的优势。这种自我群体偏向可以通过不同的知觉经验和社会认知加工和动机来理解。而采取更理性的方式来看待这些微妙的心理偏向，会让我们更平等融洽地与他人交往。

请找一张白纸，假如请您在这张白纸上随意涂鸦，画一个人的样子，您会怎么画呢？请画一画。进一步，如果请您给自己创作的这个人取个名字，您脑海中会冒出什么可爱的名字呢？如果请您写出画的人物的性别，您认为您自己画的是男还是女？请大家想一想，我们画的人物的性别更可能是我们自己的同性还是异性呢？这种同性和异性偏向背后折射出怎样的心理奥秘呢？让我们一起来看看吧。此外，图 1 是我们《社会心理与人际交往》课堂上同学们的可爱作品，仅供欣赏。

图 1　学生作品

一、我群偏向，普遍存在

这种相比异性，我们更优先会画出与自己性别相同的人物的现象属于自我群体偏向的一种表现形式。在社会心理学中，自我群体偏向指人们识别和再认自己所属群体面孔（如种族、性别或年龄）的表现要显著好于识别其他群体面孔的心理现象（Blandón-Gitlin et al.，2014）。值得注意的是，面孔识别领域的自我群体偏向现象与社会心理学中的内群体偏爱（即认为自己所属的群体更优越，更认同自己所属的群体，倾向于给内群体成员更积极的评价）看起来相似，却存在本质不同：它们两者之间没有关联，自我群体偏向只是与对内群体和外群体不同的加工动机有关。

自我群体偏向在日常生活中普遍存在。比如，我们通常会主要通过性别、种族和年龄来对自我和他人进行社会分类（佐斌 等，2019）。首先，对于性别而言，我们存在普遍的同性偏向，正如刚才的画画测试，相比记忆异性面孔，人们更容易再认和记忆自己所属性别的面孔，女性被试在识别女性面孔时相比男性面孔更准确，男性也同样表现出同性偏向，即记忆男性面孔的表现更好。其次，对于种族而言，也存在本族偏向现象，即人们对本族面孔相比异族面孔具有更好的识别，比如，在生活中，我们通常会认为外国人都长一个样，或许就是因为存在本族偏向。最后，对于年龄而言，相比其他年龄段对象，人们对自己相同年龄范围的人再认和记忆更好，比如，对于儿童而言，相比成年人，他们能更好地记住小朋友的脸（温芳芳 等，2020）。

二、自我参照，互动期待

面孔识别的自我群体偏向会受到一系列因素的影响，比如被试自身的因素是高兴还是悲伤以及所处的背景线索等均会产生影响。在此，我们来看看被试的自我参照和对互动结果的期待对自我群体偏向的作用。

1. 自我参照

自我参照有利于人们的自我群体偏向。例如，以上提到的同龄偏向可能因为同龄人的面孔与被试自己具有更高的关联性和相似性，进而存在更多的自我参照。而这种高关联性使得被试对加工同龄人的脸更感兴趣，对其注视时间更久、观察更仔细，从而促进了人们对同龄人的脸的再认成绩，出现了自我群体偏向现象。

2. 个体对互动结果的期待

相比外群体（泛指内群体以外的群体）成员，人们通常更期待与内群体成员具有更多的互动交流，而这种期待也会对自我群体偏向产生影响。相对而言，人们会对自己所属群体成员会进行更精细化的思考和关注，而对外群体成员则较少花费更多的精力，所以通常采取类别化的加工方式去加工外群体成员的身份，即依赖于其外群体身份线索。只有当人们很看重与外群体之间互动的结果时，才会转化为个性化加工方式，将外群体成员当作一个个鲜活的个体来看待和关注（Wilson et al.，2014）。

三、经验认知，整合解释

社会心理学通常从知觉经验和社会认知两种不同的角度来对为什么存在面孔识别自我群体偏向进行解释。近年来，类别化—个性化模型和双路径模型为这些不同的解释提供了整合的视角。

1. 知觉经验说

基于知觉经验说，面孔识别自我群体偏向主要是因为人们对于自我群体和其他群体所接触的经验不同而造成的。相比其他群体而言，人们对自我群体接触的数量和质量会更高，因此更有助于采取整体性加工方式，更容易排除或忽略一些相关信息的干扰，更有利于再认记忆，所以自我群体面孔识别的表现更好（Michel et al.，2010）。例如，住在德国的土耳其人对于德国人和土耳其人的脸的识别不存在明显差别，但是德国人对于自己国家人的脸相比土耳其人则表现出了自我群体偏向，这为知觉经验说提供了一定的证据。

2. 社会认知论

社会认知论则侧重从人们对内外群体成员的面孔存在不同的认知加工方式的角度来解释自我群体偏向现象。概括而言，对于自我群体面孔，人们会给予更多的重视和关注，因此通常自动化地进行更多个性化和精细化加工，而对于其他群体面孔，则不会花费过多的认知资源进行加工，通常更多采取的是类别化的加工方式，会忽视相关个性化信息，进而不能准确而快速地识别其他群体面孔。人们的动机也会对这种认知加工方式产生影响，比如，更大的孩子可能不愿意与更小的孩子交往，而更小的孩子通常希望跟大孩子交往，相比更小的儿童，青春前期儿童具有更大的同龄偏向（Picci et al.，2016）。

3. 整合视角解释

社会心理学家试图采用整合视角来对知觉经验说和社会认知论加以综合解释。

(1) 类别化—个性化模型。类别化—个性化模型侧重于从知觉经验与社会认知—动机共同作用的角度来进行解释（Hugenberg et al.，2013)。一些面孔识别自我群体偏向的现象在很大程度上（或完全）是由不同水平的个性化动机导致的，例如对团队内部和团队外的面孔感知不同；而有些自我群体偏向是由不同水平的个性化经验导致的，例如人类对于其他人类和动物的面孔有不同的感知；还有些内群体偏差同时受到个性化动机和个性化经验的影响，例如对自己种族的面孔和其他种族面孔感知的差异。但不同文化之间的个性化经验和个性化动机可能会不同(温芳芳 等，2020)。

(2) 双路径模型。双路径模型则认为当个体看到外群体成员的面孔时，会有两种路径指向最终的“异族效应”，即对外群体成员面孔的识别成绩低于自我群体，而在识别不同对象的面孔时，两个路径中只有一种起主导作用（Wan et al.，2015)。路径1：当在不同文化种族人群观察对方种族成员的面孔时，因为缺少对对方面孔刺激的经验，产生较低水平的知觉加工，进而对其的感知存在缺陷。路径2：当在同一文化中不同群体或种族观察对方群体成员面孔时（如美国白人和美国黑人)，由于两个群体在社会地位或者其他维度上存在差异，则会将对方的面孔知觉为“他人”，因此注意力会集中在类别水平信息上而非个体水平信息上，进而对对方种族面孔的感知存在缺陷。双路径模型为整合理解知觉经验说和社会认知—动机论提供了系统生态的理论依据。

可见，一些看似简单的偏向背后都会折射出人们不同的经验、认知和动机等，因此，深入了解自我群体偏向背后的规律和心理机制，对于我们更好地认识自己和理解人性意义深远。

04 刻板威胁 有效干预

【知行心语】个体的自我绝不是孤立存在，人是社会中人，自我的塑造离不开他人。其中，刻板印象威胁就会影响自我的感知与发展。刻板印象威胁无处不在，对我们的生活也会带来无形的消极影响。通常我们可以通过反刻板榜样策略、训练策略、熟悉性策略、树立无偏见训练策略、交叉分类策略与意识性抑制等多种途径来降低刻板印象威胁。

刻板印象无处不在，且相对稳定。那么，这种普遍存在的刻板印象对人们有什么作用呢？刻板印象实际上是一种图式，而图式则是对信息的复杂组合进行加工的一种方式。刻板印象对社会认知的作用既有积极方面，也有消极方面。安德森指出，刻板印象的积极方面在于它能帮助我们更快地认识客体，做出判断，深入理解事物以及其他相关的活动，它能让我们有效处理广大而复杂的世界中的各种信息，它能帮助我们将各个群体进行归类。刻板印象的消极作用则在于它会让人们形成思维定势，甚至造成偏见与歧视。事实上，人们在社会互动中常常会用到刻板印象，特别是在面对陌生人的时候，人们会根据刻板印象来对他人进行判断，这样能够节省我们的精力，避免陷入“信息之海”。

如果刻板印象是基于较为准确的经验而形成的话，它可能就是我们用来处理复杂事情的较为适当而简洁的方法。然而，如果我们因受到刻板印象的蒙蔽而无视一群人中个体与个体之间的差异，那么，这样的刻板印象就会产生一些不好的影响，例如不利于个体适应，会对他人不公平或对他人造成伤害。大部分心理学家也承认了刻板印象有时会给人们带来危害，对他人进行特定分类会影响我们对他人的认知，影响我们的行为，甚至会影响被刻板印象化的群体的行为。

一、刻板威胁，消极影响

在刻板印象导致的消极影响中，刻板印象威胁便是最直接后果之一。刻板印象威胁是指社会文化对某些群体持有消极刻板印象，作为群体成员的个体在特定情境中担心他人以这种消极刻板印象来认知判断和对待自己，同时担心自身表现会证实这种刻板印象而产生的威胁感。个体在经历刻板印象威胁时，往往会经历着自我评价威胁（Steele et al.，1995）。例如，一个低社会经济群体的人去参加一个高级公司CEO的面试，由于人们对低社会经济群体的刻板印象是低能力，那么，这位面试者可能会因为人们觉得他这个群体没有能力，从而害怕他人觉得自己也没有能力，因此感到额外压力，最终表现不佳，又反过来验证了人们的消极刻板印象。

斯蒂尔和阿伦森最早于1995年在研究中使用GRE的动词来对斯坦福大学的黑人和白人学生进行了一项测试。一组学生被告知他们在测试中的表现将用来证明他们良好的潜在智力，而另外一组学生则被告知测试仅仅只是一般性的练习，而不涉及对能力的判断。测试结果显示当测试结果无关智力水平时，黑人学生和白人学生表现得同样好，但是当黑人学生认为测试结果会表明他们的智力水平时，他们表现得较差。斯蒂尔和阿伦森认为，由于人们持有黑人天生智力不如白人的刻板印象，因此当黑人学生的种族认同被凸显，出于刻板印象威胁，他们表现得更差。

消极刻板印象不仅存在于种族之中，许多其他群体中的个体同样在遭受着刻板印象威胁，如常见的性别刻板印象威胁。试着回想一下，大家基础教育阶段的老师是否有跟你们提过男孩擅长理科，女孩擅长文科呢？这是一种典型的性别刻板印象，即男生的数学能力要好于女生，因此，这种观念便对女性群体中的个体造成了刻板印象威胁。研究表明，当女性被引导相信某种测验是用来显示男性和女性在数学能力上的差异的时候，她们的表现并不和男性一样好。在另一个情境中，当女性被告知同样的测验与性别无关的时候，她们的表现则和男性一样好。与之相类似，研究者给大学男性和女性（所有人都擅长数学）看了一组六个电视商业广告，要求他们完成一项很难的数学测试。结果发现，那些看到包含女性刻板印象的商业广告的女性被试，比如，广告显示一个女人为了治疗粉刺的化妆品感到如此兴奋，这些女性被试在测试中所得的分数比男性被试更低。而那些看到反刻板印象广告的女性被试，比如，广告显示一个女人表现了对自动工程方面知识的熟练掌握，这些女性被试得到了与男性被试同样高的分数。近期一项实证研究结果表明，刻板印象威胁对女性创业机会评估也具有显著的负向作用（张慧 等，2020）。

时至今日，刻板印象威胁领域的研究给社会心理学带来了很多重要的发现。以往研究表明在很多领域都普遍存在着刻板印象威胁，例如女性在科学技术工程和数学（STEM）领域的表现、女性的驾车技能、白人运动员的成绩以及老人认知以及老司机驾驶能力等，都会受到刻板印象威胁的影响。长远来看，刻板印象威胁效应的后果可能会导致教育和社会不平等，长期遭受刻板印象威胁会导致个体对刻板化领域不认同甚至最终会放弃对该领域的追求。

二、有效干预，多样途经

可以看出，刻板印象所产生的威胁会给人们带来很多消极的后果，那么，如何对消极刻板印象进行有效干预呢？概括起来，主要有以下6种途径（温芳芳 等，2020）：

1. 反刻板榜样策略

该策略是指将内群体反刻板成员作为榜样来降低消极的刻板印象。例如，有研究者表明女性在刻板印象威胁情境下可以通过阅读成功女性的传记来改善其表现，而且多阅读一些传记也会产生对个体有积极作用的累积效应。例如，奥巴马效应就能有效减少人们对黑人的刻板印象。

2. 训练策略

该策略的原理是通过大量有针对性的练习，让人们形成某种新的联结或启动某种心境，从而代替或减少认知图式中原有的刻板印象。例如，可以通过训练让被试掌握某种特定的比较思维（如相似与差异比较思维对秃头者的消极刻板印象的干预）。主要采用的是启动范式，首先激活被试对消极刻板个体（例如秃头者）的刻板印象。然后通过以下方法启动被试的两种比较思维：给予每一个被试两张城市广场的图片，指导其中一半的被试尽可能多地写下这两张城市广场图片的相同点，从而启动他们的相似性比较思维；指导另一半的被试尽可能多地写下两张图片的不同点，从而启动其差异性比较思维。最后，研究者将被试与秃头者的座位距离作为反映其刻板行为的指标。结果表明，相比于那些使用相似性比较思维的被试，使用差异性比较思维的被试其刻板行为降低了（即使用差异性比较思维被试与秃头者的座位距离更小）。此外，研究还显示通过训练被试对消极的刻板行为进行情境归因可以削弱刻板印象。该研究试图训练被试将外群体表现出来的消极刻板行为归因于情境因素，具体方法是训练白人被试用情境因素来解释黑人表现出来的消极刻板行为，而不是用其特质进行解释（例如，对“一个非裔美国人上班迟到了”这个现象，训练被试将这一行为归因于“闹钟的电池没电，导致闹钟未响”，而不是认为“他就是一个特别不负责任的人”）。尔后，该实验通过比较被试对白人图片和黑人图片的分类速度来考察其刻板印象的改变情况。结果显示，在进行了情境归因训练之后，被试在人物归类任务中表现出了更少的种族刻板印象。

3. 意识性抑制

该策略的本质是利用知觉者的意图和动机来有意识地阻止刻板印象的自动激活或者降低刻板威胁的消极影响。例如：连淑芳和杨治良（2007）的实验考察了意识性抑制对性别刻板印象的影响，实验结果表明，通过指导语（如“尽可能地做到没有男强女弱的刻板印象”）来激发被试克服性别刻板印象的意图，能够有效降低其性别刻板印象。当然，使用这种意识性抑制策略的操作时，也要避免刻板印象抑制和反弹现象的发生。

4. 熟悉性策略

这一策略源自社会心理学中“群际接触能够减少偏见”的假设，即通过与被刻板化群体的接触与熟悉来减少刻板印象与偏见。但事实上，由简单的曝光而产生的熟悉性只会增加刻板印象，只有当与群体成员相互依赖、追求共同目标、地位平等、人际接触非正式、接触频繁和社会规范平等这6个接触的条件得到满足的时候，才能有效减少刻板印象和偏见。在一项关于20世纪40年代的两个公寓的研究中，研究者发现相比于居住在封闭式公寓的家庭主妇，住在开放公寓的白人主妇更能包容她们的有较高自尊的黑人邻居，并且更加喜欢交叉种族居住。

5. 树立无偏见信念策略

该策略旨在鼓励个体持有一种长期公正目标，从而激发个体长期一致的消除偏见的内部动机。在这种情况下，如果个体的行为表现和其行为目标不一致，则会发挥自我调节的作用，从而改变自身的外显态度。这种外显态度的改变并不是社会压力造成的结果，而是反映了个体态度的真实变化。

6. 交叉分类策略

交叉分类最初指的是同时根据两个类别维度来划分群体的过程，比如同时根据性别和年龄来划分，就可以将人分为年轻男性、老年男性、年轻女性和老年女性这四种群体，后来扩展到两个以上维度的分类。黎情、佐斌、胡聚平（2009）认为交叉分类可以通过分散群际焦点来减少偏见和歧视。比如，我们通常认为黑人是有攻击性的，老年人是慈善的，那么通过年龄和种族的交叉分类，例如老年黑人，就可以有效削弱对黑人的攻击性评价；再如，我们认为老人是能力低的，但如果将年龄与职业交叉，如一个老中医或老教授，那么，就能有效降低对老年人能力的消极评价。

三、包容开放，消除障碍

我们可以发现刻板印象普遍存在也难以改变，但它却对我们的社会认知与人际交往都能产生重要影响。而内在的力量是抵御威胁和克服障碍的关键，因此，我们应采取更加包容和开放的心态来对待自己和他人，打破刻板印象的认知定势，消除刻板印象威胁带来的消极后果和无形障碍，以更好地促进我们的人际关系和谐发展。虽然我们很难改变他人，但是可以从改变自身开始。当自己面临刻板印象威胁时，强化自我效能感，坚信自己的力量；当在对他人进行认知加工时，多采用个体化策略，认识到对方身上独特的品质，从而避免不必要的偏见与冲突。

05 乐观坚定 安全幸福

【知行心语】个体在社会互动中发展自我时，不可避免地会面临各类威胁和不安全感。而如何利用更好的心态来应对这些消极事件和感受，进而维护和提升我们的安全感和幸福感呢？保持内心的乐观与坚定，对未来充满希望，或许是一种不错的选择。

“你幸福吗？”成为当前人们对美好生活向往的核心问题。主观幸福感是衡量个体生活质量的重要综合性的心理指标，也对个体的生理健康有着重要的影响。影响主观幸福感的因素分为内部因素与外部因素两类，内部因素包含人格、自尊等，而外部因素则包含家庭教养、生活事件等。而生活中难免会遭遇各种威胁和不安全感，那么如何利用我们内部的力量来抵御这些威胁，进而维护和提升主观幸福感呢？让我们来看看希望和乐观的力量吧。

一、持有希望，调节不安

主观幸福感是指个体依据自己设立的标准对其某阶段生活质量所做出的主观的、总体性的评价。主观幸福感包括认知和情感两个部分：认知部分指的是生活满意度，这是个体对总体生活质量的认知评价，即在总体上对个人生活的满意程度做出的评价；情感部分指的是个体生活中的情感体验，包括积极情感（愉快、轻松等）和消极情感（焦虑、紧张等）两个方面。

个体主观幸福感的影响因素是多元且复杂的，其中不安全感与主观幸福感之间的关系，即前者对后者具有显著的影响，这一观点已在工作、社会冲突情境中得到了广泛的支持。不安全感是对可能出现的对个体身体或心理造成危险或风险的预感，以及个体在应对这些状况时产生的有力或无力感。不安全感主要包括人际安全感中人际关系的不确定感和确定控制感中的不确定或不可控制感两个方面，其中，人际安全感主要反映个体在人际交往过程中的安全体验；确定控制感则主要反映个体对于生活的预测以及确定感、控制感。

根据“情境—过程—结果模型”，情境因素往往通过个体的心理过程产生影响，积极的心理特质能够对环境的负面影响起到缓冲作用，是有效的心理保护因素，自我控制便是其中重要的变量。自我控制是指个体能够将眼前利益和长远利益进行比较，能为了长远利益而有效地控制意识冲动，从而具备抵制当前的欲望和需要的能力（李琼 等，2009）。

对于自我控制感来源的研究中发现，除了养育风格、同伴交往之外，不安全感也是自我控制能力的重要预测因素。例如，短暂与长期的食物不安全都会对儿童的自我控制能力产生影响，在食物不安全的环境中成长的儿童会有更低的自我控制能力。与此同时，研究证实自我控制与主观幸福感之间存在紧密的关系。自我控制水平与个体的情绪、行为存在密切的相关，具有高自我控制感的人能够较为理性地应对当下的危机情境，然而低自我控制的人更容易表现出认知偏差与情绪失控（李琼 等，2009）。因此，自控力较好的人其主观幸福感也会更高；而自控力水平较低的人则会产生更多的负面情绪与更低的生活满意度，进而使他们的主观幸福感下降。

除了自我控制以外，希望作为一种重要的积极心理特质在应对风险性事件的研究中得到了越来越多的关注。希望是一种基于成功、路径和意志力三者之间互动而形成的积极动机状态，这种状态持续引领着人们为实现自己的目标而不断努力。希望理论认为，希望是由路径和动力这两部分组成的，其中路径思维是指人们产生实现目标的有效策略、路径的能力，而动力则是人们朝向目标不断前进的信念系统。具有高希望水平的个体能够产生更为丰富的策略以达到目标，并具有更强的动机。这些差异使高、低希望的个体在应对风险性事件时的应对方式不同，所受的影响程度也不同。希望能够促进个体积极心理（如幸福感）的发展与培养，改善其身体和心理健康状况。与此同时，在面对风险性事件时，希望作为一种重要的积极心理品质能够有效地缓解风险性事件带来的消极影响，能有效缓冲风险性事件对个体心理健康的影响。

2020 年 6 月我们通过线上问卷调查的方式测量了 5520 位青少年（其中男性 2992 人，占总样本 54.2%）的不安全感、主观幸福感（积极情绪、消极情绪和生活满意度）、自我控制水平和希望水平（Wen et al.，2021）。调查结果表明：（1）不安全感与主观幸福感之间呈负相关关系，即不安全感越高的个体其生活满意度越低，积极情感越少，消极情感也越多；(2) 不安全感与主观幸福感之间的负相关受到自控力的中介作用，而这种中介作用受希望水平的调节，即当青少年对未来希望越低时，不安全感与缺乏自控之间的联系更强；而当青少年对未来希望高时，他们的自控力更少受到不安全感的影响，因而其主观幸福感较少地受损。

二、乐观预期，抵御消极

主观幸福感包括生活满意度和情感体验两个部分，其中生活满意度是个体对总体生活质量的认知评价，即个体在总体上对自己生活满意程度的评价；而情感体验是指个体生活中的情感体验，包括了积极情感（愉快、轻松等）和消极情感（抑郁、焦虑等）两个方面（丁新华 等，2004）。除了积极方面外，焦虑、抑郁和负性情绪也可以作为测量主观幸福感的心理指标，即人们的焦虑、抑郁以及负性情绪越少，其主观幸福感也越高。其中，焦虑是指个体对于即将来临的、可能会对自己造成危险或威胁的情境所产生的紧张、不安、忧虑等不愉快的情绪状态。焦虑产生于危险将会到来但性质不明确时，人对危险保持了警戒态度，伴随了无助、不安、紧张、忧虑等心理状态。抑郁是个体无法有效应对生活压力而造成的后果，情绪失调是其核心，其中包括沮丧、无价值感、无助与绝望感、躯体活动水平下降等一系列身心不适的症状。世界卫生组织在全球范围内所做的调查显示，抑郁是 21 世纪影响人类身心健康的一个重要因素。

人格—环境交互作用理论认为，人格影响情境从而增加或者减少主观幸福感。以往关于压力的研究表明，压力通常指内部或外部事件消耗或超越了个体的适应性资源的评估，进而打破了个体与环境之间的平衡状态，因而它是影响主观幸福感的最重要因素之一。大量的研究表明，压力是导致个体焦虑、抑郁和负性情绪的重要因素。随着个体压力水平的提高，个体的焦虑、抑郁水平也随之上升。

自我效能理论认为，个体的行为在很大程度上受到其自身对于可能的行为后果信念的影响，其中，对未来的乐观预期是影响个体行为的一个重要认知因素。压力的认知评价模型认为，情绪是人与环境相互作用的产物，认知因素在压力情境和情绪反应之间发挥着重要的中介或调节作用，人们在情绪活动中不断地对刺激事件与自身的关系进行认知评估，并相应地调整自己的情绪与行为反应，从而更好地适应环境，认知评估过程赋予了应对压力事件的潜在意义，并决定人们对压力事件的反应。

对未来的乐观预期，即“相信好事而非坏事会发生”，这是一种对未来积极结果相对稳定的信念和认知评价倾向，它作为提升主观幸福感的重要因素也备受人们的重视。例如，贝克提出的抑郁的认知理论强调个体对自身、对外界和对未来的信念与消极评价是导致抑郁产生的源头和根本原因。以往对 56 项有关研究的元分析也表明，对未来的乐观预期与抑郁之间具有稳定的内在关联。乐观倾向是抑郁的保护性因素，乐观者具有较低水平的抑郁，更能够适应新生活。

对未来乐观预期会产生一种信心感和积极思维，进而产生积极情绪，能够应对压力情境。乐观的人更多对压力情境做出一种积极的情感应对，正面地预测和评估未来的环境和事件，在行动上保持积极主动，并且以轻松的态度来面对逆境和困难。因此，乐观可以看成是一个影响心理紧张的调节器，它与抑郁呈负相关关系。以往的研究表明乐观的人对未来有更美好的预期，更强烈地希望出现好的结果，他们对不幸事件也有更强的承受能力，因此，他们对待风险的态度表现得更为积极（谢晓非，2001）。此外，对未来的乐观预期也是调节主观幸福感的重要心理资源，它对主观幸福感具有重要的预测作用。所以，作为一种潜在的社会心理资源，对未来的乐观预期能在压力和主观幸福感之间起有效的缓冲和对抗作用。

我们考察了疾病感知易感性对焦虑、抑郁和负性情绪等主观幸福感的影响，以及对未来乐观预期对此影响的调节作用。选取 481 名在湖北待过的民众为主要研究对象，采用自我报告的问卷调查法评估了他们的疾病感知易感性、焦虑、抑郁、负性情绪和对未来乐观预期，数据采集时间为 2020 年 2 月 1 日至 2 月 16 日（Zuo et al.，2021）。结果发现，在湖北待过的民众的疾病感知易感性和焦虑、抑郁以及负性情绪均呈现显著的正相关关系，并且疾病感知易感性能正向预测焦虑、抑郁和负性情绪；在控制疾病感知易感性时，对未来乐观预期能负向预测焦虑、抑郁和负性情绪；对未来乐观预期在疾病感知易感性和焦虑抑郁负性情绪之间起负向调节作用。可见，对未来乐观预期在疾病感知易感性对主观幸福感的消极影响中起重要的缓冲作用。

三、自我调适，彰显力量

我们的内心是应对各种事件的处理器，希望、自我控制和乐观在应对不安全感、疾病感知易感性的消极影响时都发挥着重要的作用，有助于减少由此产生的焦虑、抑郁和负性情绪，在提升主观幸福感的过程中扮演着重要的保护伞角色。因此，面对威胁和不安全感等应激事件时，自我调适和修炼理性平和、积极向上的心态特别重要，内心保持乐观与坚定，对未来怀抱积极的预期与希望，将激发出个体神奇的力量。

06 自我肯定 心怀希望

【知行心语】当面临威胁时，多思考自我重要的价值，对自己的核心价值进行肯定，这种自我肯定有助于保护自我的完整性从而更好地抵御威胁；相信自己的同时，心怀希望是缓解不安全感导致的压力的重要途径，因为有希望，充满不确定性的世界才能由此变得温暖而美好。

作为社会性动物，威胁无处不在，这些威胁让我们感到紧张、焦虑和害怕，同时，也给我们造成了极大的压力，长期的压力状态会对人们的身心健康造成极大的危害。当前，如何来应对这些威胁，有效地缓解压力成为社会关注的热点问题，而自我肯定和心怀希望为此提供了有效的途径。

一、自我肯定，缓冲威胁

如何应对身边的威胁，成为我们适应社会的必修课。威胁包括不同的类型，一些威胁与生命有关，如与疾病关联的病原体流行对人们造成的生命生存威胁；一些威胁则与我们的群体身份紧密相关，如身为女性，“女性不擅长数学”的刻板印象会对其数学成绩造成消极的影响。长期的威胁会导致人们的免疫力下降、幸福感降低等负面后果的产生。因此，找到合适有效的方式来应对和缓冲威胁势在必行。

当面对威胁时，很多时候我们无法改变和控制所处的外在环境或情境，此时从内因入手就显得尤为重要了。自我肯定为人们应对这些生命和群际方面的威胁提供了有效策略。自我肯定即人们对所受威胁无关领域的自我价值的肯定，可以提升自尊，维持对自己好的评价，进而降低防御反应（石伟 等，2009；钟毅平 等，2014）。

自我肯定通常基于人们在其他领域的价值肯定来应对某领域所面临威胁，可以通过让人们去思考重要的人生价值或参与对自己重要的核心价值加以肯定来实现。自我肯定可以提升自尊，唤醒积极情绪，让人们能以更客观冷静和开放的心态来看待威胁，进而对自己起到保护作用。例如，针对“女生数学不如男性”的刻板印象威胁，我们让自我肯定组的高中女生写出自己认为比较重要的价值，比如自己的特长爱好或美好的时光，非自我肯定组则是要求写出清晨做了什么，结果发现，自我肯定对女性应对“女性不擅长数学”的刻板印象威胁具有很好的保护作用，相比于非自我肯定组，自我肯定组的数学表现更好（温芳芳 等，2020）。

研究者采用前后测范式考察了自我肯定对人们焦虑情绪的影响和干预（李世峰 等，2020），对于自我价值肯定组，让人们选择自己认为最重要的价值，并描述选择此价值重要的原因。结果发现，控制组的焦虑程度在后测时增加了，而自我肯定组的焦虑情绪在前后测中没有显著的变化，可见，人们对自我价值的关注和反思对其抑郁情绪的产生具有很好的缓冲作用。

二、心怀希望，安定解压

希望和自我效能感的力量也如心底的一簇星星之火，化解了人们心里的焦虑不安、紧张和压力，成为延续至新的一年的顽强力量。

压力是一种内外刺激事件对人在心理上所构成的困惑或威胁，当人在长时间内无法有效调节自身状态，从而不能解除或缓解这种状况时，健康就会受到损害。长期压力过大会导致人们产生认知偏差、焦虑、情绪激动、易激惹、行动刻板等负性情绪。

那么，在充满不确定因素的情境下，人们可以通过什么力量来缓解身体和心理的压力，适应外部环境变化带来的各种突发状况呢?

根据“情境—过程—结果模型”，情境因素会通过个体的心理过程对人们的身心健康产生影响。与之类似，压力的产生并不是直接来自压力源本身，而是主要来自个体对压力源的感知。其中影响个体压力源感知的重要因素是个体的自我信念系统，当个体具有积极的自我信念时，就不会体验到严重的压力，且在面临大的压力时，积极的自我信念也能缓解压力所造成的消极影响。希望和自我效能作为重要的自我信念变量，在不安全感影响压力的过程中发挥着什么作用呢?

Wen 等人（2021）对此问题进行了探究，该研究发现，人们的不安全感是导致压力产生的重要成因，不安全感越高，人们内心感受到的压力越大。希望和自我效能感在不安全感影响压力的过程中起并行中介作用，即希望和自我效能感的自我信念对于不安全感对压力的消极效应具有重要的缓冲作用，这一结果与以往关于希望和自我效能感这些积极自我信念对于人们心理与行为的积极作用相一致。这一结果不同于以往聚焦于儿童和成人的问题，扩展了不安全感和压力的研究对象，同时强调了人们在突发事件和灾难面前能够凭借自我强大的内心力量来适应环境的变化。

三、力量传递，温暖美好

“希望在任何情况是都是必需的，如果没有希望的安慰，贫困、疾病、囚禁的悲惨境遇就会不能忍受。”而自我效能感就好比人的自信心。希望是对于获得未来成功的信念，自我效能感则是一个人拥有表现和付出必要努力、成功完成挑战性任务的自信。这些看似浅显易懂的道理，却容易被人忽视掉它们不容小觑的作用。正是对生命的延续怀有希望，愿意攻坚克难，才迎来了春天，继续将希望和自我效能感的力量传递下去。

相信自己，心怀希望，人生将迎来温暖、美好、真实、自由！

07　珍爱愿望　追逐梦想

【知行心语】自我是一种存在，有存在就有需要，需要会演变为愿望，愿望对我们有着极其重要的作用。人们不同层次的需要，即生理需要、安全需要、爱和归属的需要、尊重的需要和自我实现的需要是我们愿望的基本源泉。在人生发展的不同阶段，我们也会具有不同的愿望，根据实际情况，我们也可以调整愿望。而激活自己的内在动力，努力坚持所爱，是追逐梦想的重要途径。

"愿"，拆开来看就是"原"和"心"，也就是最纯净美好的心，由愿而望，我们中国人还是非常注重愿望的。我们在很多时候都会默默许下愿望，因为我们相信"心想事成"，即当你一心想这个事情时就会变成现实。这也符合心理学的暗示效应。如果我们许下的愿望真的能够变成现实，想一想，你现在最大的三个愿望是什么呢？愿望有没有发生改变呢？让我们来了解愿望吧。

一、认识需要，发现愿望

了解愿望从认识心理学的"需要"开始。美国心理学家马斯洛提出，人的需要从低到高可划分为5个（或7个）层次：①生理需要：维持人的正常生活条件的需要，例如人对食物、水、空气、睡眠、性等的需要。这是人的所有需要中最为重要，也是最基础的需要。②安全需要：人们有希望保持稳定、安全，受到保护，有秩序的需要。婴儿的安全需要显得尤为强烈。③爱和归属的需要：指的是和他人建立情感的联系或关系，归属于某一个群体并且在其中获得某种地位的需要。④尊重的需要：包括自尊和希望受到别人尊重的需要。⑤自我实现的需要：作为最高层次的需要，它指的是一个人希望自己的潜能得以发挥，希望能做适合自己的事情，希望成为自己能够成为的那种人。李庆安（2016）经过一系列实证研究提出了具有中国文化特色的动机理论——关键需要理论。关键需要理论将个体的关键需要分为低级需要和高级需要，其中，低级需要的本质是维持生存，它由消费有益刺激与消除有害刺激的需要构成，有益刺激即对人类身体健康与成长有益的刺激，如食物、衣服、房屋和伴侣等。有害刺激指对人类身体健康与成长有害的刺激，如疾病、高温和严寒等；高级需要的本质是获得成长，由明（理解）、语（表达）、功（成就需要）、友（支持与被支持）、劳（劳作与操劳）、政（控制与自主）、变（变化与创新）的需要构成。不管是经典的个体主义文化中的马斯洛的需求层次理论，或是集体主义中国文化中衍生出的关键需要理论，都揭示了个体的生理需要离不开外界的供给，而个人的成长需求也通过他人得以实现，最终获得个人的生命价值感。

二、终身发展，调整愿望

根据埃里克森的人格终生发展论，人生的不同阶段会产生不同的需要与愿望。1）婴儿期（0～2 岁）时个体获得信任感，克服不信任感，体验着希望的实现。若得到满足，个体会产生基本的信任，反之，则会形成多疑的性格。2）儿童早期（2～4 岁）时个体会获得自主感，克服羞怯和疑虑，体验着意志的实现。此时个体会不满足停留在狭窄空间，渴望探索新世界，若发展不顺利，个体就容易形成胆小羞怯、不敢尝试探索的性格。3）学前期（4～7 岁）时个体会获得主动感，克服内疚感，体验着目的的实现。这一阶段也被称为游戏期，游戏执行着自我探索功能，个体在解决各种矛盾中体现出自我治疗、自我教育。若发展不顺利个体就会形成消极被动、自我否定的性格。4）学龄期（7～12 岁）时个体会获得勤奋感，避免自卑感，体验着能力的实现，对工作和学习的习惯养成可以追溯到本阶段。若发展不顺利，个体就会产生自卑感，对学习工作态度消极，对自己的能力不自信。5）青年期（12～18 岁）时个体建立同一性和防止同一性混乱，体验着忠诚的实现。埃里克森提出了合法延缓期，这一时期的青年继儿童期之后，觉得自己没有能力来持久的承担义务，并且感觉自己需要做出的决定太多太快，因此在做最后决定之前会进入一种暂停时期，从而延缓对义务的承担，避免同一性提前完成。若这一阶段发展不顺利，个体就会产生同一性混乱，对“我是谁，我将来发展成什么样的人”产生困惑。6）成年初期（18～25 岁）时个体会获得亲密感，避免孤独感，体验着爱情的实现。此时个体需要更进一步，在自我同一性的基础上获得共享的同一性。若这一阶段发展不顺利，个体就会对婚姻产生恐惧，对两性亲密关系悲观失望。7）成年中期（25～

50 岁）时个体会获得繁殖感，避免停滞感，体验着关怀的实现。其中繁殖感指个人的生殖能力以及对下一代的关心指导。若这一阶段发展不顺利，个体就会产生对人生的无意义感和亲情归属感的缺失。8）成年晚期（50 岁至死亡）时个体会获得完善感，避免厌倦感，体验着智慧的实现。其中完善感包括长期形成的智慧感和人生哲学，如果这一阶段发展得不顺利，个体会对自己的人生感到失望厌倦，也容易对死亡非常恐惧。

三、内部动机，实现愿望

内部动机在实现愿望的过程中发挥着举足轻重的作用。心理学家爱德华·德西曾经做了一个非常著名的实验，他随机抽调一些学生独自解答有趣的智力难题。在实验的第一阶段，所有学生在解题时都没有给予奖励；进入第二阶段时，所有奖励组的学生每完成一个难题就会获得1 美元的奖励，而无奖励组的学生仍然只解题而无奖励；第三阶段时，给每个学生一个自由休息时间，在此期间他们想做什么都行，研究人员则观察学生是否在这一阶段仍在做题，以此作为判断学生解题兴趣的指标。研究结果发现，无奖励组的学生比奖励组花了更多的自由休息时间来解题。这说明：奖励组学生对解题的兴趣衰减得比较快，而无奖励组学生在进入第三阶段后，仍然对解题保持了较大的兴趣。实验证明：当人进行一项愉快的活动时，给他提供外部的奖励，反而会减少这项活动本身对他的内在吸引力。这就是所谓的“德西效应”。

继续介绍一个类似的小故事，一位老人在一个小乡村里休养，但他家附近住着一群十分顽皮的孩子，他们天天相互追逐打闹，吵闹声使得老人无法好好休息，在屡禁不止之后，老人想出了一个办法——他把孩子们都聚集到一起，跟他们说谁叫的声音越大，谁获得的奖励就越多，老人每次也都会根据孩子们吵闹的情况给予不同的奖励。到孩子们已经习惯于通过吵闹而获取奖励的时候，老人开始逐渐减少给孩子们的奖励，到最后无论孩子们怎么吵闹，老人什么奖励都不给他们了。结果，孩子们觉得自己受到的待遇越来越不公正，认为“不给钱了怎么可能再给你叫”，之后再也不到老人所住的房子附近吵闹了。人的动机分两种：内部动机和外部动机。如果按内部动机去行动，我们就是自己的主人。如果驱使我们行动的是外部动机，我们就会被这些外部因素所影响，逐渐成为它的奴隶。这个故事中老人的方法其实很简单，就是将孩子们原本的内部动机——“快乐地玩”变成了外部动机——“为钱而玩”，他操纵着外部因素，也慢慢操纵了孩子们的行为。

可见，内部动机对于我们实现愿望具有重要的作用，而外部动机的不正确使用则会削弱我们追逐梦想的内部动机。但这并不意味着我们对自己的理想最好只有内部动机，外部动机和内部动机都是一种动机，树立正确的价值观和人生理想，那么合理联合培养内部动机与外部动机，才能更好、更稳定地为人生理想不断奋斗。当愿望由多样复杂的动机支撑时，这种动机组合便能够成为追逐梦想不竭的动力源泉。因此，发自内心地激活自己的热爱与兴趣，并坚持下去，是我们实现梦想的重要途径。

08 创造训练 维护自信

【知行心语】自我效能感是抵御这些威胁和风险的内在力量。创造训练的发散思维为我们自我效能感的维护提供了可行的路径。因此，在日常生活中，打破思维定势，时常进行一些创造训练会对我们的心理健康维护大有裨益。

生活中的应激事件，指的是个体在生活中遭受到的急剧的、形成心理上强烈反应的重大事件，它们极易导致个体产生负性的心理反应。长期处于遭受应激性事件的威胁情境中，会造成个体的情绪、生理及行为模式发生改变，免疫系统功能减弱，进而威胁个体的身心健康。此外，在威胁情境中，自我效能感也会逐渐下降。例如生活中应激性事件会降低个体的自我效能感，产生不同程度的焦虑、抑郁等消极情绪（Wang et al.，2020），而如何有效帮助青少年缓解心理适应问题就成了亟须解决的重要问题。

一、创造训练，发散思维

创造力训练是指一项用于帮助人们产生创新观点和问题解决的技术（Lau，2017）。自奥斯本（1953）进行创造力思维训练以来，目前创造力训练已经发展出多样形式，譬如头脑风暴、创造性问题解决、横向思维等。它们之间的差异主要表现在认知过程、训练技术、训练媒介或训练形式的不同。现有的创造力训练干预基于四项基本原则，包括减少认知定势、提升联想思维、平衡发散思维和聚合思维以及情感（动机＋自我效能感）的激发。有研究发现，创造力训练的内在机制也许是提高了被训练者的认知灵活性（Ritter et al.，2017），打破思维定势让人们不拘于常规，能够看透生活中复杂事件的本质，从而能采取有效的应对方式。大量研究也支持了创造力训练的积极作用。具体而言，创造力训练有助于促进发散性思维等（Puccio et al.，2018）。有关发散性思维的研究表明，发散性思维也能正向影响积极情绪，而缺乏发散性思维或者认知灵活性则和抑郁相关（Liknaitzky et al.，2018）。此外，与发散性思维相关的联想过程也可以通过防止反刍思维来促进积极情绪。

二、自我效能，保护健康

自我效能感可以有效帮助个体应对生活中的压力事件，对帮助个体保持积极心态和心理健康具有积极作用（Tabernero et al.，2020）。然而，以往大部分关于发散性思维影响自我效能感的研究只关注了发散性思维对创造性自我效能感的影响，很少有研究关注其对一般自我效能感的影响。根据班杜拉的社会认知理论（Benight et al.，2004），降低对外部威胁的感知可以有效提升自我效能感，因而在理论上而言，通过发散性思维来提高自我效能感是可行的。而自我效能感又能帮助个体减轻负性情绪，进而促进心理健康。

研究者针对青少年群体中普遍出现的负性情绪以及自我效能感下降的情况，试图通过发散性思维训练进行积极干预，重建青少年的心理健康（Zuo et al.，2021）。在武汉地区随机招募了一所中学的 54 名学生作为被试，被随机均分到实验组和控制组。在实验开始之前，研究者测量了两组学生的负性情绪和自我效能感，结果显示两组之间不存在显著差异。实验于 2020 年 8 月 6 日开始，学生需要在每天晚上 8 点完成实验任务。对于实验组学生而言，他们需要进行发散性训练：想出口罩的 10 种新奇功能，而控制组学生则是需要写出当天进食的 10 种食物。整个实验过程持续了 9 天的时间，实验结束后再次对两组学生的自我效能感和负性情绪进行测量。实验结果发现，相比于控制组的学生，实验组学生在实验结束后其自我效能感水平稳中有升，同时焦虑情绪则显著下降。

三、创造训练，维护自信

以上研究的发现对于青少年应对自我效能感降低和焦虑上升具有重大现实意义，对初中生在其他应激情境，比如缓解考试期间的自我效能感降低和焦虑上升可能同样存在效果。创造力训练是一种有助于维护自信的有效且相对简单、易于实施的方法。首先，创造力训练对实施环境没有特定要求，实施起来方便可行。其次，创造力训练不需要专业人员的指导，学生可以独立完成。最后，创造力训练的时间不用太长。因此，创造力训练对于人们在各种应激状态下的心理防护具有实践应用价值，同时对于其他遭遇应激事件的个体，也具有现实的参考意义。

创造力不仅对于个人发展大有裨益，它对一个国家的发展而言亦有举足轻重的作用。江泽民同志曾指出："创新是一个民族进步的灵魂，是一个国家兴旺发达的不竭动力。"党的十八大以来，习近平总书记就创新发展发表了一系列重要讲话和论述，强调"把创新摆在国家发展全局的核心位置"，在党的二十大报告中强调"创新是第一动力"，提出实施"创新驱动发展战略"。在贯彻新发展理念中，创新便排在首位。如今，国家迫切需要解决"卡脖子"技术高层次创新型人才，作为国家的青年才俊，我们究竟如何训练并提升自主创造力呢？

吉尔福德认为创造力有三大特征，即流畅性、变通性和独特性。流畅性是指个体能够在较短的时间内表达出较多的观念，日常生活中常见的头脑风暴法便是一种很好的训练思维流畅性的手段。头脑风暴法意指小组成员针对要解决的问题或要讨论的主题进行讨论，在开放包容的气氛下，小组成员打开思路、自由联想、各抒己见，在短时间内产生大量有价值的想法。变通性是指个体思维能随机应变、举一反三、灵活变通。常见的变通性训练方法有强制联想法。强制联想法是指将两个或两个以上看起来似乎彼此无关的事物或想法强行联系在一起，从而产生富有创造性的方案。独特性则是个体对事物具有不寻常的独特见解，这需要我们注重培养日常深度思考的能力。

在日常生活中，我们可以阅读与创造性思维和创造力训练相关的书籍，夯实理论基础和掌握一定的训练方法及技巧。同样，我们要不断培养思考的习惯，学会打破常规。此外，我们也可玩一些具有趣味性的益智游戏，如七巧板、脑筋急转弯、远距离联想等。

09 境由心生　积极归因

【知行心语】我们的心可爱了，世界就可爱了。定力专注、宁静致远、安心自在、用心思考、对话连接、点燃心灯有助于我们修炼美好的心境。生活中难免会遇到各种不如意，而决定我们心境的是我们的信念和归因方式，如果我们采用积极的方式对事物进行解释，如将失败归因为外部不稳定可控的因素，经过努力则可以改变，事态会朝着积极光明的方向发展。

生活是神秘而耐人寻味的，我们需要用心去体会其中奥妙。而在生活中，积极的心态十分重要。让我们从“爱学习的人不挑桌子”谈起吧。这个故事是小 A 在图书馆自习时发生的，当和好友一起到图书馆自习时，里面的人很多，寻觅很久才找到了一个角落坐下来，当小 A 沉浸在自己所做的事情当中时，竟然忘记了周围的一切……好友随口感叹道：“爱学习的人不挑桌子呀!”这一朴实的话里却富含哲理意蕴。

一、境由心生，点燃心灯

“心有多大，世界就有多大”，“爱学习的人不挑桌子”的生活境界是怎样的呢？我们一起来看看吧。

1. 定力专注，心无旁骛

生活需要一种“定心”的境界，需要将自己的心真正地安定下来，屏蔽外界信息干扰，心无杂念。无论是阅读一本书，聆听一次网课，还是练书法、写文章或者练习乐器都需要全神贯注的投入，专心致志，执着忘我。“用志不分，乃凝于神”，认真去体会专注的力量以及心流的平和，充分享受时光不知不觉度过的美妙。

2. 宁静致远，境由心生

生活需要一种“静心”的境界，不受我们身处环境以及条件的限制，“心远地自偏”。让自己内心保持宁静，培养对自我的控制力。“几上茗香心自静，案头笔奋气犹和”，生活的一方净土来源于你内心的恬淡安静与从容悠然。当你的心真正地沉静放松下来，感受此时此刻，周围再嘈杂喧扰也会与你无关。

3. 安心自在，清风徐来

生活需要一种“安心”的境界，人的内心应是祥和、自在与顺畅的。“心无挂碍，方得大自在”，如果内心总是处于纠结、烦恼、焦虑的状态，也无法很好地生活。我们感受的世界其实都是你内心的真实映照，时常感知内心的声音，学会放下和划清自我的边界，知足常乐，怡然自得，让心变得更加简单与纯净，心安的世界便会更加美好。

4. 用心思考，觉悟喜悦

生活需要一种“用心”的境界，保持自己的思考和判断。也就是说，生活是需要“用心思”的，在生活中用实践去体悟和感受身边的一切，这样才能深刻理解这个世界。在自己的想法与感受觉悟中收获思想的成就，我们会感到由衷的喜悦。

5. 对话连接，心领神会

生活需要一种“会心”的境界，是心与心的连接，是“你”与“我”的对话。阅读时对文字的品味，上课时对知识的解读，交谈时思想的碰撞都是一次心与心的连接与对话，我们会在文字中感受先贤与大家的智慧，也会在生活中与各式各样的人一同畅谈古今，我们仿佛与知己相逢，感受到彼此心心相通。

6. 点燃心灯，美好明亮

生活需要一种“开心”的境界，敞开自己的心扉，感受这世间的美好与明亮，也体会人间的乐趣。对生活饱含着一份真挚的热情，会点燃我们心中的那盏灯，让我们能清晰地透过现象看到事物的本质，更深刻地理解人心与人性，也因这份理解，我们能发光发热温暖他人。

二、积极归因，抵御风霜

生活中我们难免会遇到各种各样的挫折和压力，那么应该如何培养理性平和的心态呢？不由让我们联想到心理学中“半杯水”的故事，对于同样的半杯水，有的人说“哎呀，我只有半杯水了”，而有的人却说“哈哈，我还有半杯水呢”，从这两种话语可以看出，同样的刺激事件，会产生怎样的反应，是由我们说了算。也就是说，咱们的心理犹如一个黑匣子，这个黑匣子如同一个过滤器，我们可以将好的事物过滤进来，将不好的事物都过滤出去，犹如让阳光洒满心灵，让阴霾都消散，而在这个过滤的过程中，起关键作用的就是我们的信念和归因方式。

根据心理学中经典的情绪 ABC 理论，激发事件所引起的反应和结果，由我们如何对这件事情进行认知和归因解释来决定。心理学家韦纳把成就活动中的归因方式分为三个维度、四个要素以及八种组合。其中三个维度分别为：稳定性、可控性和内外部。四个要素分别为：能力（内部的、稳定的、不可控制的），努力（内部的、不稳定的、可控制的），任务难度（外部的、稳定的、不可控制的）以及运气（外部的、不稳定的、不可控制的）（佐斌，2009）。如果我们将成功归因为自己的能力，而将我们的失败归因为任务太难或不够努力，则属于积极的归因方式，这种自我服务偏差的归因方式下的成功会让我们更自信，失败则会让我们继续努力；与之相反，如果我们将成功归因为任务简单或运气，而将我们的失败归因为自己缺乏能力，则会让我们自己更加自卑或更容易放弃某种行为，产生消极的后果。可见，归因方式在我们生活中扮演着极其重要的角色，积极的归因方式能够让我们在压力和挫折中重燃希望。

我们曾对大学生在奖学金评定结果上的归因倾向进行考察，考察发现，总体而言，大学生的归因倾向是比较积极的，排在第一位的归因倾向是“努力”，排在第二位的是“学习成绩优秀”，而排在最后两位的是“得到教师的喜爱”和“碰巧（运气）”，由此可见，总的来说，大学生大多数把评定的原因归为内部的、可以控制的因素。同时，归因倾向也存在性别差异，女生比男生更倾向于将奖学金评定结果归因于外部的不可控制的方面，如“得到教师的喜爱”与“碰巧”。这说明相对而言，女生的自我评价较低，缺乏自信心，由于想努力证明自己不比男生差却又不够自信，因此导致了归因方式上的性别差异，这一现象应当受到重视。具体而言，女性需要形成正确的自我概念、自我评价和积极的心态，并且增强自信心（李静 等，2005）。

三、好好生活，一路向阳

“爱学习的人不挑桌子”，学习是一种心境，我们的生活也是如此，带着积极向上的过滤镜来看世界尤为重要。在人生的旅途中，我们脚踏实地，厚积薄发；我们汲取力量，迎接希望；我们进步成长，满心欢喜。

至此，不禁想起一个字谜“一叶轻舟水平流”，这个让人非常憧憬向往的图景，谜底便是“心”。“爱学习的人不挑桌子”，外物如过往云烟，真正重要的是自己的心，因为热爱，所以一切都值得。我们的人生又何尝不是如此？

当然，这并不是引导大家经常使用自我服务偏差的归因方式去获得看起来有些不切实际的自我良好感。当我们心理对抗挫折失败的能力到了一定边界时，将成功归为内部因素，而把失败归于外部因素，这的确具有较大可取性。对那些心理韧性强并能直面失败的人，便能用心捋清事件成败的原因，正确归因，挑出事件成败的关键所在，在成功与失败的经历中汲取经验，遇见更好的自己。

“慢慢走，慢慢欣赏啊！”

10 昂首挺胸 精力充沛

【知行心语】具身认知对于社会判断具有重要的影响。例如，温暖和靠近会提升我们对热情的判断，垂直在上、大字体和重分量等也会增强我们对能力的感知，这些微妙的身心关联规律对于我们日常生活具有重要启示，比如昂首挺胸、面带微笑不仅能让自己身心愉悦，也会让你更精力充沛和更有自信。

如何提升我们的自信呢？对于此问题有很多不同的增强自信方式，如积极的自我暗示、自我肯定等。如果采用改变身体姿势或状态的方式，能否增强自信呢？比如，以往研究表明，嘴角上扬的表情姿势会提升我们的愉悦度，那么身体和心理感知判断之间存在怎样的联系，对于我们日常生活具有哪些朴实的启发呢？让我们一起来寻找答案吧。

一、具身认知，社会判断

我们无时无刻不需要对自己和他人进行评价和判断，通常我们通过热情和能力两个基本维度来进行判断，在遭遇个体时，首先对他人的意图即热情进行判断，进而再对其是否有能力实现该意图进行判断，其中热情维度包括温暖友好、值得信赖等，能力维度包括聪明能干、效率权力等（佐斌 等，2006）。

身体状况是社会认知的重要基础，具身认知认为基本的、非精神的、具身的体验是人们理解他人的基础和主要方式，为社会判断提供了新视角。例如，研究表明强韧或柔软的身体感受影响着人们的性别分类，身体的温暖或寒冷感受对人的社会归属感产生重要影响，是社会关系的基础（Fay et al.，2012；Ijzerman et al.，2010），身体动作如倒竖大拇指增强了个体对知觉对象的敌意判断，而立竖大拇指则提高了喜爱特质的评价等。作为认知加工的一个组成部分，身体虽然限制认知的特征和范围，但也可以调节认知（叶浩生，2013）。这说明高级社会认知也是基于知觉感受的，身体的传导感受如视觉、听觉、嗅觉、触觉等感官信息是理解和评价他人的基础（代涛涛 等，2017）。

二、冷暖远近，热情差异

身体的冷暖会较大程度影响人们对热情的感知。在心理学经典的具体认知研究中，让人们喝下一杯热的或冷的咖啡，从而产生一种温暖或寒冷的身体体验，结果喝下热咖啡的被试对目标对象的热情维度的评价有了显著提高，且更愿意为朋友挑选礼物，而喝下冷咖啡的被试对目标对象热情维度的评价更低，且更愿意为自己挑选礼物。也就是说，温暖或寒冷的身体体验不仅影响了人们对他人在热情—冷漠维度上的评价，而且影响了其行为意向。与之类似，温暖的环境促进了人们对刺激的相似性的知觉，诱发人们更多地关注与目标对象的相似之处，从而对社会比较的结果产生影响。在温暖的物理环境中，社会比较出现更可能出现同化，因此身体的温暖能对社会比较产生影响，也即身体的温暖体验影响了人们对社会信息的加工，从而提升了对人际热情的判断（Steinmetz et al.，2011）。

除冷暖知觉外，远近趋避的动作也是个体热情判断的影响因素之一。当人们做出向内弯曲手臂的动作时（趋近动作），他们认为目标对象是值得信任的；当人们做出向外推的手臂动作时（回避动作），他们认为目标对象是不值得信任的。该研究证实了身体的趋近—回避动作对印象形成特别是热情判断的影响（Slepian et al.，2012）。同样，当向被试呈现不同的热情或能力词汇，让这些词汇逐渐地趋近或远离被试，结果发现当热情特质词远离被试时，被试的评价更加消极；当热情特质词趋向被试时，被试的评价更加积极，但是趋近或远离对能力特质词的评价没有影响。也就是说，身体的趋近—回避线索会影响被试的热情判断（Fay et al.，2012）。

三、上下轻重，能力不同

上下垂直空间会影响人们的能力判断。例如，当在空间位置的上方呈现高权力词或高权力词向上运动时，以及在空间位置的下方呈现低权力词或低权力词向下运动时，被试的反应更快更准确，这并不是因为高权力词积极效价导致的，这说明人们对空间垂直位置的知觉与其对权力的认知是紧密相连的（Schubert，2005）。在组织结构图中越高的位置，人们对其权力评价越高，垂直差距越大，权力差异也越大（Giessner et al., 2007)。

重量知觉同样会影响到价值感和重要性等能力判断。有研究认为人们对重要性的判断是扎根于人们的重量感受的（Jostmann et al., 2009），即人们消耗更多的体力去对待重的物体时，会认为该物体更加重要。实验要求被试拿着一块重的或轻的笔记板，然后对一些社会抽象概念进行判断。结果发现，被试在拿着较重的笔记板的情况下会认为货币更具价值，认为决策制定中的程序公平更重要，对争论问题的观点更加极端化且更加自信。研究者认为这是因为当被试消耗更多的体力去处理具体物体时，也投入了更多认知资源来处理抽象概念，因而身体上的重量感对概念上的重要性产生了影响。

此外，除空间和重量外，大小本身也会对人们对能力的感知产生影响。例如，当群体标签的字体大小与群体的权力大小相匹配时，人们会做出更快且更准确的反应；当标签字体大小与群体的权力大小有所差别无法匹配时，对群体的权力判断会受到字体大小的影响（Schubert et al., 2009）。例如分别向被试呈现字体大小不同的老师和学生的字样，当老师的字体较大或学生的字体较小时，被试的反应更快和准确率更高；而当老师的字体较小或学生的字体较大时，被试则会降低对老师的权力判断，而提高对学生的权力判断，这意味着字体的大小对权力判断产生了重要影响（代涛涛 等，2017）。

可见，我们的身体很大程度上会影响我们心理的认知判断。例如，嘴角上扬的姿势可以提升我们的快乐感；身体的舒展姿势可能会增强我们的权力感和可控性；点头示意的姿势会增加对教授所讲授内容的认可和评价喜爱度等，这些社会心理学的研究对我们的生活具有重要的启示，一方面，在不同的场合通过温暖和能力的具身认知的呈现来进行与情境所需相匹配的印象管理；另一方面，在平时生活中昂首挺胸、面带微笑也可以是一种增加自信和幸福感的良策。

11 职业选择 内隐偏好

【知行心语】职业在我们的社会生活中扮演着极其重要的角色，相比低声望的职业，我们更倾向于选择高声望的职业，且性别刻板印象也常常影响职业选择，使得男性更多选择传统男性化职业，女性更多选择传统女性化职业。但相比而言，女性将表现出更高的打破常规的灵活性。如何消除职业偏见，让“职业无高低贵贱之分”的观念真正影响人们的选择，将是未来努力的方向。

请想一想，您最愿意从事什么样的职业呢？如果您是一名女性，您更倾向于选择会计、教师、护士之类的职业，还是更倾向于选择工程师、程序员之类的职业呢？我们的职业选择存在怎样的偏好规律？让我们来看看这些社会心理学的调查研究吧。

一、职业抱负，性别声望

理想职业抱负，指个体能自由选择他们要做什么，“自由”意指个体不用向现实职业抱负那样考虑各种客观条件预想他们自己实际上可能会做什么，而是在无条件限制下选择他们愿意做什么（Gottfredson, 2002)。

戈特弗雷德森在心理学和社会学两大学科观点的基础上创建了职业抱负发展理论，该理论从三个维度来研究职业抱负发展，分别是性别类型、社会声望和职业领域。但从社会普遍性角度来看，人们更倾向于将职业划分为职业的性别类型和职业的社会声望两个维度。因此，人们将第三个维度职业领域也划归在前两个维度内，简单地说，职业领域就是工作的类型。戈特弗雷德森认为，当人们选择职业时，他们会根据自己构建的关于职业的认知地图来进行衡量。这一认知地图就是人们沿着职业两个维度（性别类型和社会声望）将自我与职业的印象相联系所构建的。衡量的过程就是对自我理想职业的性别类型和社会声望与职业领域的性别类型和社会声望进行比较，当二者完全匹配时，个体则可确定其职业选择（侯志瑾 等，2005；佐斌 等，2009）。

二、职业选择，不同差异

为了进一步考察当今社会人们的职业选择偏好情况，佐斌和温芳芳(2009)对来自10个省（市、自治区）（分别是广东、辽宁、上海、湖北、江西、山西、四川、贵州、宁夏回族自治区、北京）的大学生进行了关于理想职业抱负的问卷调查。调查共招募18631名志愿者，年级从大一到大四，年龄在16到28岁之间，平均年龄为20.42岁。调查中的一个项目为："你将来最想成为什么样的人?"答案的选项分别为：1）科学家；2）企业家；3）教师；4）警察；5）医生；6）运动员；7）农民；8）军人；9）工人；10）影视明星；11）作家；12）法官；13）工程师；14）国家干部；15）模特；16）其他。

调查结果显示，从总体上看，大多数大学生选择了"企业家""教师""工程师"等职业，这些职业的社会声望普遍较高；极少数的大学生选择了"工人""农民"等职业，而这些职业的社会声望相对较低。这显示了这样一个事实：高社会声望的职业将是大学生职业选择的优先选项。同时，这一结果体现了中国大学生职业决策妥协策略，该策略是指中国大学生无论在何种决策情境下都会优先考虑职业的社会声望，这符合中国人的传统思想特点。从历史文化角度分析，中国人的就业观念受到来自近千年根深蒂固思想的影响，其中"官本位"思想可能是中国人倾向高社会声望职业的思想源头。同时中国特有的"面子"这一概念与"职业社会声望"概念也有着很大程度的语义重合（周爱保 等，2007）。中国人所谓的"面子上过不去"其实也暗含着职业选择理论，即当职业的社会声望与个体社会地位不匹配的时候，他们觉得自己能力被浪费，从而不选择这个职业。大学生接受了高等教育，在当今重视人才的社会，相对来说有较高的社会地位，因此，为与社会地位相匹配，也可以说是为了"面子上过得去"，大学生倾向于选择社会声望高的职业。

对不同性别志愿者的职业选择进行对比，结果发现大学生的职业选择也具有性别特色。例如，男大学生选择"企业家"这一职业的人数显著高于女大学生；女大学生选择"教师"这一职业的人数显著高于男大学生。从历史文化角度来看，这一现象的出现可能与中国传统性别角色观念有关，尤其是"男主外，女主内"的观念（刘晅 等，2006）。社会舆论环境一般认为像"企业家"这样有挑战性、有风险的职业更适合男性来承担，而像“教师”这样稳定的职业更适合女性来承担，职业性别类型的特点在大学生职业选择的过程中也被体现出来。之前的研究已经发现，大学生的内隐性别刻板印象较为显著，造成大学生对男女两性有截然不同的职业定位（胡志海，2005），这也就影响了他们的职业选择。但也有调查发现，仅对女性志愿者进行分析时，选择“企业家”这个职业的人数同样显著地高于选择“教师”这个职业的人数，这与许多前人的研究不谋而合（佐斌 等，2006），即女生相比于男生更不容易受到性别类型的影响，也就是说，性别类型对男生的限制高于对女生的限制。相比之下，女生会更容易表现出与性别刻板印象相反的选择，即更可能选择传统上适合男性的职业；而男生更容易表现出符合性别刻板印象的选择，即较小可能选择传统上更适合女性的职业。

此外，调查也对不同地域大学生的择业情况进行了分析，结果发现无论是对高声望职业如“教师”还是对低声望职业如“农民”，处于发达地区的学生与处于相对不发达地区的学生对其的选择情况存在显著差异。具体来说，发达地区的学生对“教师”和“农民”的选择都低于相对不发达地区的学生。而对“其他”选项的选择，相对不发达地区的学生显著低于发达地区的学生，结合访谈来看，“其他”选项背后所包含的职业大多是与列举的传统职业所不同的新兴职业。对比调查中对不同区域大学生对职业声望的评价的结果发现，这些职业选择的结果仍然与职业的社会声望相关。具体来说，中小城市居民对传统职业的声望评分明显高于东中部大城市及沿海地区；而中小城市居民对于改革开放后顺应经济发展所出现的新兴职业有较低评价（许欣欣，2000）。与这一现象相关的影响因素可能是各区域不同的经济文化。

三、社会声望，内隐偏好

内隐联想测验是测量内隐偏好的高效实验范式，佐斌和温芳芳（2009）采用该范式进一步考察了大学生的内隐职业声望偏好，其中，提名法所确定的高社会声望职业为：企业家、教师、科学家、工程师、医生、律师、政府部长、大学教授、项目经理、国家干部；低社会声望职业：农民、工人、保姆、清洁工、勤杂工、搬运工、修理工、推销员、服务员、保安员。

内隐联想测验的结果显示，大学生容易将积极词汇与高社会期望的职业相联系，而将消极词汇与低社会期望的职业相联系。换句话说，对于大学生而言，他们常常对高社会声望职业如“科学家”“教师”“医生”等持有积极的态度，对低社会声望职业如“保安”“工人”等持有消极的态度。结果表明，内隐职业声望偏好可能同内隐职业性别刻板印象相似，成为社会历史文化中长期存在的一种无意识，它融入了社会背景和文化背景，使生活在其中的大学生自动地、无法避免地形成了对应的内隐态度。这样的内隐态度最终表现为外在的职业选择，即拥有较高社会地位的大学生选择自己评价更加积极的高社会声望职业。

无论外显调查还是内隐测量，人们总体表现出对高声望职业的偏好，且性别刻板印象也会对人们的职业选择产生影响，与自己的性别类型相符的职业往往成为优先选择，相比之下，女性有更多反职业性别刻板印象的表现，而男性则有更明显符合职业性别刻板印象的表现。可见，如何消除人们对职业的偏见，在选择职业时考虑“无高低贵贱之分”，任重而道远。而作为个体，我们能做的便是改变自身认知与行为，“三百六十行，行行出状元”，认真审视自我，选择自己喜欢且适合的工作。

12 潜质偏好 道德守护

【知行心语】不确定性是生活的常态，相比已取得的成就，人们对未来的希望与关注，会更看重个体和群体的潜质，即存在潜质偏好现象。人们希望能力变得更好，同样不希望能力变差；相对而言，人们不在意道德是否提升，但很在乎道德滑坡，可见，人们内心存在做人的道德底线。一方面，我们要积极开发自我潜能，另一方面，我们依然保持人性的温暖与善意。

有时候，选择比努力更重要。比如，当你面临找工作时，是找一个当前成就一般但发展前景好的公司，还是找一个当前成就很高但发展前景一般的公司？面临类似的选择时，更多的人可能倾向于选择前者。以往关于潜质的研究发现，相比于个体当前的成就，人们一般会更重视个体的潜质，这一现象被称为潜质偏好效应（Potential Preference Effect）。例如，当公司想要招聘一个管理岗时，面对一个当前具有很高领导水平的人和一个具有很高领导潜质的人，人们通常会更愿意招聘那个具有很高领导潜质的人。那么与已取得高成就的群体相比，人们为什么更愿意选择一个高潜质的群体？是高潜质群体未来发展前景更好，还是高潜质群体的成员更有朝气，抑或是高潜质群体更具竞争力？从应聘者的角度来看，公司的道德状况对人们是否愿意加入这个公司具有非常重要的影响。如果当前有三个业绩比较相近的公司，其中一个公司的道德水平比较好也比较稳定，一个公司的道德水平不太高但有很高的道德提升潜质，第三个公司的道德水平最高但道德下降潜质大，如果是你，你会选择加入哪一个公司呢？让我们一起来寻找答案吧。

一、未来关注，潜质偏好

相比于那些高成就群体，高潜质群体具有一些明显的优势以及劣势。其优势为未来可能会取得更高的成就，而其劣势为其当前成就明显低于高成就群体。而以往研究表明，当人们在权衡当前成就与未来成就时，往往更注重未来成就，所以人们可能由于高潜质群体的较高的预期未来成就而对其产生偏好。

除此之外，人们也有可能因为对高潜质群体持有更好的印象而对其产生偏好。以往研究表明，人们对高潜质者会有更好的印象，如认为他们更加努力，甚至认为他们更加热情等。而更好的印象也可能会导致人们对其有更高的加入意愿。

为了检验人们是否对高潜质群体产生偏好以及可能的边界条件，研究者设计了三个实验对此进行了研究探索，在研究中，让参与者想象自己面临两个群体，但需要选择加入其中之一。

实验一中，请参与者想象自己在找工作时面临一个高潜质公司和一个高成就公司。结果发现人们更愿意加入高潜质公司，并且认为高潜质公司未来会发展得更好，认为它们更加努力，但只有当人们认为高潜质公司未来发展更好时才会更愿意加入其中（Xie et al.，2020）。

实验二中，同样请参与者想象自己找工作时面临一个高潜质企业和一个高成就企业。结果发现，人们更愿意加入高潜质企业，并且认为高潜质企业未来发展更好，更加努力，除此之外，人们还认为高潜质企业的员工更加有能力，更加热情。不过与实验一相同，只有当人们认为高潜质企业未来发展更好时才会更愿意加入其中。

实验三中，请参与者想象自己是一名球员，面临一个高潜质球队和一个高成就球队向自己伸出了橄榄枝。结果发现，人们更愿意加入高潜质球队，并且认为高潜质球队未来前景更好，队员更加努力，也更加热情。与实验一和实验二相同，只有当人们认为高潜质球队未来发展更好时才会更愿意加入其中。

三个实验表明，相比高成就群体，人们更愿意加入高潜质的群体，并且认为高潜质群体未来发展会更好，对高潜质群体的印象也更好。但三个实验一致表明，只有当人们认为高潜质群体未来会取得更高成就时，才会更愿意加入其中。本研究发现，人们在做选择时，对未来的关注程度要高于当前，所以高潜质群体才会更受人们的欢迎。

二、道德滑坡，不可容忍

当前，人们对潜质的重视还体现在学术潜质、创造潜质等方面。此外，当前道德潜质也是越来越受到研究者的关注，如果人们对道德潜质也同样重视的话，会更愿意加入那些具有高的道德提升潜质的公司。不过，人们对道德提升与下降的感知与评价是不对称的，也就是说，人们并不关心别人到底有多好，但是非常在意别人有多坏。

对于公司而言，人们可能还存在这样一种心理，即认为道德水平较高的公司，其能力水平反而较低。如果一个公司的能力水平降低了，也必然会影响到该公司的业绩，随之也会影响自己的收入情况。所以，如果人们从自己的利益出发，也就对公司道德水平的提升不那么感兴趣了。但是如果公司的道德下降潜质很大，那这个公司可能对自己的员工也不太好，人们也是不能接受的，人们一般也不会加入一个道德水平越来越低的公司。因此，从这个角度来说，人们对公司道德提升与下降潜质的评价其实也是不对称的。

有研究者探索了人们如何评价群体道德潜质与能力潜质的问题，通过四个实验考察了人们对公司的道德提升与下降潜质以及对公司的能力提升与下降潜力的态度（Xie et al.，2020）。研究结果显示，相比于公司当前的能力水平，人们会更偏好公司的能力提升潜质，而更加厌恶公司的能力下降潜质，这也意味着，人们对能力提升与下降潜质的重视程度是相似的。然而，相比于公司当前的道德水平，人们会更厌恶公司道德的下降潜质，却不会更偏好公司道德的提升潜质。这显示人们只会在意公司道德状况的下降，但并不关注其道德水平是否提升。

虽然该研究的结果表明人们对公司道德提升潜质的重视程度比对道德下降潜质的更低，但这只能说明人们自身并不重视公司道德提升潜质，并不能说明它对公司的发展不重要，众人的答案也不一定是最优解。如果再回到开篇提出的那个问题，你会在给出的三个公司中如何进行选择呢？

三、信念希望，生活美好

社会生活中，面对各种变化与不确定性，人们总在进行各种选择，相比已经取得的成就，人们更在乎潜在的能力和未来可能达到的目标和高度，无论是个体还是群体组织层面，我们总存在潜质偏好。同样，潜质也会发生动态改变，我们希望能力提升，同样我们也在乎能力下降。

而在道德水平上，我们可以不在意公司组织的道德呈上升趋势，但是我们很在意道德是否会变得更差，这表明在人们心目中存在道德底线，也在某种意义上说明道德的消极层面是人们不可容忍的。由此，我们可以对人性有更深刻的了解，一方面，我们心存希望，看重潜质；另一方面，我们心怀温暖，注重道德。正是人们心中这份生生不息的信念和守望相助的善意，方能让我们面朝大海，春暖花开！

13　职业认同　生涯发展

【知行心语】具有较强的职业自我概念、较和谐的物我关系、较积极的情感体验和较富责任心的行为倾向的职业认同，对于我们的生活满意度和幸福感而言尤为重要，因此，对职业生涯进行长远合理的规划，选择和认同自己的职业，投入热情，提升技能，建立联结，是我们获得职业幸福的关键。

您从事什么职业？您喜欢当前的职业吗？在工作中，您是感觉厌倦，还是能获得乐趣、觉得有意义呢？我们如何从职业中获得幸福感呢？想必我们每个人的答案都不同。让我们来看看心理学者们的相关研究吧。

一、职业意涵，发展模式

何谓职业？职业是指个人服务于社会的工作，且个人在该工作中获得主要生活来源。个人利用自身所学的专门的知识与技能为社会创造物质和精神财富，同时以其劳动报酬作为物质生活来源，以其情感报酬来满足精神需求，此时个人的工作叫作职业。职业通常是职能与行业交互作用的结果。

一般来说，职业有四个特征，分别是社会性、规范性、功利性、技术（专业性）和时代性。当前职业的种类繁多，包括生产、加工、制造、服务、娱乐、政治、科研、教育、农业和管理十个方向，可以细化分类为 90 多个常见职业。

通常职业生涯发展表现出四种模式：第一，水滴石穿，工龄周期模式，主要包括起点、稳定、怀疑、平静和退离几个阶段；第二，逐层深入，重点关注模式，包括对自我、生存、情境等的关注；第三，相得益彰，发展需求模式，包括职前、实习、能力、成长、挫折、稳定、低落和隐退等发展方式；第四，破茧成蝶，自我更新模式，包括非关注、虚拟、生存、任务和自主的自我更新等。

人们的职业发展通常会受到个体因素的影响，这些个体因素通常包括所需的专业知识与能力、员工的个性与性格特点、人们对工作意义与价值的认知，以及社会人口学变量的差异等。

二、职业认同，前因后果

认同有两层含义：其一是“等同”，在逻辑上，A 就是 B，B 就是 A；其二为“鉴别出、确认出”，是把某人或某物在众多的人或物中辨认出来。詹姆斯认为，“自我”和“认同”紧密相关，认同意味着找到真正自我；弗洛伊德从社会群体角度看待认同，认为认同是个体与群体情感联系的最初形式。认同包括有两种类型，一是对个体/自我的认同，二是对社会/群体的认同。其中，个体/自我认同又可以分为两种类型：①主观认同（我对自己的认同），如“我是什么人”；②客观认同（社会对个人的分类），如“他是什么人”。社会/群体认同也可以再分为两种类型：①主观认同（成员对群体的认同），如“我们是什么人”；②客观认同（社会对群体的划分），如“他们是什么人”（佐斌 等，2017）。

职业认同是人们对所从事职业的积极信念、情感和行为倾向，也就是一种积极的内化态度，它表现为具有较强的职业自我概念、较和谐的物我关系、较积极的情感体验和较富责任心的行为倾向。职业认同通常具有如下特征：不断变化发展；包含多个维度；与自我概念相联系；由个体与环境互动而产生（孙利 等，2010）。

职业认同的影响因素有很多，包括社会人口学变量（如性别、年龄、角色）、个体内在变量（自我概念、人格特点、自我反思、态度、情绪与情感、价值观、自我效能感）和环境因素（人际关系、相关制度、社会经济地位和社会支持）等。不同的职业认同会对人们的工作满意感、职业倦怠、职业幸福、离职意愿和工作绩效等产生影响（孙利，2011）。

三、生涯发展，职业幸福

职业生涯的发展包括不同的阶段，在此以教师为例，下面从三种不同的理论出发，将教师的职业发展划分为不同阶段。

第一，“关注”阶段论。该理论将教师职业生涯发展分为四个阶段，分别是任教前关注阶段、早期求生存阶段、关注教学情境阶段和关注学生阶段。

第二，心理发展阶段论，该理论将教师定位为学习者，根据道德发展理论、认知发展理论、概念发展理论把教师的心理发展划分为以下四个阶段：1）单一世界观，相信权威；2）坚持原则，墨守成规；3）较强的自我意识，可以考虑到多种教学情境；4）较有主见，可以从不同角度对课堂情境进行分析。

第三，教师生涯发展阶段理论，该理论将教师职业生涯发展分为三个时期：1）存活期，即从教第一年。教师的心理与行为表现主要关注班级控制的维持、学科的教学、教学技能的提高、教学内容的了解方面的适当性；2）调整期，即从教二至四年。教师开始关注学生，逐渐了解学生的复杂性，分析和满足学生的需求，针对学生开发新的技术，对待学生真诚信任。3）成熟期，即从教五年及以上。教师能自如地进行教学活动，对教学环境充分理解和运用，有安全感，能灵活处理各种问题，探索并尝试新技能，重视学生的需要，能维持与学生的良好关系。

职业幸福指的是人们在工作中成就自己的职业理想，最大程度发挥自己的职业潜力的状态，在这种状态下，人们保持追求自我实现的动机，感受由此带来的愉悦、欢乐等积极情感。职业幸福有四个特征，分别是精神性、关系性、集体性和无限性。以教师的教育幸福为例，职业幸福的心理结构主要包括以下七个方面：教师认同度、人际和谐度、教育控制感、个人成长性、工作自主性、价值成就感和积极情感（孙利，2011）。

如何获得职业幸福呢？自我的心理调适很重要，特别是对于刚入职的新手而言，以下是快速调适的六条建议：多学多问、坚守爱心、充分准备、第一印象、保持热情、坦然面对。不管在职业发展的哪个阶段，保持理性平和的心态，夯实自己的专业技能，主动与他人建立良好的人际关系，均是我们获得职业幸福的重要保障。

14 最美夕阳 从容变老

【知行心语】每个人都会变老，与老年相关联的心理问题有：一方面，退休适应；另一方面，老年刻板印象威胁。面对退休，将其当作一个连续的过程，提前做好相关准备，能起到一定的适应缓冲作用；面对老年刻板印象威胁，激活积极评价、肯定自我价值、传播正面信息等都是有效应对老年刻板印象威胁的良好方式。

你考虑过退休吗？总有那么一些时刻，我们会萌生退休之意，比如经历了晚睡早起赶时间上班，看见大爷大妈们歌舞升平地迎接美好新一天；再如，被领导批，为一点薪水，不得不咽下一口闷气……多想过上退休之后“坐家领钱”的生活！而与退休相伴随的是我们变老了，传统、孤独、体弱、健忘、唠叨、节俭、慈祥、勤劳、和蔼……当我们提到老年人时，通常就会联想到这些词汇，这就是我们所持有的“老年刻板印象”，即人们对老年人这一社会群体所持有的观念与预期。你的父亲本来一周三次忘记冲厕所，你说他“越老越忘事”后，下周他可能会有五次忘记冲厕所，你的这些话让他产生了“刻板印象威胁”，即处于某种情境性风险中的个体会担心自我行为表现证实其所属群体的消极刻板印象。那么，在老龄化社会，我们如何调适出良好的退休心理，又如何应对老年刻板印象威胁呢？让我们一起来寻找答案吧。

一、退休适应，安享幸福

退休既是绝大多数社会成员难以避免的个人行为，也是每个国家的制度性安排。退休，作为涉及人群广泛的“群体性事件”，被心理学界定义为个体在特定年龄领取养老金的行为及动态过程。那么关于这个主题，心理学家有怎样的研究和发现呢？下面我们将梳理中西方的相关研究，浅聊个体退休的心理模型。

1. 退休的三类模型

西方关于退休的研究始于 20 世纪末期，随后百花齐放，总的来说可归纳成有关退休影响因素、过程和结果的三类模型。

第一类是“影响因素模型”。导致退休的个体因素，如：当个体的工作能力下降、长期存在健康问题、期望获得可观退休收入；已经达成或觉得自己难以达成职业目标、工作满意度低、回归家庭的意愿强烈以及十分期待退休后的休闲生活的时候便更容易做出退休决策。退休的影响因素，按水平可分为三层：1）宏观层面，即国家层面因素，包括生产方式、退休制度等；2）中观层面因素，包括退休政策、组织文化等；3）微观层面因素，包括退休计划、退休决策、退休前活动量等等，都会影响到退休行为。

第二类是“退休过程模型”。从时间轴视角退休过程模型也分为三个阶段：想象阶段、评估阶段和过渡阶段。在想象阶段人们以“未来”为导向，会想象退休以后的生活品质或人际关系。在评估阶段人们以“过去”为导向，依据经验评估退休意愿，做出退休决策。在过渡阶段人们以“现在”为导向制定详细的退休计划，掌握必需的资源并采取行动。

此外，退休也可分成退休计划、退休决策、退休过渡与适应这三个阶段。退休计划阶段中，人们会收集大量现实信息，如资产、健康状况等，对退休后的生活进行合理预测。退休决策阶段中，人们会权衡工作与休闲生活的价值。当人们从全职工作转到退休状态时，就进入了退休过渡与适应阶段，这一时期对大多数人来说都需要耗费一些心力来调整，有时甚至会通过退休返聘的形式去逐渐适应变化。

第三类是“退休结果模型”。退休结果主要表现在三个方面：退休后的活动情况、生理健康以及心理健康和态度。退休后的活动情况和心理健康水平并不会有太大变化，生理健康则会优于退休前（低社会支持和具有较差心理韧性者除外）。

2. 退休的四阶段模型

参考国外学者的关于退休的心理学观点，我们在中国文化和社会背景下，按照退休的时间进程，提出了“退休四阶段模型”，将退休分为退休决策、退休实施、退休过渡以及退休适应四个心理阶段（戴月娥 等，2017）。

第一阶段为退休决策阶段，指人们参与工作一直到最终决定退休的时期，这一阶段人们会充分评估内外部条件，做出确定退休时间和制定退休计划的决策。在中国文化背景下，个体也会面临按照法定年龄退休还是提前退休的选择。

第二阶段为退休实施阶段，指从开始办理退休手续、交接工作到完全离开工作的阶段。

第三阶段为退休过渡阶段，该阶段始于个体办理完退休手续，止于个体主观上不再将退休视为重要生活事件。在这一阶段中，退休是个体生活中的首要应激源，其会在这期间体验到较大的心理波动。这一阶段可能持续几个月至数年的时间。

第四阶段是退休适应阶段，是个体接受退休事实之后，重新确立生活目标的阶段。人们不再因退休而无奈难过，而是重新找到人生目标，进而获得较高的主观幸福感。

读到这里，相信大家肯定明白了，退休是一个连续的过程，在每一阶段个体都会受到来自宏观、中观和微观层面各类因素的影响做出不同决策，从而对国家、组织和个人生活等都会产生多样化的影响。退休不仅意味着“坐家领钱”或睡到自然醒的自由，它还意味着收入下降、角色中断、生活突然空虚的现实，以及无法预计的周期身心调适（想想已经退休的父亲、母亲，他们的生活也并非全然轻松）。研究退休是为了更科学地帮助人们。上班族如能提前做好主客观各方面的退休准备就能更平稳地应对退休，欢度余生。

二、刻板威胁，无处不在

与自我实现的预言类似，在遭遇刻板印象威胁之后，刻板化个体做出的行为会验证其所属群体的消极刻板印象，刻板印象威胁在很多群体中都有表现，当前，越来越多研究者开始关注老年刻板印象威胁。老年刻板印象威胁作为一种社会认知因素，区别于生理因素，会加速老年人的老化进程。据第七次全国人口普查数据，到 2020 年 11 月 1 日，我国内地 60 岁及以上的老年人有 2.6 亿多，占总人口的 18.7%，是全球老龄化速度最快的国家之一。

老年刻板印象威胁因其独特的三个特征，导致其存在非常顽固。第一，累积性。老年刻板印象的形成是个体长久内化的结果，从童年期开始至老年期，个体都在内化老年人的刻板印象。第二，共通性。在社会认知中，种族/民族、性别和年龄是三种主要的社会分类线索，在这其中，只有老年（年龄）是每个人最终都会经历的阶段（排除意外死亡情况）。第三，连续性。种族/民族、性别、职业、学科等都是基于类别而划分，但是对老年人的划分是基于年龄这一种连续变量。

既然老年刻板印象威胁有这样独特的性质，那么它会给老年人带来哪些方面的影响呢？当前研究者们对于老年刻板印象威胁的探索主要集中在认知老化，尤其是记忆老化上，除此之外，还有一些研究关注老年人在工作领域与驾驶领域中遭受的威胁与反应。简单来说，在与记忆有关的任务上，相比于未遭受老年刻板印象威胁的老年人，遭受威胁的老年人其记忆能力更差。当然，记忆领域认同度、记忆任务投入成本、受教育水平以及老化自我概念等因素也会对老年人记忆表现造成影响。在与驾驶行为有关的任务上，遭受威胁的老年司机会出现更多驾驶错误，尤其是超速违规行为。在工作领域中，组织雇用员工时可能会出现老龄歧视现象，由于考虑到组织的最大利益、长期或短期效益，无论所招聘的职位是高还是低，人们都更倾向于雇用年轻人。此外，当老年员工遭受老年刻板印象威胁时，他们相比于年轻员工，会有更消极的工作态度，更差的职业心理健康以及更强的辞职/退休意图……

三、爱老敬老，优雅变老

老年刻板印象威胁在我们生活中无处不在，且会产生消极影响。那么，我们可以采取哪些措施来减少老年刻板印象威胁所带来的负面影响呢？不妨对老年人说："你很棒！""你很有智慧！""你很和蔼！"……这样能让老年人意识到自身也持有积极老年刻板印象。让你的孩子多跟老年人接触，同时提高接触质量，也能够缓和老年刻板印象威胁；家庭、社区等要鼓励老年人的自我实现和个性化发展，如鼓励家中的老年人进老年大学继续学习、跳广场舞、练习书法等来分散老年人对老化过程的注意力；主流媒体也要兼顾老年人的休闲娱乐需要，适当增加适宜老年人观看或参与的节目与活动等，传播正确的老化知识，肯定老年人的价值，举办适合老年人的趣味活动，丰富老年人的生活，增强老年人的幸福感……

每个人最后都会变成老年人，爱老敬老，从现在做起，从你我身边做起吧！

15 缓解压力 从我做起

【知行心语】 压力在我们生活中无处不在，对我们的身心也会造成一系列影响。“直面问题，分清边界；合理信念，重塑认知”对我们应对压力具有重要的缓冲作用。变压力为动力，需要从我做起。

人们经常会说“压力山大”，想一想您在平时主要感到什么压力呢？工作忙不过来，小孩不听话，学习成绩不理想还是人际关系不好等，这些无处不在的压力对我们的身心健康都会带来一些负面的影响。那么，人们如何更好地去面对这些压力，如何变压力为动力呢？日常生活中有什么好的方法来缓解压力呢？带着这些问题让我们一起来了解心理学对压力的解读和建议吧。

一、心理压力，无处不在

心理压力是指作用于人的生理和心理的一种要求，这种要求从人所生活的环境（如他人、事件、文化等）中产生，并被当事人感知和体会。心理压力可能使人产生如下症状：心跳加速、手心冰凉或出汗、呼吸短促、头痛胃痛、恶心呕吐、腹胀腹泻、肌肉刺痛、健忘、失眠、自卑、多疑、嫉妒、消沉、思维混乱、脾气暴躁、过度亢奋、喜怒无常等（佐斌，2003）。

根据心理学的耶基斯多德森曲线，人们感受到的压力和行为表现之间呈现出倒U形的曲线关系，即极高和极低的压力均会导致差的行为表现，中等程度的压力下行为表现最佳。与之类似，压力与我们的疾病之间也呈现出类似的关系，中等压力状态时，我们的患疾病率相对最低。

可见，尽管压力无处不在，但适度的压力会给人们带来积极的效应。正所谓，“压力的背后，正是生活的意义”。

一项调查研究显示，中国研究生群体中有约四分之一的学生存在较大的心理压力，这种心理压力主要反映在睡眠、心情、社交当中。在该项研究中，硕士生中认为自己睡眠状况一直不好、心情经常比较郁闷、到了硕士阶段知心朋友越来越少、经常无端感觉烦躁、压力越来越大以及很少有事情能让自己高兴的比例分别为22.06%、19.30%、32.46%、25.90%、33.40%和21.07%。有不到一半的硕士生表示，每周能有1～2次锻炼身体的时间，而认为自身作息饮食规律、拥有健康的生活方式的比例分别为47.64%和43.06%。博士研究生各方面的压力指标比硕士研究生更高（宋晓东 等，2019）。

二、自我调适，转化动力

那么，现实生活中，如何更好正面压力呢？我们主要可以通过如下两种方式来进行自我调适。

1. 直面问题，分清边界

假如用一个圆圈来表征“自我”，用另外的大小圆圈来表征我们所遇到的大小不同的“压力问题”，如果我们分不清“自我”和“压力问题”的边界，总是将各种问题纳入“自我”的圆圈之中，即认为各种不同的“压力问题”是自己所造成的，这样的自我就变成了一个“问题自我”。假如我们能够分清自我和压力的界限，认为问题和压力不是自我造成的，有些问题和压力是自己不可控的，这样“自我”可以保持相对理性平和的状态，就有足够的能量来应对压力。

2. 理性信念，重塑认知

通常我们的焦虑和压力均是由非理性信念产生的结果。在生活中，这些非理性信念无处不在，比如，“我必须通过这次面试”，“我必须被他人喜欢”，“我必须准时完成任务”等，如果有些事情不能按照我们非理性信念的“必须”所要求的样子发展，我们就会感到焦虑甚至抑郁。根据心理学的ABC理论，A是事情发生的前因，C是事情导致的后果，而从前因到后果，起决定作用的是B，即我们所持有的信念，当我们具有积极信念时，事情往往会导致积极的结果，但当我们具有消极信念时，事情也会变得糟糕，因此，请试试用“可能”代替“必须”，尽可能形成和使用理性信念来替换非理性信念，将积极的认知方式作为我们自我保护的工具和应对压力的有力武器。

三、缓解压力，生活有方

“解铃还须系铃人”，缓解我们的心理压力也一样，需要发挥自身内在的调适力量，不妨试试如下的20种方法吧（佐斌，2003）。

（1）充分休息，睡个好觉。根据自己的生活节奏和作息规律，保证充足的睡眠，这样有助于我们恢复精力，提升免疫力。一般而言，我们每天需要 8 小时的睡眠，当然也因人而异。

（2）禁烟少酒，少喝咖啡。对于酒精和尼古丁之类的刺激性物质要尽量避免。咖啡有助于提神，但过量或不当使用会影响我们的睡眠，可以调整在上午时间来适度喝。

（3）拥抱亲密，和谐性爱。亲密关系能给我们心灵提供温暖港湾，寻找和享受那份懂得与心灵契合。同时，富有激情的性生活，也是很好的减压药。

（4）参与社交，建立联结。遇到问题多和知心朋友进行倾诉、交流与沟通，多主动地与他人进行交往，建立关系联结，获得社会支持。

（5）学会拒绝，量力而行。不充当“老好人”，根据自己的实际能力来承担责任，不轻易许诺，要敢于说“不”。

（6）接受现实，不求完美。学会接受现实和自己的不完美，不苛责自己和他人，凡事讲究认真用心与尽心尽责，不追求完美。

（7）关照自己，积极归因。不要拿别人的错误来惩罚自己，也不要将他人的过错归因于自己。学会关照和欣赏自己，对错误进行合理正面归因。

（8）学会平和，静待花开。当遇到一些重大问题时，如婚姻、就业、购房、升迁等，不要太心急，学会平和心态，提醒自己解决问题需要时间。

（9）最坏打算，充分准备。遇到困难时，先预设一下最糟糕的结果是什么，同时，做最充分的准备去规避这些可能的坏结果，可能会出现转机和惊喜。

（10）做好本分，学习宽心。“尽人事，听天命”，尽全力做好自己可以控制的部分，而对自己不可控和无权干预、无力监管的事情学会“随它去吧”。

（11）偶尔怀旧，重温美好。怀旧对于缓解压力具有一定的功效，可以翻翻相册，打开日记，重温过去的美好时光。

（12）关上手机，享受独处。关上手机，还自己一个不受打扰的环境，找到内心的那份宁静与安然，哪怕是发发呆也好，享受宝贵的独处时光。

（13）听听音乐，洗热水澡。让自己尽可能保持一种舒服的状态，可以听听自己喜欢的熟悉美妙的音乐，也可以在惬意的温水浴盆里好好放松、休息一下。

（14）写写日记，回忆幸福。将自己的所想所感写下来，同时也回忆自己曾经拥有的最幸福时刻，写出来也是一种很好的情感释放与心灵疗愈。

（15）享受自然，郊外畅游。一个人或找三五个好朋友到户外去走一走，看看美好的花草树木、蓝天白云，领略不同地方的风土人情，将心打开。

（16）强身健体，身心放松。生命在于运动，健康的体魄是缓冲压力的重要保障，找到适合自己的运动方式如散步、打球或瑜伽等，让身心放松。

（17）打打电话，获取快乐。给家人、好朋友打打电话，找一些幽默风趣、乐观开朗的朋友聊聊天，或者看看喜欢的电影、电视剧等，让自己开心起来。

（18）享用美食，汲取能量。“唯有美食不可辜负”，尽情享用自己喜欢的饕餮美食，汲取能量，元气满满。

（19）挑选礼物，奖赏自己。学会肯定、欣赏和犒劳自己，精心地为自己挑选一份喜欢的礼物，对自己说说心里话，好好鼓励和赞赏自己一番。

（20）寻求帮助，心怀希望。如果遇到解不开的结、烦恼和困惑，学会主动向朋友或专业的心理咨询师寻求帮助，不管怎样，心怀美好，迎接希望。

16　心理健康　六人同行

【知行心语】心理健康是我们幸福生活的基石。认识自我“六知道”、人际吸引“六魅力”、平衡情绪“六方法”、关系融洽“六行动”、美好生活“六点心”为我们心理健康建设提供了一些帮助。努力让自己成为自信可爱、乐于交往、善于学习、热爱生活、适应社会、幸福快乐的心理健康“六个人”。

请大家思考一下自己生活中重要的五样东西是什么？必须舍弃其中1样（划掉）；再舍弃1样（划掉）；再舍弃1样（划掉）；再舍弃1样（划掉）；想一想：自己最后留下的是什么？或许我们大多数人在乎的是健康吧。

一、何为健康，标准表现

健康是指个体在身体、心理和社会适应方面都处于健康状态，而不只是身体没有疾病或不虚弱的表现。不管一个人的种族、宗教信仰和经济状况如何，健康都是每个人的基本权力。世界卫生组织的“十大健康细则”包括：1）充沛的精力，个体能从容不迫地担负日常生活和繁重的工作，并且在这个过程中不会感到过分紧张和疲劳。2）处世乐观，态度积极，乐于承担责任；事无大小，不挑剔。3）善于休息，睡眠良好。4）应变能力强，能较好地适应外界环境中的各种变化。5）能够抵御一般感冒和传染病。6）体重适当，身材匀称，站立的时候个体的头、肩、臂位置协调。7）眼睛明亮，反应敏捷，眼睑不发炎。8）牙齿清洁，没有龋齿，没有感到疼痛，牙齿的颜色正常，无出血现象。9）头发有光泽，无头屑。10）肌肉丰满，皮肤有弹性。

心理健康是指个体心理在自身以及环境条件许可的范围之内，所能达到的最佳的功能状态，而不是指绝对的十全十美的状态。心理健康的理想状态是指个体能保持性格完好、智力正常、认知正确、情感适当、意志合理、态度积极、行为恰当、适应良好的状态。通常心理健康“六标准”如下：正视现实、了解自己、善与人处、情绪乐观、自尊自制、乐于工作。

心理健康的重要表现主要体现在以下两大方面：一方面，从自身角度而言，心理健康是指个体能够合理地认知和评价，适当发泄与控制情绪，行为举止规范得当；另一方面，站在与他人关系角度来说，心理健康表现为理解与尊重他人，能够平等沟通与交流，与他人能和谐相处。

二、如何健康，修炼自身

目前，如何维护心理健康已成为大家共同关注的重要话题，让我们从修炼自身开始吧。

1. 认识自我“六知道”

心理健康的问题一般都和我们的各种关系有关，而所有关系的原点在自我，所以认识自我成为心理健康的第一步。认识自我包括六方面的“知道”：1）知道自己是什么人。能够对自己的性格特点、气质类型、天资禀赋等有清晰的认识；2）知道自己要什么。对自己的人生目标、以后希望成为的样子有思考和定位，明确努力的大方向；3）知道自己会（不会）什么。每个人都是独一无二的，逐渐了解自己的优点和缺点，能找到适合自己的工作；4）知道自己的社会角色。不同的角色具有不同的责任与义务，我们具有多重社会身份与角色，在不同情境下，我们要能对这些角色灵活切换；5）知道自己不是完人。平时给予自己多一些关照，从爱自己和善待自己开始，接受和悦纳自己的不足；6）知道人无完人。没有人是十全十美的，我们能接受他人的不完美，更包容地看待人、事、物。

2. 人际吸引“六魅力”

人际吸引是心理健康的重要保障，而优良品质是我们具有人际吸引“好人缘”的必备条件。总的来说，人们在与他人打交道时，往往比较看重以下六方面的“魅力”：1）助人。与人为善，能帮人一把就帮一把，在助人过程中个体同时也能提升自我；2）热情。在社会心理学中有“热情中心品质说”，即热情对我们的印象评价具有重要的决定作用，因此待人热情友好是我们获得良好印象的重要品质；3）真诚。在人际交往中，通常需要以心换心、将心比心，当我们真诚地去对待身边人时，我们也会收获真诚；4）负责。待人接物中，让人感觉到靠谱踏实，对自己所做的事情认真负责，也是一种重要的个人魅力；5）智慧。人际关系往往十分复杂，我们在生活中需要讲究更多的艺术和智慧，无论是在说话还是情绪控制方面均表现出一定的睿智，也能提升我们的人际吸引力；6）有趣。我们总喜欢有趣的人，积极愉悦的氛围能够让彼此的好感升温，因此，多培养一点幽默风趣也是多彩生活和心理健康的润滑剂。

3. 平衡情绪“六方法”

稳定平和的情绪是心理健康的先决条件，因此，学会情绪的平衡和自我调适也很重要。一般可以采用如下的“六方法”：1）面带微笑。一方面，当我们面带笑意时，嘴角肌肉上扬，会让我们自己的心情也好起来；另一方面，面带微笑在交往中是一种友好善意的信号，会更讨对方喜欢；2）找人倾诉。当遇到困难、挫折或不开心时，找知心朋友进行适当倾诉是一种很好的宣泄方式，当有人能懂得和安慰支持自己时，我们的心情也会明朗起来；3）听听音乐。自己心情不好的时候，可以多听听自己喜欢的音乐或者轻音乐，在这些熟悉和优美的旋律中，心情也会慢慢变得好起来；4）放松静心。适当深呼吸，让自己尽量放松下来，学会放空和放下，内心也能安静和宁静下来；5）适当运动。注意身体锻炼，在慢跑、瑜伽、打球中出出汗，身体健康了，看待问题的方式会更正面积极，情绪也会更平和；6）睡个好觉。睡眠是身心恢复的一大法宝，睡个好觉一方面可以提升机体免疫力，另一方面也可以让整个人元气恢复，因此，让自己睡个好觉，是心理健康的重要途径。

4. 关系融洽“六行动”

融洽和谐的人际关系是我们能够保持心理健康的重要基础。我们在人际交往中可以采取“六行动”：1）主动交往。在人际关系中，主动地去与欣赏的人接触、交流和沟通，会有不一样的精彩与收获；2）共同活动。朋友和家人在我们生命中扮演着重要的角色，我们可以从他们那里获得支持，汲取养分和能量，定期与他们进行共同活动，能够促进彼此间的情感交流；3）角色互换。在人际交往过程中，尽量多换位思考，站在对方的立场和角度看问题，从多方面去认识问题所在，我们的理解也会更多元和深刻；4）尊重宽容。想要得到别人的尊重，我们首先要学会尊重别人，学会理解和宽容他人，相互的尊重才能使得关系更融洽；5）赞美欣赏。用心去发现对方的闪光点，真诚地赞美与欣赏他人，会让对方舒服愉悦，也能增进彼此之间的关系；6）有效沟通。在不同的关系中，真诚的沟通是关键，在对话交流中了解双方的真实想法，一些摩擦误会也可以得到有效化解。

5. 美好生活“六点心”

心理健康离不开每天的生活，让每天过得充实而快乐，不妨从美好生活“六点心”做起吧：1）简单一点的纯真心。无论什么年龄，保持内心的那份本真与纯净，周围的世界也会变得简单可爱起来；2）上进一点的奋斗心。我们在努力奋斗中能越来越明晰自我的使命和价值，这也是我们获得幸福感的重要源泉；3）开朗一点的阳光心。生活中不如意十之八九，需要我们自我调适，乐观开朗，学会保持积极心态，心中也会洒满阳光；4）宽容一点的平和心。多一些宽容，多为他人考虑一点，会理解到每个人的不容易，自己也会心平气和；5）改变一点的好奇心。不管什么时候，我们对世界要有一份好奇心，也可以培养一份自己的兴趣爱好，只要热爱，什么时候开始学习都不算晚，这样也会给自己的生活增添不少乐趣；6）珍惜一点的感恩心。当经历和见证灾难后，我们会越来越感觉到能好好地活着就是一种幸运，因此，多怀有一份感恩的心，感恩自己现在所拥有的一切，我们将会更珍惜生活的每一天，努力更好地去生活。

三、心理健康，成为六人

心理健康我们可以从修炼自己成为“六个人”开始（佐斌，2014）：第一，在自我方面，成为自信可爱的人——了解自我，评价自我，悦纳自我，做到自尊且自信。当一个人发自内心的自信，整个人会散发泰然自若的淡定和坦然，同时，心可爱起来，看到的世界也会可爱起来。第二，在交往方面，成为乐于交往的人——乐于合群，对人态度友善，会有效沟通，定能实现人际关系融洽。作为社会性动物，与他人的连接和交往是我们心理健康的重要保障，乐于与他人交往互动，有助于我们获得社会支持与情感力量。第三，在学习方面，成为善于学习的人——激发学习兴趣和动机，树立终身学习的观念，掌握有效的学习方法等。在这里学习是一个广义的概念，我们随时随地都可以学习，且学习不分年龄，保持年轻的状态，活到老学到老，我们会收获很多人生的哲理和生活的乐趣。第四，在生活方面，成为热爱生活的人——树立合理的生活观念，乐于追寻生活意义，体会生活乐趣，养成健康生活方式，适应日常生活环境，应对生活变化，进行合理人生规划等，这些会让生活丰满有趣且有价值。第五，在社会方面，成为适应社会的人。作为社会中人，了解社会，具有社会角色和责任意识，懂得社会归责意识，拥有全局观和国家世界意识，当我们胸怀社会、放眼世界时，心就变得更加宽广了。第六，在情感方面，成为幸福快乐的人。学会适当的情绪情感表达，能够调控情绪，适当缓解压力与消极情绪，具有坚强的意志品质等，均是心理健康的重要表现。

最后，心理健康的核心是“爱”——爱自己、爱他人、爱社会。正如《沉思录》中所言，“适应你命中注定的环境，爱那些注定与你生活在一起的人，要真诚地爱他们”。在生命中种下更多的爱，未来我们会收获更多的健康快乐和幸福。

17　我命由我　生命意义

【知行心语】压力给人们带来了一系列的影响，比如抑郁等，而我们的宿命论和自我核心评价在这一影响中也发挥着重要的作用，与之类似，生命意义感也会对无望感具有一定的缓冲作用。因此，对命运和自我抱有积极的看法，赋予生命重要的意义和价值，是人们维护心理健康的重要心态。

抑郁已成为困扰当今社会人们的一大杀手，不可避免的各种有形和无形的压力是抑郁产生的重要成因，而我们如何能够缓解压力对我们的心理造成的负面影响，尽可能地减少抑郁和无望感等消极的心理反应和症状呢？心理学家对此问题进行了很多探索，他们发现人们对自己命运的看法，对自己是积极还是消极的评价，以及生命意义感等在维护心理健康上发挥着重要作用。

一、把握命运，抵御抑郁

抑郁症是目前世界上最常见的精神疾病之一，患了抑郁症的个体其原本正常的生活、工作和学习会被扰乱。抑郁的素质-压力模型认为压力事件和个人素质是导致抑郁产生的重要因素，压力可能会激活易感的个人素质或脆弱性体质，将易感性的潜在可能性转化为精神病理学的现实性，从而导致抑郁。以往研究发现与抑郁相关的心理素质或认知素质主要有归因方式、人格、自我、应对方式等。

宿命观或宿命论是人类社会中较为普遍的一种观念，是“一种认为生活是‘命运’的结果，生活中发生的事情超出了个人控制范围的信念”。有研究发现，宿命观与个体较低水平的行为改变意愿以及与癌症相关的各种不利健康结果有关，同时也与压力应对、自杀行为和抑郁等密切相关。从本质上来说，宿命观是一种认知因素，且亚洲人比西方人更相信宿命，如澳大利亚华人会使用一些本土术语解释癌症，包括报应、命运、天意或上帝的旨意。中国古代社会的人们受到儒家主流文化的广泛影响，宿命观在人们的思想中根深蒂固。因此，亚洲人的一些特定文化信仰，特别是宿命论信念，有可能是一种重要的认知素质，在压力生活事件导致抑郁的过程中起到重要的中介作用，这种作用在中国传统文化背景下更为突显。核心自我评价被认为是一个反映自我概念的高阶人格结构，它包括自尊、控制点、神经质和一般自我效能感这四种人格特质；有研究认为核心自我评价会受压力生活事件的影响。核心自我评价的形成主要有三个来源：遗传因素、生活经验和思维过程，并可以通过后续生活经验和思维过程的变化加以改变。因此，压力生活事件可能通过降低个体的核心自我评价水平从而导致抑郁。同时，宿命观是一种关于生活事件外部控制的信念，这种认知方式使个体倾向于对自己、对世界、对未来产生消极的信念，引发关于自我的“消极框架”，产生消极的自我概念，导致核心自我评价水平降低，增加个体出现绝望和其他抑郁症状的风险。近年来的研究多倾向于以一种整合的模式建立抑郁的模型，宿命观这种相对可变的认知因素被视为压力生活事件导致抑郁的远端因素；核心自我评价这一相对稳定的人格结构和自我评价被视为压力生活事件导致抑郁的近端因素。压力生活事件是否通过远端、相对可变的心理素质进一步影响近端、相对稳定的心理素质，进而对抑郁产生影响。

研究者对此问题进行了考察，采用整群抽样法，以班级为单位进行施测，测量工具包含青少年生活事件量表、宿命观量表、核心自我评价量表和流调中心用抑郁量表，研究是对贵州省和四川省两所本科院校的537名全日制大学生（平均年龄20.20岁，标准差为1.38）进行的横断面调查（Zuo et al.，2020）。结果发现，压力生活事件、宿命观和抑郁两两之间均存在显著的正相关关系，而核心自我评价与压力生活事件、宿命观及抑郁之间均存在显著的负相关关系。宿命观和核心自我评价在压力生活事件和抑郁之间的多重中介作用，对于降低压力生活事件对个体抑郁的消极影响具有重要理论和实践意义。

在理论上，这种多重中介模型表明，宿命观与核心自我评价是压力生活事件导致个体抑郁的关键因素，明确了宿命观和核心自我评价在其中的影响机制。具体而言，压力生活事件既可以直接地影响抑郁，又可以间接通过单一的心理素质，还可以间接通过远端、相对可变的心理素质进一步影响近端、相对稳定的心理素质，进而对抑郁产生影响。在实践上，旨在降低宿命观、提高核心自我评价的干预措施均有助于降低个体产生抑郁的风险，尤其是对以上两个中介变量同时进行干预，相比干预其中任何一个中介变量都会有助于降低个体产生抑郁的风险，且同时进行干预，两者会有更明显的收益。如果能够引导个体正确认识宿命，客观地看待宿命，主动地把握自己的人生；引导个体正面、积极地看待自己，提高对自己的评价，将有助于降低抑郁产生和发展的可能性。

当然，本研究只是探讨了宿命观对个体健康状况的消极影响，但宿命观并不一定只会导致个体产生消极心理。宿命观在个体面对重大突发消极事件时是否会具有一定的积极影响，如个体将消极事件归因于“命运”，能否在短期内缓解重大事件所带来的焦虑和痛苦，非常值得进一步探讨。

二、生命意义，应对无望

与抑郁类似，无望感也值得我们关注，即个体对未来产生消极、悲观的预期，对未来抱有失望甚至绝望的想法。无望感与无价值感、无助感一起，被视作抑郁障碍的认知三联症。除了在认知层面与抑郁情绪紧密相关，无望感还与自杀倾向以及实际的自杀行为有关（辛自强 等，2006）。此外，无望感除了与抑郁、自杀等心理障碍相关，前人研究也发现普通人群也有着不同程度的无望感。

过去研究发现影响无望感的因素有很多，其中社会支持在个体社会性发展与心理健康中具有较为重要的作用。从社会支持的性质进行划分，可以将其分成客观社会支持与主观社会支持，其中前者指的是个体实际获得的社会支持，而后者则指的是个体的领悟社会支持，即个体对自己能获得的社会支持的期望以及感知到的自己可能获得的社会支持。根据社会支持缓冲模型，社会支持可以缓解潜在压力事件对个体身心健康造成的消极影响。此外，根据社会支持的主效应模型，社会支持还具有普遍的增益作用，能够有效减少个体的不良情绪，从而改善个体的身心健康水平，而领悟社会支持作为一种个体信念因素，也被认为是个体心理健康的重要影响因素以及有效的压力应对资源（王祯 等，2006）。以往研究也发现领悟社会支持对大学生抑郁有着重要的影响作用。

生命意义在人们生活中扮演着重要的角色，能够体验到生命意义是个体心理健康的重要指标。生命意义感是指人们领悟、理解或者认识到自己生命意义的程度以及察觉到自己生命目的、使命、首要目标的程度。当前，人们通常从两个维度来定义生命意义，一是生命意义寻求，生命意义寻求是指人类探索什么是生命，不断追寻生命的目标，提高自身对生命的认知程度，这属于生命意义的动机层面；其二是生命意义体验，在探索了生命意义的基础上，明确人类活着的意义、要达到的目标和自己应该做出的贡献，从而让生命有价值。生命意义感对人们的身心健康有重要的影响，如果个体缺失了生命意义感，会对个体产生消极的影响，例如可能会导致个体焦虑情绪增加，出现反社会行为、抑郁甚至自杀，而较高的生命意义感则不仅能促进个体的身体健康，减少消极情绪，还可以提升个体的心理弹性、幸福感与生活满意度。

在对影响生命意义感的因素进行探讨时，意义感维持模型可对不同的意义感的获得与维持机制加以揭示，该模型通过意义感的关系性、流动性以及意义的创造者来解释生命意义感，该模型认为人们很大程度上依赖于个体关系结构来获得意义感，人们会把环境中的人、事、物等与自我的想法、行为、能力等关联，自动化的寻找输入信息的意义。而当个体的某个关系结构被打破时，其生命意义感也会遭到威胁，不过，个体会从其他方面的关系进行弥补，从而补偿原来遭到破坏的关系网，因此，生命意义感在不同领域中可以相互补偿，而生命意义感的来源领域中最重要的是自尊、模糊性、归属感和死亡威胁，而这四种意义感来源之间可以相互补偿。其中，死亡威胁作为破坏个体关系网的一种威胁性来源，会负面影响生命意义感，而根据自我决定理论，社会关系需要的满足能给个体提供意义，由于与他人建立关系是人类存在的必要条件以及生活中非常重要的部分，因此人们可以从人际关系中获得大量的意义感，因而归属感会引起补偿效应，从而弥补因威胁而破坏的个体关系网。

我们对 34 个省（区、市）的 2608 名居民的领悟社会支持、生命意义感及无望感进行调查研究（Zuo et al.，2021）。调查研究的结果表明，1）不同地区民众的领悟社会支持、生命意义感及无望感存在类似“边缘带效应”的趋势；2）居民的领悟社会支持正向预测无望感，居民的生命意义感也正向预测无望感；3）居民的生命意义感在领悟社会支持与无望感的关系中起部分中介作用，而在领悟社会支持与生命意义感之间起调节作用。该研究为突发公共卫生事件应急管理提供了有针对性的心理依据。

三、好好生活，珍惜此刻

压力已经成为当今社会的主旋律，每一个社会中人，都可能面临着各种类型、不同程度的压力，而伴随压力而来的则是抑郁、无望感等消极情绪和症状，对人们的生活和工作产生了很大的影响。我们可以借助外力来获得支持和帮助，但“解铃还须系铃人”，能起决定作用的还在于内因，个体自我对命运的看法，对自己的评价，以及赋予的生命意义感都是重要预防和干预不良心理与行为反应的缓冲剂，因此，接受生命中不可控的成分，把握好自己可以掌握的部分，对自己给予更多积极正面的评价，寻找和践行自己的使命和存在的价值，都是我们好好生活需要的良好心态。

正如一位智者所言，“Meaning 意义的核心和落脚是 ing，你在哪里，你和谁在一起，你在做什么，就是你的存在，你的意义。人生的意义，不是寻找的，而是生活中的点点滴滴与每时每刻”。活在当下，珍惜此时此刻，好好生活。然而，活在当下却并不如想象中的简单。一部分人依然虚度当下，对过去耿耿于怀，无法释怀，又对未来过度臆想，充满恐慌，即便这部分人内心明白：过去已经成为过去，无法挽回，未来又无法完全控制，能够把握的只有当下。执念与恐惧都是出于个人需要才会出现，我们要拨开情绪的伪装，明晰自己为何如此，是因为失败而悔恨？是因为担心失败而害怕？是当下某些事情不如意？是自己不自信和缺乏生活控制感？认清现状，结合自身特点，制定可行的计划。只要一步一步脚踏实地，指向未来的小目标一个个实现了，那么未来便可期。

第二篇　印象篇

作为社会中人的我们，在生活和交往中往往会极力维护并展现自己良好的一面，以期给他人留下美好的印象。首因效应、刻板印象、光环效应等印象形成偏差容易触发生活中的误会，使我们人际交往受阻。所以我们希望自己能够识破表象，了解真实而全面的对方。本篇章分为四个部分，第一部分探讨分类作用以及印象的形成，第二、三、四部分将围绕印象形成的线索探寻“印象你我”，探讨如何利用印象线索“各美其美”。

我们希望别人能平等地对待我们，也自诩能够平等地对待他人，但是作为社会中人的我们很难做到。我们在与人见面的时候大脑形成印象并快速地将其进行分类，而分类的标准则源于信念。在第一部分我们将探讨分类的作用及其两面性，了解印象的形成以及更新需要我们保持动态的眼光。

人之相交，始于容颜。我们形成对他人的第一印象往往只需要几秒钟，外貌优秀的人更容易留给我们好的印象，易产生光环效应（在人际交往中往往因为个体的某个特点产生以偏概全的主观印象），所以“眼见不一定为实”，唯有理性，方得真实。因此第二部分我们将探讨印象形成的生理和视觉线索，了解性别刻板印象，辨析容颜、服饰甚至形体在人际交往中发挥的作用，合理利用印象线索提高印象评价。

大数据时代，信息、习惯、喜好都被转化成数据，形成用户画像，以便商家能够更精准地投送产品。而在心理学中，我们则研究食物、名字、标点符号如何透露个人特征，甚至影响印象评价。所以在第三部分，我们将介绍社会信息线索如何塑造个体印象，而生活中媒体以及社会比较如何影响我们，如何有效利用其积极方面让我们的生活更加幸福。

在前面的章节中我们重点探讨了“印象你我”，了解印象线索利用其管理印象，提高评价。在第四部分中，我们将讨论面对社会中的千人千面，怎样才能“各美其美”，唯有将心比心、互相尊重才能成就“美美与共”。

印象你我，各美其美。无数细小的信息线索，造就了丰富而立体的我们，也形成了千变万化的印象，或热情似骄阳，或心细如发丝，抑或是冷酷似冰，没有一个词语、一个印象能够完整地概括我们。因此，与人相交，不要一叶障目，用心、用情方能收获幸福感！我们生活在多民族、多语言、多文化的地球村，价值观也因生活习惯、文化习俗、思维方式的不同而不同，所以尊重和理解是我们生活和交往的真谛。通过本篇章希望大家能够了解印象，把握生活中的印象线索，更好地刻画你我的形象，以便给人留下美好的印象！

01　物以类聚　人以群分

【知行心语】分类无时无刻不在我们生活中发生，基于区分与辨别、组织与建构的分类，人们能更好地走认知捷径，进而更好地适应社会并参与互动决策。社会分类一方面可以为人们带来方便，但另一方面也会产生内群体偏爱和外群体贬损效应，甚至产生群际偏见与歧视。而超越类别抱有“人类命运共同体”的观念，提升理性认知，培养共情和同理性等是我们应对因社会分类导致的消极后果的重要方式。

“人之生也，不能无群”，而“人何以能群？曰：分”。人生活在社会中，拥有许多不同的社会身份，类属于不同的社会群体。这些社会群体的分类及其关系的演变，组成了社会运作的现实图景。

一、分类实质，社会适应

“物以类聚，人以群分”，分类是人们分辨事物间的异同，以最少的认知努力获取最多的信息，从而来理解事物的过程。分类是人们在日常生活中必不可少的经验，因为人们需要将自己置身于社交场所中去试图理解周围的环境，而社会分类则是人们根据不同的社会特征进行归类或分类的认知过程（Allport，1954）。作为群体间偏见和歧视产生的基础，分类和社会分类是一个十分复杂和灵活的心理过程（温芳芳 等，2019）。

在社会认知领域，研究人员对社会分类问题的关注不完全一致，但对理解其心理本质方面达成了一定的共识。克拉珀等人（2017）梳理了社会分类的本质，从表征、二元、组织、构成等方面对社会分类进行了理解。值得一提的是，社会分类实际上也是人类对进化需要的社会适应。

1. 社会分类是心理表征过程

从社会认知功能角度来看，社会分类是个体理解和思考他人的过程，是一种根据外部环境中的社会信息线索，形成推论，然后映射到自身内部表征的过程。任何事物都可以组成分类的表征，如个人身份、个性特征和社会群体等（Klapper et al.，2017）。根据经典的心理学模型，外部刺激只有在具有一定数量的必要、充分和共同的特征时才可以映射到内部心理表征。因此，人的分类具有最简单的二分法：要么是因为外部刺激具有共同且充分的特征映射至内部心理表征，或者因为外部刺激不具备所有必要的特征而无法映射到内部心理表征。

2. 社会分类是区分与辨别的过程

不同于把分类作为一种表征去关注目标对象的典型特征，分类是一个以结果为导向的区分过程。区分的目的和结果是密切相关的，这种分类的过程和结果可以分为"二等分"和"分量"两种具有不同心理机制的情况。通常对一些特定的刺激表征进行"二等分"，如民族、国籍或性别等，而对那些连续的和等级化的刺激表征进行"分量"（Klapper et al.，2017）。

3. 社会分类是组织与建构的心理策略

社会分类通过对他人内部特征的分类表征策略来理解个体，是一种有组织的心理策略。根据连续体模型，人们将人和群体的内部特征分为两种类型：分类属性和特质属性。人们在处理他人信息时，也相应有两种处理方式：基于分类属性的处理和基于特质属性的处理，这两种处理方式在人们的认知加工联结网络中承担着不同的心理功能。分类是基于加工的，分类起着组织和构建的作用，有利于整合理解个体的属性特征。

4. 社会分类是人类适应的关键

社会分类是人类认知研究的热点之一，具备十分重要的适应性价值。一方面，社会分类具有重要的进化意义，能帮助人类和动物掌握相似类别的关键生存能力；另一方面，社会分类也是人们认识认知和社会认知的重要基础，是认知适应的关键。

二、分类作用，促进互动

社会分类作为一种不可或缺的社会认知方式，对于人类的生存、适应和发展存在重要意义。社会分类是一种关系和互动的润滑剂，不仅可以帮助人们简化信息，还可以促进思考和决策。

1. 社会分类有助于人们简化信息

奥尔波特（1954）提到"人们喜欢便利地解决问题"，社会认知研究也证明了在认知资源上，人们的确都是"吝啬鬼"。在处理信息时，人们不喜欢耗费太多脑力认知资源，所以往往采用很多认知捷径来减轻认知负担。在认知和社会认知中，人们提取和简化事物本质的要素和类型以感知世界的意义。社会分类可以将新的目标刺激放入旧的“盒子”中，通过减少、压缩、简化操作规则，将精细复杂的信息属性简化为条理明晰的“类别”，从而简化了纷繁复杂的客观世界（Fiske et al.，2013）。

2. 社会分类有利于人们的思维决策

“人类的思想必须借助于分类来思考”，分类是理解人们的认知过程，如思维和推理决策等的基本问题，对各种信息刺激和实例进行分类，利用范畴知识进行思考和归纳推理，这是人类认知的重要能力之一。社会认知的分类不仅仅有助于理解某个个体的思维，而且也能帮助我们在分类完个体后去思考群体。社会分类使人们将同一类别中的成员视为具有同等重要的、同质的、不变的特征。这种自发的特质分类思维有助于人们在遇到新的情况也能做出快速的思考和决策。

3. 社会分类促进人际交往与互动

社会分类是日常生活中关系和交往的润滑剂，通过创建认知和秩序上的规则能够促进人们的人际交往。基于观察者的视角，社会分类的基本目标是通过对关键要素和特征进行抽象和简化的分类，以更好地了解周围环境。例如，人们通常对交往对象使用“性别”“种族”和“年龄”等基本社会维度来感知和分类交流对象，以满足确定性的需要。除此之外，从行动者的角度来看，社会认同和自我分类理论认为人们将自我和他人分为内群体或外群体的过程是自动且快速的，这会影响到后续个体间或群体间的社会交往和互动（例如进行合作或竞争）（Hogg et al.，2017）。

三、分类后果，发人深思

社会分类在帮助人们简化思维、促进互动的同时，也会带来一些不良的后果，例如会导致去个性化、对内群体的偏爱和对外群体的贬损以及群际偏见甚至歧视。

1. 社会分类导致“去个性化”

把一个人纳入一个群体的社会分类过程，可能会导致对该成员的“去个性化”，即忽略该成员身为独特个体所拥有的人类特征和情感。勒庞在《乌合之众》中提到了“心理群体”这个概念：“群体中的个人便不再是他自己，他变成了一个不受自己意志支配的玩偶。孤立的他可能是个有教养的个人，但在群体中他却变成了野蛮人。”（勒庞 等，2007）同样，“去个体化”是指个体在群体中属于个体独特性的丧失，降低了对自己行为和意志的控制能力，从而可能以反常的方式做出自己单独时不会做的行动（兰玉娟 等，2009）。

2. 内群体偏爱与外群体贬损效应

除此之外，社会分类可能还会导致内群体偏爱和外群体贬损效应。分类产生了包括自己在内的内部群体和包括他人在内的外部群体。根据社会认同理论，人们在自我分类时，会增加群内成员之间的相似性从而获得群体获得感和归属感，以此来维护和提升自己的自尊。而这种认同和维护自己群体的动机会导致对内部群体的偏爱和对外部群体的贬低，即内群体偏爱效应和外群体贬损效应（杨依银，2008）。人们总是以友好和宽容的态度对待内群体成员，而以带有敌意和苛刻的态度对待外群体成员（薛婷 等，2013）。

3. 群际偏见与歧视

基于对内群体的偏爱和对外群体的贬损，社会分类也可能导致刻板印象、偏见，甚至歧视。根据刻板印象内容模型，在人们进行群际互动时，首先会对互动对象作出热情维度的判断，以此判断对方是否是友好，是否会对自己造成威胁和伤害。进一步，人们会做出能力维度的判断，以此判断对方是否有能力和可能性帮助或伤害到自己。奥尔波特（1954）在《偏见的本质》中提到，“人类偏见的本质问题是根本性的，因为不知道敌意的来源，我们就无法有效地利用我们的智力知识来控制其破坏性”。如果人们感到了危险和威胁，就会以消极的不合理、不友好和不公平的态度对待某个群体，由此就会产生群体间的偏见、歧视，甚至冲突（汪新建 等，2014）。

如何有效减少和消除这些群体间的偏见和歧视，已成为当务之急，而“社会分类”的视角为其提供了良好可行的干预路径。

首先，可以通过减轻分类带来的影响，将被歧视对象“个性化”，即认识到他属于人类的独特情感和特征，“把人当人看”，消除简单的分类标签化带来的刻板印象。例如，不以头发长短来分类女性，简单粗暴地认为短头发的女性即“假小子”。其次，可以通过对范畴的模糊化，将二分群体基于“人类命运共同体”赋予共同的群体身份。最后，可以通过分类标准的复杂性，采用不同的分类方式，即交叉分类来消除标签化带来的偏见，除此之外，因为“自我”是社会分类的核心，所以可以从自我的角度进行调节和干预，以消除群体间偏见和歧视。例如，对于施加歧视和偏见的人，可以通过培训提升他们的理性认知能力，激发和引导他们的同理心和共情能力；对于被歧视者，可以帮助他们加强自我价值感和建立乐观的信念。着眼全球，中国倡导“构建人类命运共同体”的理念超越了简单的种族、文化、肤色的界限，以共谋人类福祉为核心，展现了人类宽广的胸襟和责任担当精神，致力于不断消融国家间的分类和偏见，推动地球村的共同发展。

综上所述，对社会分类造成的群际偏见和歧视进行干预，是一项任重而道远的长期工程。

02　社会分类　优势效应

【知行心语】一撇一捺之为人，这一撇一捺的书写先后犹如我们每个人从出生到社会化过程中具有的自然和社会属性。我们与生俱来拥有的性别、种族和年龄等自然属性作为“一撇”，而我们逐步社会化所习得的职业、地位等社会属性作为“一捺”，这两大属性构成了我们“社会中人”。相比不能选择和不可控的自然属性，我们对更可控的社会属性具有更高的选择偏好。正如人要“立”，则“捺”是“撇”的支撑一样，社会属性显得尤为重要，同时也无形彰显出我们对自由选择和自我可控力量的人性之美。

请您来想一想，图 1 中您更倾向于将“A 男警察”和上行框中的目标对象“女警察”归为一类，还是将“B 女医生”和“女警察”归为一类呢？请想一想您的答案，是不是更倾向于将 A 男警察和目标女警察归为一类。而这种相比于性别，我们更倾向于按照职业身份来进行分类的选择背后折射出怎样的心理规律呢？让我们一起来探索奥秘吧。

图 1

一、自然社会，社会优先

作为社会认知的基础，分类是人们理解自我、他人和世界的最重要途径之一（刘志雅 等，2004；佐斌 等，2019）。与人类属性和社会关系网络相关联的社会分类是人类适应的重要心理机制，为人们日常行为互动提供了重要的身份认同标签。

人们主要依赖他人身份的自然线索和社会线索进行社会分类，其中自然线索包括了一些生理信息，如年龄、性别和种族，这三种分类维度也被称为社会分类的三大类别；而社会线索则包括职业角色、所使用的语言、文化和社会阶级等社会信息（温芳芳 等，2018）。以往对社会分类的研究大多聚焦于单一的基础性自然或社会线索，然而，在真实世界中，人们的身份是多样而复杂的，通常具有多重社会分类线索，例如，“女警察”具有自然线索“女性”和社会线索“警察”两种身份，属于复合社会类别，即由两个及以上的类别所构成，并由两个构成类别的属性交集进行定义。

社会分类发展的直觉理论为理解社会分类领域中可能存在社会线索相对自然线索的优势效应提供了间接的理论支撑。直觉理论包括自然种类和社会义务两种社会类别，这两种直觉理论在儿童社会类别的习得中共同起作用（Smyth et al.，2017）。其中，自然种类的社会类别直觉理论表明，儿童眼中社会类别成员身份是与生俱来且稳定的，被许多生理及行为特点推断出来的类别所规定，如性别和年龄等；社会义务的社会类别直觉理论则强调人们之间的关系和义务，同时这些类别又在社会认知中发挥着重要的功能，例如职业角色和社会阶层等。儿童社会分类在更大程度上会应用社会义务的社会类别直觉理论系统，在这种理论不适用的情况下再考虑自然种类的社会类别。

二、优势效应，交互作用

目前，社会心理学家开始关注复合社会类别中哪种线索对整体印象形成作用更大。研究者提出了优势维度效应，即其中一个维度对复合社会类别整体印象的影响更大的现象（Rozendal，2003）。为什么存在一种维度比另一种在印象形成中更具优势的效应呢？归纳起来，可以通过社会学习理论的环境和个体两方面来解释。在环境层面，以往研究表明环境文化等因素对社会认知有重要影响（Smyth et al.，2017）。研究者表明，重要的复合社会类别在两种线索维度中存在不同的基础比率，这一比率差异可能会对优势维度效应产生影响（Bugg et al.，2018）。而在个体层面，类别的选择性在优势维度效应中发挥着重要作用。年龄、性别等自然维度一般来说是被分类目标无法自主选择的，相对而言，职业等社会维度具有更高的自主选择性和可变性，从而更能体现出被分类目标潜在的自我动机和意愿。同时，研究者认为当某个多重社会分类维度对个体而言更具备“意义”时，就会存在优势维度效应（Rozendal，2003）；而自我归类和社会认同理论也表明类别的身份重要性对个体自我概念具有重要的意义，因此，对个体具有更高身份重要性的维度可能在复合社会类别的整体印象中存在优势。

根据以上社会学习理论框架中基于环境的基础比率理论和类别相对个体的可选择性理论解释，总体而言，相比自然线索（如性别），社会线索（如职业）可能会表现出优势维度效应。进一步，根据类别对个体的身份重要性的理论解释，中西文化背景下类别对于个体自我存在不同的身份重要性，具体来看，相比独立我、分析性认知思维和更注重个体能动性的个体主义西方文化，中国的互依我、整体性思维以及更注重关系和谐的集体主义文化背景下，人们更关注社会身份、社会关系和社会结构（Nisbett et al.，2001）。基于此，相对于西方人而言，中国人可能表现出更多的社会维度优势效应。

三、文化差异，身份重要

我们对社会分类中自然线索与社会线索的优势维度效应及中美文化的差异进行了检验，并基于社会学习理论，分别从环境的基础比率和个体的类别可选择性与身份重要性来对这种优势维度效应存在原因加以解释。结果发现，相比自然维度，人们在社会分类中均表现出社会维度优势效应，且中国人相比美国人的这种优势效应更明显。环境视角的基础比率以及个体视角的类别选择性和身份重要性为这种优势效应提供了可能的解释，进一步丰富了社会分类领域的研究，为深刻理解人的本质的社会属性提供了直接证据（温芳芳 等，2021）。

有研究发现中美文化下人们都对社会维度存在偏好，表现出社会维度优势效应是跨材料与范式而普遍存在的。这与儿童社会分类的研究结果类似（Rhodes，2013；Smyth et al.，2017），即表明成年人通常也运用社会义务的社会粉别直觉理论系统对世界进行认知，会根据对社会世界结构的直觉理论，将个体进行类别的划分，因此在对个体进行分类时，人们会关注那些能表达关系与义务、表现个体社会功能的类别，而非以生理或自然形成的类别。马克思曾提到“人的本质并不是单个人所固有的抽象物。实际上，它是一切社会关系的总和"，这也与人作为社会性动物所拥有的社会本质属性相印证。

相比于美国文化下的被试，中国文化下的被试更倾向运用社会维度来进行社会分类，表现出更强的社会维度的偏好效应，这也与以往的分类文化差异研究类似，即相比个体主义文化，处于集体主义文化下的人更容易以关系间的相似性来组织世界，如相比美国人，中国人更倾向于按照关系策略（"熊猫"和"竹子"）而不是种类范畴策略（"熊猫"和"猴子"）来分类（理查德·尼斯贝特，2006）。这些发现与中国人在社会中更重视与他人的关系与社会结构的观点是一致的。在社会发展中，中国人更注重社会角色与身份，具有关系取向和关系型认知，通常用社会关系去定义人，在人们进行归类任务时，社会线索对其而言的显著性更高，更多注意社会线索。

进一步，基础比率能预测被试社会分类的倾向，这表明，人们认为复合对象在社会维度中的占比越高，越可能依赖社会线索进行社会分类及推理，从环境层面来说，复合类别在社会线索中存在的基础比率要显著高于自然线索方面，因此在进行复合类别的分类时，人们更倾向于将复合类别与社会维度归类到一起。中国文化下的被试认为自然线索的选择性低于美国被试，而自然维度选择性越低，依据社会维度进行社会分类的倾向性越高，表明自然维度的低选择性可能是社会维度效应存在的原因之一。值得一提的是，中国被试倾向于认为社会线索对个体身份来说更重要，这表明中国人对社会关系的关注，以及中国人定义自我时重视互依我的内涵。这一点可以从中国传统文化中窥见，儒家思想认为社会有基本的五种人伦关系，即父子有亲、夫妇有别、长幼有序、君臣有义、朋友有信。这五伦构成了中国人伦世界的规则，形成了仁义礼智信的社会准则。因此，在中国传统文化的熏陶和滋润下，中国人更加重视社会关系，强调人伦的社会关系，并将其扩展到各个方面。中国历代的王朝均是由家族统治，治家理念也由此延展至治国。中国人的关系划分也从个人开始，层层放大，推向国家，直至全天下（翟学伟，2021）。这种身份重要性可以影响人们在社会分类任务中对于社会线索的偏好，它表明身份重要性是揭示社会维度优势性的重要内容。身份重要性对优势维度效应具有重要影响的发现也为中国人相比美国人具有更明显的社会维度优势效应提供了很好的解释。

可见，人们在社会分类中表现出社会维度优势效应且中国人的这种优势效应高于美国人。基础比率、类别选择性和身份重要性为社会维度优势效应及文化差异提供了解释。特别是相比不可选择和不可控的，人们对自己可以选择的更可控和认为更重要的社会维度更为看重，这一发现对于我们具有重要的启示：接受不能改变的现实，努力去控制自己能选择和改变的局面，是人们适应生存和发展的重要法则。

03 刻板印象　无处不在

【知行心语】人们往往是“认知吝啬鬼”，在人际交往中，喜欢走认知捷径，在我们头脑中有很多关于某类人应该有的样子的固定图像即刻板印象。通常我们通过热情和能力两大维度对他人或群体成员形成刻板印象，这些无处不在的刻板印象往往会指引着我们的心理与行为方式，不可避免存在以偏概全的现象，因此，在人际交往中，保持理性清醒的头脑，对他人进行更个性化的判断，显得尤为重要。

作为社会性动物，我们需要跟各种各样的人打交道，但我们的时间和精力总是有限的，人们通常表现出“认知吝啬鬼”的样子，采取走捷径方式来认识和了解别人，通常将人分成不同类型。当我们试图依据一定的标准把人进行分类的时候，刻板印象就产生了。刻板印象是一种在认知加工上“偷懒”的方式，正如奥尔波特（1954）所言，刻板印象是一种“最省力的规则”，所以在某种程度上，我们都会应用刻板印象。基于人群分类的刻板印象在人类社会交往活动中是普遍存在的认知现象，对个体社会交往和自我发展具有重要意义，也是社会心理学领域长期研究的重点和热点。那么，什么是刻板印象？刻板印象具有哪些内容和形态呢？为了更好地回答这些问题，下面就让我们一起来了解刻板印象这一专题。

一、认知吝啬，头脑图像

在了解什么是刻板印象之前，请闭上你的双眼，想象下列这些人物的长相与性格：一位重庆姑娘、一位计算机程序员、一位护士、一位东北大汉。这个任务对你来说并不困难，对吧？不论走到哪里，我们的脑海中随时随地都存在各种类型的人的形象。

“刻板印象”一词最先是在 1922 年是由李普曼记者提出，他在《公共舆论》一书中提到刻板印象是其他人在我们头脑中的形象、一幅世界地图和一种对现实的内在精神上的表现。这些“头脑中的形象”意味着我们认为群体成员有些相似。在一个特定的文化中，这些图像有极为相似的倾向。举例来说，如果你想象中的重庆姑娘不是泼辣的、漂亮的话，我们就会觉得惊讶。如果你脑子里面的计算机程序员是位女性，而护士是位男性，或者东北大汉正在写一些伤感日记，我们也会非常惊讶。当然也有温柔文静的重庆姑娘、女计算机程序员、男护士和感情细腻的东北大汉，但是我们倾向于根据我们所认定的标准来进行分类。刻板印象就是人们所拥有的认为某些群体应该是什么样子的认识和期望。

刻板印象是一种社会认知图式，是人们对某一群体的固定看法和观念。在社会心理学研究中，与社会性偏向密切相关的研究领域包括刻板印象、偏见和歧视。其中，刻板印象是一种社会认知偏差，偏见是基于刻板印象产生的一种社会情感反应偏差，而歧视是基于前两者产生的社会行为偏差（Fiske et al.，2002；佐斌 等，2006）。

典型的刻板印象具备以下特征：首先，刻板印象是一种对人和群体的简单分类。例如，根据对某一类性别、种族、年龄或职业的固定印象对一群人进行分类，认为他们与某些特征和行为相关联。其次，分类为同一群体的成员在印象与特征上具有同质性或一致性。再次，刻板印象的完成是一种快速自发的过程，是大脑自动化加工的心理过程。最后，刻板印象的内容与评价对象的实际情形既有一致性，也会和社会中的认知个人实际情形有偏差。

二、刻板内容，无形影响

刻板印象作为一种认知偏差，经常出现在日常生活中的人际交往中。关于刻板印象对人们判断产生的影响，苏联的心理学家做过一个有趣实验：实验人员向两组学生展示了同一位男人的照片，他们告诉第一组学生照片中的男人是一位获得了伟大成就的科学家，告诉第二组学生照片的男人是一位罪孽深重的罪犯，然后要求大学生用文字对照片中的男人做出描述。结果，第一组被告知男人是科学家身份的被试描述道：男人深邃的眼眸表明了他思想的深度，突出的下巴透露了他在求知道路上敢于直面艰难困阻的坚强意志；而第二组被告知男人是罪犯身份的被试描述道：男人深陷的眼睛里溢满了仇恨，突出的下巴恰恰展现着他会在犯罪的道路上越走越远。同一个人仅仅是因为被提供了不同的身份线索就被评价得如此不同，这就是刻板印象对认知过程产生的巨大影响！

可见，刻板印象是无处不在的。近年来，刻板印象内容是社会心理学领域的研究热点。大家先想想，我们日常生活中对某个人形成印象或进行评价是基于哪两个维度？对，我们通常评价一个人“德才兼备”，那这里的“德”就相当于热情维度，“才”就相当于能力维度。这就是Fiske等人在1999年提出的刻板印象内容模型，近年来它得到了不断完善。根据刻板印象内容模型，刻板印象的内容包括了热情和能力两个维度，人们在这两个维度上组合形成对他人的评价（Fiske，2018）。

根据刻板印象内容模型理论，刻板印象来源于所有人类群体共有的社会现象，为了生存和发展，人类会无意识地表现出两种意图：（1）有必要确认其他群体是否热情（关系是敌还是友）；（2）有必要确认其他群体是否有能力（是帮助还是威胁自己）。基于此，刻板印象内容模型提出了四种假设。假设1，二维结构假设：热情和能力决定外群体的分布。刻板印象内容模型设计了两个问题：当人们遇到外人时，他们会本能地想，他们会伤害我吗？他们能伤害我吗？这与刻板印象内容模型的两个核心维度——热情维度（友善、善良、温暖、真诚）和能力维度（能力、自信、才能、技能）对应。假设2，混合评价假设：大多数刻板印象是混合的。也就是说，大多数群体被评价为拥有热情和能力之一，两者都具备或都不具备的群体较少。假设3，社会地位假设：由群体的社会地位可以预测刻板印象。换句话说，地位越高的群体会被刻板地认为拥有更高的能力；与此同时，那些拥有社会资源和地位的高能力群体会被刻板地认为是缺乏热情的。假设4，群体偏好假设：普遍存在对参照群体的偏好和对外部群体的贬损。社会心理学实验研究、民意调查和跨文化比较研究等多方面的证据表明热情和能力的确是社会认知的两个基本维度（Fiske et al.，2007）。

三、多样形态，无处不在

那么这些不同内容的刻板印象会有哪些具体的表现形态呢？生活在相同地区、从事同种职业、属于同个种族的人群总会有一些共通的特征。比如我们常认为“中国人是勤劳的，法国人是浪漫的，德国人是严谨的”，这就是民族刻板印象；当我们想到年轻人时，我们认为他们精力充沛、天真、冲动和粗鲁，当我们想到老年人时，我们认为他们冷静、经验丰富、循规蹈矩，这些是对年龄的刻板印象；看到胖人时，你会认为他们诚实乐观，看到瘦人时，你会认为他们聪明而狭隘，这些是关于体型的刻板印象；说到北方人，我们往往认为他们粗犷和坚韧，而谈到南方人，我们往往认为他们娇小灵活、细心能干，这些是关于地域的刻板印象；说到属马的人，我们会认为是勤劳善良的，说到属猴的人，我们会认为是聪明机灵的，这是对不同生肖的人的刻板印象……因此，刻板印象会表现出不同的形态。在此，我们主要对性别和外表刻板印象进行简单介绍。

大家先看看下面这则小故事，动动脑，想一想那是怎么回事，并给出你的答案。一位男士带着自己的儿子出去自驾游，没想到路上出了车祸，爸爸受伤不严重，但是儿子却被送进了医院进行急救。这时，负责急救的外科医生看到小孩后惊呼："天哪！他是我儿子！"请猜想一下外科医生为什么会有这种反应？你可能会想：父母亲有外遇，孩子不是亲生的，医生认错人，父亲是同性恋等等。正确答案是外科医生是伤员的妈妈。为什么我们会有这么多对于惊讶反应的猜测，因为我们通常认为外科医生应该是个男性。这就是我们具有的性别刻板印象。我们通常认为，在外观方面，女性是娇小柔弱的，男性是高大强壮的；在人格特征方面，女性是温柔的，男人是果断的；在角色行为方面，女人是顾家的，男人是拼事业的；在职业方面，女性从事护士、幼儿园教师等需要情感付出的职业，而男性则从事医生、计算机程序员等需要理性思维的职业。佐斌和刘晅（2006）使用内隐联想测验（IAT）和刻板解释偏差（SEB）方法研究后发现在我们无法觉察到的内隐层面上依然存在普遍的性别刻板印象。

除了性别刻板印象，外表刻板印象也很普遍。其中，外表刻板印象包括外貌、身高、身材等刻板印象。外表刻板印象可以概括为"美即是好的"这句话。在现实生活中，当我们面对第一次见面的人或不太了解的人时，特别当对象是女性时，我们倾向于通过她们的外表来判断她们。我们大多数人都认为，一个美丽或有吸引力的人更有能力，在各方面都更好，生活更快乐。外貌吸引力的刻板印象也会在求职和招聘中发挥作用。在一项实地研究中，研究人员创建了两种不同类型的简历，除了求职人员的登记照片不同，这些简历内容一致：一种简历上贴的是漂亮的登记照，另一种简历上则贴的是不漂亮的登记照，然后通过邮件向招聘单位投放简历，结果发现，贴漂亮登记照的简历得到了显著更多的用人单位的邮件回馈和面试机会。国内外的研究一致发现，极具吸引力的求职者更有可能被聘用，在能力评估中得分也更高。这说明外表刻板印象的普遍存在。

正如我们所见，刻板印象在我们的日常生活和人际交往中无处不在。这些普遍存在的刻板印象也对我们的心理和行为产生巨大影响，一方面能够通过简单的归类简化我们的认知过程，使我们更快地形成印象，更好地适应环境；另一方面这种简化又会让我们夸大群体的特性，忽略特异性，更易产生偏见和歧视。因此，在社会互动中，了解我们喜欢走认知捷径的规律，尽可能避免按照一些简单身份线索对他人形成消极的刻板印象和偏见，甚至歧视，应该是作为社会中人的必修课。我们要对抗刻板印象，不断更新和拓展自己的认知，这样有助于改变成规定性的固定思维；通过学习和直接接触不符合刻板印象的群体，改善原有的刻板印象；有意识地识别媒体呈现的刻板印象内容，杜绝简单分类；合理宣传反刻板印象的内容，创建和谐文明的社会环境。

04　察言观色　印象形成

【知行心语】在人际交往中，我们通过各种线索如长相、表情、言语和行为等对他人形成印象，同样，不同角色身份和情境也作为我们印象评价的重要判断依据。印象形成时，多察言观色；印象管理时，多谨言慎行，对于人际互动大有裨益。

著名设计大师卢基先生曾说过一句名言："一个人永远不会有第二次机会给人以第一印象。"当我们与某个人初次见面时，只要一瞬间，我们就能判断对方是否值得信任，自己对对方是否有好感。社会心理学研究表明，形成对他人的印象往往只需要十分之一秒的时间。那么，在人际交往中，你是如何形成对他人的第一印象的呢？

一、欲知其人，察言观色

我们使用言行举止线索来对他人形成印象。具体来看，言行举止线索包括面部特征、面部表情、言语活动和行为方式四个方面。

1. 面部特征

俗话说，"有一分貌，必有一分才"。人们初次见面时最快认知到的信息就是对方的面部特征。我们有时甚至根据一个人的面部特征来推测其人格特质，例如，如果某人拥有圆脸、长睫毛、大眼睛，我们就会倾向于认为这人是热心肠的。脸的宽高比的比例越大，即脸越宽，则认为其能力越高，支配力越强。

2. 面部表情

面部表情不仅可以表现出各种情绪状态，比如眼睛的瞳孔变化就反映出人们的心理：面对有趣的或喜爱的事物时人们的瞳孔就会扩大；面对不喜欢的或厌恶的事物时人们的瞳孔会缩小。我们经常可以通过观察和分析他人的面部表情，从而对他人的内心活动、欲望、意图等进行推断。假如你问你的男朋友或女朋友"你爱我吗？"如果对方说"我爱你"。你怎么判断他有没有撒谎呢？这时，我们也可以通过面孔微表情的变化来判断。例如，如果他回答时不由自主地眨眼，前额突然抽搐几下，这表明对方有撒谎的可能。此外，艾克曼还发现，压抑情绪很难真正做到，如人悲伤时的嘴角会不自主地往下垂，很少有人可以控制嘴角的肌肉，想要伪装悲伤很难做到。同样的，在悲伤的时候强装笑容也很难。

3. 言语活动

身体线索的第三个方面是我们的言语活动。人们常说，“要知心腹事，但听口中言”。反映一个人的性格及其心理特征也可以通过人们说话时的语音、语调、语速及节奏变化。心理学家认为，一个人说话的声音、语调和他的面部表情一样重要。演员用悲伤的语调念英语字母会让听众悲伤流泪，而喜剧演员念同样的字母，听众就哄堂大笑。还有一项研究指出：在电话沟通中，谈话者的声调、抑扬顿挫、共鸣感，共同决定了一次谈话内容可信度的84%。心理学家指出，最受欢迎的声音、语调是：①微笑着说话，声音中带着笑意；②声音饱含着真诚与诚恳。

4. 行为方式

常言道，“欲知其人，但观其行”。行为也是影响总体印象形成的因素之一。看到一个人对你微笑，你可能会认为他是热情友好的；看到一个人在聚会时侃侃而谈，你可能认为他是外向的；看到一名同学在街道上帮助老人，你可能推测她很善良等。人们往往通过行为方式，来对他人进行认识和评价，从而形成关于此人的知觉印象。

二、角色推断，情境凸显

除言行举止作为我们印象形成的重要线索外，他人的角色以及情境凸显等也是印象形成的主要依据。

1. 角色

角色信息对印象形成也很重要。当我们想要对他人形成印象时，知道他们的社会角色很重要。因为角色能提供大量信息，这些信息可能是跨情境的，含义丰富且意义清晰。例如，假如你知道某个人是空姐，你脑海中可能会出现漂亮的、优雅的、大方的、工资高的等形象。

2. 突出性

根据图形背景原则，相对于背景或环境，人们会更多地将注意力指向知觉区域中突出的部分。同样，在印象形成中，突出的线索将被使用得更多。如果一名学生在课堂上染了一头黄色头发出现，教室里其他人对他形成的印象很可能受他黄头发影响最大，而衣着甚至是年龄、种族和性别都将是其次的。

什么决定了某个因素相对于其他因素的突出性程度？根据客体知觉组织原则，明亮、吵闹、运动和新颖是最容易辨识的突出线索。例如，在拥挤的房间里，穿着明亮红衬衫的男人最引人注目，红衬衫是他最突出的特征。在演讲中站起来大声喊叫并离开房间的学生能吸引我们的注意，因为他很吵闹并且在运动。也就是说，任何客观上与众不同的线索，都会在主观上更突出，更可能被留意。

3. 情境效应

印象的形成过程在很大程度上取决于做出判断的情境。社会判断主要有两类情境效应：对比和同化。对比是指与周围情境方向相反的偏差效应。例如，肯瑞克等（1980）设计了一项关于面孔吸引力的对比效应的现场研究。他们在男性大学生看一部电影《霹雳娇娃》的前后让大学生评定照片上的女孩的漂亮程度。研究结果显示，那些看了电影《霹雳娇娃》的男生对女孩照片的评分比没有看过该电影的更低。同化指的是与情境标准方向一致的判断偏差，也就是人们常说的“近朱者赤，近墨者黑”。例如，同时呈现一个非常有吸引力的人和一个不太有吸引力的人，与只呈现后者相比，对后者的评价更有利（佐斌，2009）。

三、人际互动，谨言慎行

在社会心理学领域，人际互动是一个核心的问题，人际影响的第一结果就是形成了关于人的印象。可以看出，人们使用多样的信息线索来对他人形成总体印象，如言行举止、角色情境等。这些心理学发现对我们具有重要的实践启示：一方面，在印象形成时，往往“人心隔肚皮”，我们很难对他人的真实意图进行推断，了解了印象形成的主要线索，我们要善于作为冷静的观察者，多察言观色，有助于我们与他人更好地互动；另一方面，在印象管理时，我们透露的很多信息都会影响他人对我们印象的形成与评价，因此无论是在现实生活中还是网络社交平台上，我们都要谨言慎行，管理好自我展示的信息，这样更有利于人际交往的良性发展。基于人们印象形成有赖于角色和情境因素的考虑，在人际交往时我们也可以利用一些小技巧加深别人对我们的印象。一是利用对比反差，社会角色是形成印象的重要线索，突出与之相反的特征，呈现反刻板的形象，在一定程度上会提升印象评价。网络流行词“反差萌”的流行，也印证了人们对于一定程度的对比差异会产生正向评价。“反差萌”即是指人物表现出与原本形象不同的特征或多种矛盾的特征而产生“萌”的状态。二是先声夺人。根据上文所提的客体知觉组织原则，明亮、吵闹、运动和新颖是最容易辨识的突出线索。因此，在人际交往中初次印象往往强烈而鲜明，所以展现强烈的个人风格，有利于对方捕捉到优势印象。

05　动态改变　印象更新

【知行心语】印象无时无刻不在我们生活中发生着改变和更新。内隐印象更新表现出比外显印象更新更难、自动化或无意识发生和形成越快更新越快的特点。相对简单的信息就能导致内隐印象的改变，其中，信息诊断性发挥了关键作用，新信息的强度、可信度、重新解释和归因过程以及预期刻板信息的一致性均是内隐印象更新的重要发生条件。社会认知维度和效价等因素、动机因素和不同的情绪情感等也对内隐印象更新有影响。时刻用动态发展的眼光去看待周围的人、事、物，会让我们的生活更精彩。

我们来做一个印象小实验吧，请想象一个路人甲，假如有 100 条关于甲的介绍都是积极的信息，比如“甲扶着老人过马路”“甲拾金不昧”等，如果让你对甲的热情友好等方面进行印象评价，你会对路人甲形成怎样的印象呢？假如实验继续，在此阶段，有一条关于甲的消极信息的描述出现，如“甲总是虐待小动物”，这时，你对路人甲的印象又会如何呢？会不会从一个“好人”形象发生逆转，发生很大的印象改变呢？这个小实验是一个经典的印象更新的例子，日常生活中印象总在发生着更新，让我们来看看内隐的印象更新具有哪些心理规律呢？

一、内隐更新，表现特点

印象在社会生活中发挥着重要作用，对人际关系、社会态度、人事决策和个人判断等产生着直接影响，而印象的形成也是社会认知研究领域的基本问题。人们通常很难改变甚至不愿更新自己形成的第一印象。然而，在现实社会交往中，人们对他人的原有印象会基于与先前不一致的信息而发生调整和变化，即印象更新。一些研究发现，人们对他人的外显印象与内隐印象都可以发生更新。只要最初信念受到破坏、抹黑或以某种方式抵消，人们的外显印象就很容易改变。与外显印象更新相比，内隐印象更新具有更为复杂的特点（温芳芳 等，2021）。

1. 比外显印象更新更难

大量研究表明，内隐第一印象比外显印象更难改变（Forscher et al.，2017）。例如，即使被试外显报告的印象发生改变，采用内隐测量方式检测的内隐印象依然存在。同样，当了解到最初接触的信息是错误的时候，人们的外显印象会发生更新，但是内隐印象却依然维持不变。根据系统评价模型，内隐评价依赖于慢学习联结系统，不能快速整合目标对象的新信息，特别是在先前已经学习了大量信息的情形下。

2. 自动化或无意识发生

在社会认知领域，研究者主要通过意图来对内隐与外显印象进行区分，即通常采用有意图、有意识的自我报告的外显印象测量；而内隐印象则通常采用一些无意识的、自动的内隐社会认知测量方式（Ferguson et al.，2019）。根据双重加工模型，外显评价是命题加工的产物，内隐评价被认为是通过联想心理过程在记忆中的广泛激活而产生的，两者由性质不同的心理过程或系统所生成。然而，联想—命题评价模型表明正是由于联想和命题加工的相互作用导致了内隐和外显态度的改变（叶娜 等，2007）。例如不断地激活并加强“老年人好”的联结强度，会导致内隐印象的持久改变。

3. 形成越快，更新越快

内隐印象更新表现出形成越快则更新越快的特点。单一加工模型表明内隐与外显的评价都依赖于对某个刺激的命题形成。记忆中的命题一旦形成，就能自动化地被提取（De Houwer，2014），那么内隐评价可能会因新命题而快速发生改变。同样，记忆系统模型也表明内隐认知是多个相互作用系统的产物，每个系统都有其自身的习得与消失特性。如果信息是通过缓慢学习的语义记忆加工，那么其发展和改变可能相对更慢；然而，如果是通过内隐学习非常迅速地获得，那么内隐印象可能在提供最少信息时也会发生更新（Cone et al.，2015）。

二、发生条件，信息作用

内隐印象更新发生依赖于一定的条件，特别是新信息的特征如信息诊断性、强度、可信度，信息的重新解释、归因过程以及预期刻板信息一致性都发挥着重要作用。

1. 信息诊断性的关键作用

信息诊断性指根据特定的线索能在多大程度上将对象分配到特定类别的概率，在内隐印象更新中发挥着关键作用。一般而言，罕见和未预期的特质（极端、消极、冷漠和高能力）比常见和预期的特质（中度、亲和、积极和低能动性）具有更高的诊断性，例如消极特质比积极特质具有更高的诊断性，极端的消极特质尤其可以诊断个体的性格和未来可能的行为。积极的行为信息对能力评价是诊断性的，消极的行为信息对道德评价是诊断性的（Rusconi et al.，2020）。当新证据比初始证据更具有诊断性时，人们的内隐第一印象会快速更新，在多次互动中，诊断性信息也会迅速改变人们的内隐印象。因此，通过学习新的诊断性信息，可以有效更新内隐印象（Shen et al.，2020）。

2. 新信息强度的作用

元认知模型与 APE 模型相似，但 MCM 假设对信息真假的评估的有效性可以直接反映在驱动内隐评估的联结过程中，当一个预先的印象被判断为错误时，就会创建一个与被拒绝内容相关的错误标签，而这个标签的编码强度会影响其激活和表达的可能性。因此该模型表明，高强度的新信息可能会导致这种有效性关联的快速增强，从而导致内隐评估发生变化（Cone et al.，2017）。相似地，态度是个体对目标稳定的认知、情感和行为的心理倾向，而印象形成是整合目标的各种信息形成总体看法和评价的过程，态度形成的研究能为印象形成提供视角。根据“过去态度依然在”模型，新态度要取代旧态度必须比先前态度更加强烈，且先前态度是错误的标签要被提取。如果先前态度更为强烈，或者标签较弱，那么先前态度可能占有更高的权重，那么，印象更新就不会发生。综上，新信息的强度会影响内隐印象更新的发生与否。

3. 新信息可信度的作用

人们对新信息的信任在内隐印象更新中也发挥着重要作用。首先，当人们相信目标对象的特性或内涵可以快速转变时，内隐印象的更新才更有可能。例如，研究者发现游戏玩家对角色的内隐评价是可以迅速地随着游戏角色功能的改变而改变的（Cone et al.，2017）。其次，内隐评价的改变可能存在个体差异，相比对信息不信任的被试而言，对信息越信任的被试其印象更新的可能性越大。与之类似，可信的新信息会导致人们印象的更新，且当被试随后了解到关于目标的消极信息是错误的谣言时，人们也会更新其内隐印象。信息可信度在印象更新中的作用与信息诊断性在信息更新中的作用相互独立。

4. 信息重新解释的作用

对社会目标初始信息的重新解释对内隐印象更新具有促进的作用。例如，Mann 和 Ferguson（2017）研究发现，对最初信息的重新解释会改变随后的内隐印象评价，且只有当新信息与最初行为相关时内隐印象才发生改变。同样，Wyer（2010）发现当被试随后了解到目标的消极行为是因为其是癌症患者，则会修正最初对“光头”目标的内隐印象。对信息的重新解释需要对之前接收的目标的初始信息进行有意识的思维加工。通过重新解释给记忆稳定提供时间，成功的记忆检索提取会对印象更新产生影响。

5. 信息归因过程的作用

对他人某项行为的归因过程也会影响内隐印象评价的改变。值得一提的是，“重新解释”侧重采用新信息对目标最初行为加以新的诠释，而“归因过程”则侧重对目标行为背后的根本原因（如内在的还是外在的）进行进一步的推断。相同的行为是否导致内隐印象发生快速改变，取决于对行为根本原因的更全面理解，而不仅仅是极端的积极或消极性信息与目标的联结。人们随后所了解的目标的行为原因是情境所迫还是自由选择的归因过程会对其最初的印象产生不同的影响（Fourakis et al.，2019）。

6. 预期刻板信息一致性的作用

感知者预期刻板信息的一致性/不一致性对于其印象更新也具有重要的影响。例如，Heilman 等人（2019）考察了性别刻板印象对先前表现中错误的成功或不成功的男女的能力感知和成绩评价的印象改变的影响。结果发现，在男性化的领域，女性相比男性具有更消极的评价，即女性相比男性的成绩提升具有更少的收益效应，而成绩降低则具有更多的损害效应。而在女性化的领域，男性则比女性的评价更消极。这些印象更新的性别差异与人们对男性与女性的性别刻板预期相符合。

三、影响因素，生活启示

总的来说，社会认知的维度内容、不同效价的内隐印象、感知者个体差异（如年龄）和目标对象的视觉突显线索等社会认知因素、动机因素和情绪情感因素均会影响内隐印象的更新。

1. 社会认知因素

根据社会认知的“大二”模型，社会认知的内容存在“热情”和“能力”两个基本维度，而在“热情”维度下，又可以细分出“道德”和“社交”两个子维度，研究发现，道德在内隐印象更新中占有最大的权重（佐斌 等，2015），如果将道德信息（相对于社交或能力信息）加到先前学习的目标中，会导致更大的印象改变。此外，效价也会在内隐印象形成与更新中起到重要作用。一方面，一些研究表明印象形成与更新中存在“坏比好更强烈”的消极偏向；另一方面，一些研究则表明积极偏向的存在，例如，研究者发现联系目标对自发特质推理影响时存在内隐印象的积极偏向（Rim et al.，2013）。此外，不同年龄的感知者（年轻人与老年人）在印象更新时会考虑不同类型的信息。而且，目标的身体吸引力、超重或身体畸形等突显视觉信息对外显评价基本无影响，但是对内隐评价则相反。

2. 动机因素

除了认知因素，由社会距离、感知者群体身份、关系维护等构成的动机因素对内隐印象更新也会产生影响。与陌生人相比，当伴侣的行为与先前印象不一致时，人们先前印象受其行为的影响较小。在一项研究中，当内群体和外群体目标的行为与之前相比出乎意料地更坏时，研究者检测了被试的大脑活动，结果显示在被试面对内群体目标时，无法检测到对应的脑区活动，这可能与其没有对内群体成员进行负面印象更新有关（Hughes et al.，2017）。有研究结果表明对朋友的印象更新产生偏差与维持亲密关系的动机有关（Park et al.，2020），这也表明了内群体偏见的潜在社会利益性。

3. 情绪情感因素

情绪也在印象更新中扮演着极其重要的角色。研究者让被试在一次自传式的情绪诱导（回忆快乐或悲伤的过去事件）后对一个角色形成印象，例如对“吉姆”这个人先形成内向后形成外向的印象，或先形成外向后形成内向的印象，结果显示好心情巩固了第一印象，而坏心情改变了第一印象（Forgas，2011）。这可能因为诱导的积极情绪会增加首因效应，这与积极情绪具有更同化、整体性的加工风格相一致；而消极情绪则消除了首因效应，更符合宽容、注重外部的加工风格。

可见，印象形成并不是静态的和一成不变的，随着时间的推移和情境的转变，我们的印象也在发生着改变和更新，印象更新具有社会生态真实性和灵活多样性。这种真实灵活性对我们的生活具有重要启示：一方面，在偏见的消除上，以往研究表明目标的维度效价、视觉线索突显性等均是影响印象更新的重要因素，如何巧妙地将印象更新作为一种策略来干预人们的一些降低刻板印象和偏见等值得我们进一步思考。另一方面，在印象管理上，了解到对于我们的道德、热情和能力不同方面，信息的积极和消极效价具有不同的诊断性，例如，对于道德而言，消极信息具有更大的影响，对于能力来说，积极信息则作用更大，因此，平时我们应有道德的底线和原则，不表现出不道德的行为，在能力表现上则呈现出自己的积极优势方面更有利。

06 爱美之心 不只好看

【知行心语】平均性、对称性和性别二态性线索是决定面部吸引力的三个重要因素。其中，对于男性化和女性化的性别二态化线索，人们一致认为女性化的女性面孔是最有吸引力的。在中国文化背景下，人们普遍表现出偏好女性化的男性面孔，特别是当女性处于孕期时，这种偏好更为明显。这可能与中国注重长期关系和人情的集体主义文化相关。可见，我们中国人对关系与人情的看重可能以各种微妙的形式体现在我们的偏好与行为之中。

面孔与个人择偶、求职和健康等生活领域密切相关，对面孔吸引力的偏好在人们的社会交往和幸福感获得中具有重要影响，也对社会互动的进化和人类学解释有重要的意义，一直都是社会心理学研究的热点。那么，在中国文化背景下，人们有怎样的面孔偏好呢？处于特殊生理时期的孕产妇的面孔偏好又有怎样的特点呢？让我们一起来看看吧。

一、爱美之心，以何为美

“爱美之心，人皆有之”，美在我们的人际交往中起着极其重要的作用。我们总容易被美好的人和事物所吸引。在日常生活中，美丽的事物通常是让人感到舒适的。关于美是什么，人们通常有客观和主观的观点，基于客观的观点，美独立于知觉者而存在，它是一种有形物体的品质，比如：整齐、对称、小巧、典型……基于主观的观点，美在世界上不存在，它是知觉者的一种“仁者见仁，智者见智”的主观判断，如我们经常所说的“情人眼里出西施”。

面孔吸引力与美联系紧密，是一种由面孔引起的愉悦的情感体验，并且会促使他人产生趋近的动机程度。甚至婴儿和幼儿都有一种天生的对美丽面孔的偏爱，这种偏爱会持续到他们成年。

面孔吸引力的评价具有跨文化一致性。而美具有什么共同的标准呢？这一问题一直是心理学家关注的焦点。根据进化心理学的观点，在人类进化适应的过程中，对称性、平均化和性别二态性是决定面孔吸引力的重要因素。例如，一张单独的选美小姐照片，与一张由 20 张照片合成的选美小姐照片相比，合成的平均化面孔更好看些；同样，采用镜像技术，将照片的左半边脸与右半边脸分别对称，研究者发现，与原始照片相比，人们更偏好对称的面孔。

首先，关于对称性，人们认为对称的面孔更具吸引力，面孔对称性被认为与男性和女性的高基因质量和高生育条件有关，可能表明基因能更好抵御当地病原体，面孔的对称性也与更高的诚实感知相联结，而人们认为不对称的面孔更令人担忧和焦虑，代表着更少的助人和同情、更多的疏忽与冲动等。

其次，关于平均化，平均化的面孔与健康之间呈正相关，因为平均化的面孔是自然选择的进化过程，面孔平均化可能意味着发展的稳定性，异质的杂合性和功能性更优化，人们认为平均化的脸更符合普通人的脸，和自己面孔的相似性也更高，所以更喜爱平均化的脸。从进化的角度来看，平均化的面孔排除了各种面孔特征的太大或太小的两端极值，从而排除了进化中可能适应不良的基因。

最后，关于性别二态性线索，也称为男性化—女性化线索，男性面孔的男性气质和女性面孔的女性气质可能表明了健康和免疫力水平。对于女性面孔，无论面孔照片是自然原始的还是被实验操纵的，女性化的女性面孔总是更受偏爱。女性化的女性面孔被评价为更具吸引力，可能是因为女性化标志着女性的荷尔蒙/雌激素水平，特别是繁殖生育能力的线索。但是女性更喜欢男性化的男性面孔还是女性化的男性面孔呢？这个问题的研究结果和理论解释依然是有争议的。一些研究表明，不少女性认为男性化的男性面孔更具吸引力，因为男性面孔的男性化代表了其具有更高的健康水平。事实证明，面孔男性化的男性的确更少患病。但与之相反，也有研究发现女性更偏爱女性化的男性面孔，因为男性化的面孔特征也与长期恋爱关系中不良的负面人格特征有关。例如，男性化的男性被认为是坏父亲、不诚实和大男子主义的，与更多不利于长期关系的反社会人格特征有关，如不忠诚等（温芳芳，2016）。

二、中国文化，亲和偏好

在对面孔的偏好上，你更喜欢男性化还是女性化的面孔？例如，对于男性来说，你更喜欢代表着男人味的阳刚面孔，还是带有女性化的秀气面孔？

女性对性别化男性面孔的偏爱是追求良好基因和寻求亲代投资两者权衡的结果。具体来讲，在进化心理学中，根据追求良好基因的动机，女性会偏好男性化的男性面孔；但女性化面孔又暗示着男人可能会给予更多的亲代投资，根据多样化策略权衡，女性在面对性别化的男性面孔时会做出权衡："好基因"还是"坏父亲"？环境、文化和种族等因素会影响这种权衡。那么，在中国文化背景下，人们依然偏好男性化的男性面孔吗？西方文化崇尚成就，而男性化的男性面孔代表了社会资源和地位；但东方文化崇尚关系的和谐，女性化的男性面孔代表了温和的性格。此外，中国处于一个典型的长期取向文化社会，即中国社会更关注未来，强调长期承诺，尊重传统，崇尚节俭和忍耐，倾向于做长期规划和投资，相信风险终会带来可观的回报。但目前大多数研究都是在西方文化背景下进行的，在中国文化背景下探索女性对男性面孔的偏好将是一个值得探究的问题，在中国文化中，这种偏好将被"女性化"和"长期取向"的中国特点所影响，中国女性在进行权衡时会更注重关系的和谐和亲代投资，因此会更偏好女性化的男性面孔。

女性是否偏好男性化的男性面孔，这个问题在以往的研究中仍不明晰，并且以往大多采用主观报告法的研究存在一定的方法局限性。温芳芳和佐斌（2012）基于以往研究的不足，以女性为被试，通过两个实验探究了面孔二态性对面孔偏好的影响。实验一采用感知男性化程度和性别二态性两种计算机操作技术考察了女性对性别化男性面孔的喜爱度和接受度。根据中国文化的"长期取向"特点和"女性化"特点，预期女性在两种条件下都偏爱女性化的男性面孔，结果表明，男性面孔的男性化程度和吸引力水平呈负相关，非面孔线索在两种技术条件下都会干扰被试的面孔偏好。实验二则使用了更科学的眼动方法对以上结果进行验证，一方面验证了以往研究中存在的女性化的女性面孔偏好，另一方面以更科学的方法探究女性是否更偏爱女性化的男性面孔，用客观的指标弥补以往主观报告法研究的缺陷。

实验二结果发现，无论非面孔线索是否被掩蔽，在感知男性化技术条件下和在原始照片条件下，女性化的男性面孔都被评价得更具信任度和吸引力；而当非面孔线索未掩蔽时，在性别二态技术条件下男性化的男性面孔则更具吸引力和信任度。除此之外，眼动数据表明被试对男性面孔的平均注视时长、注视次数以及瞳孔大小都大于女性面孔，首次注视时间比女性面孔短，其中在对男性化面孔上被试对男性化面孔的首次注视时间长于女性化面孔。总体而言，与西方研究结果不同，中国女性更偏好拥有女性化面孔的男性，这与中国的文化背景有关。在中国文化中，重视集体利益，并倾向于做长期规划，这导致中国女性在做“好基因”和“坏父亲”的抉择时更注重对方长期的投入。除此之外，中国的文化也是“女性化”文化，注重温柔、谦和、有教养等“女性化”特征，这与中国的关系社会密切相关，中国社会注重人情和关系，注重彼此间保持良好的社交关系。

由此可以看出，与西方女性相比，中国女性由于中国文化的重视群体利益、保持和谐关系、对后代的长期承诺等因素的影响，更愿意关注男方的长期投入，从而更偏爱女性化的男性面孔。除此之外，女性化的男性面孔也标志着亲社会的特性，有助于形成良好的人际关系（温芳芳等，2012）。

三、孕产期间，以和为贵

中国女性对男性化的男性面孔的热情和可信度评价都更低，并且认为男性化面孔的男性支配性高，不愿为后代进行养育投资，不能做好一个父亲的角色。这可能也与生理因素有关，研究表明反社会行为与睾酮激素水平相关，而男性化的男性面孔标志着更高的睾酮激素水平。

女性的生理状态是否会影响她们对于男性面孔的偏好，这一问题仍不明晰。有研究表明处于生育年龄的成熟女性和处于生理期的女性对男性面孔的偏好会受荷尔蒙水平的影响，但新近研究表明这种观察的影响可能是由研究方法的误差带来的假象，实际上并不存在。目前尚不明晰荷尔蒙水平是否会对女性在面孔偏好上产生影响。女性在怀孕时身体的性激素水平会发生巨大变化，这种变化是否会影响其对男性面孔的偏好呢？这是一个值得探讨的有趣问题。过去在对性别化嗓音和面孔偏好的类似研究中发现，有生育能力但没有怀孕的女性更喜爱男性化特质的男性，而处于孕期的女性更喜爱女性化的男性。

除此之外，在心理学研究中使用的不同性别面孔变形方法本身也会产生影响。具体来讲，有两种生成不同性别化程度面孔的方法：利用男性和女性面孔的差异生成性别二态面孔的“性别间”方法和利用同种性别内的男性化或女性化感知程度而生成性别二态面孔的“性别内”方法。两者在面孔性别变形大小和感知者对其的可觉察程度均不同。处于孕期的女性对有利于后代抚养的视觉信息会更加敏感，从而更容易辨别出相关信息的细微差异，这有可能会影响怀孕女性对男性面孔的偏好。综上所述，探索不同的性别面孔变形方法和怀孕状态如何共同影响女性对男性面孔的偏好，有助于了解生理因素在面孔加工的认知过程所起的作用。

研究者在中国文化背景下以怀孕女性和未怀孕状态女性为被试，通过性别间和性别内两种操纵性别二态面孔的方法探讨被试对男性面孔的偏好（Wen et al.，2021）。结果发现，与西方研究结果不同，怀孕和未怀孕的女性均偏好女性化的男性面孔：孕妇在两种操纵方法中均表现出了对女性化男性面孔的偏好，以上未怀孕女性在被试间操纵方法中表现出了对女性化男性面孔的偏好。以上研究表明不仅荷尔蒙水平会影响女性对男性面孔的偏好，社会文化因素和多元化权衡策略也是理解女性面孔认知的视角，未来研究有必要直接比较中西方文化下女性对男性面孔的偏好是否存在差异。

07　看脸世界　用心感知

【知行心语】在一个看脸的时代中，面孔在我们的日常生活中具有重要的作用。即使是脸型这些微妙的线索也会影响我们的社会评价。比如，偏阳刚的脸和方脸会让我们觉得更聪明能干，偏柔和的脸和圆脸则让我们觉得更热情友好，进而会对我们的交往意愿和录用决定产生影响。这些普遍存在的脸型刻板印象难免存在偏差，在人际交往中，“眼见不一定为实”，只有用心相处，才能真正走进人心。

当读到“唇不点而红，眉不画而翠，脸若银盆，眼如水杏”的诗句时候，你的脑海中浮现的是什么样的女性形象？这是曹雪芹在《红楼梦》中对薛宝钗的人物描述。这样的人物描述让我们感觉薛宝钗应是一位性格泼辣、为人热情的女子，但宝钗向来保守淡然，“任是无情也动人”，她的长相与性格并不一致。当我们第一次遇到一个人时，往往会“以貌取人”，根据其外貌对其形成第一印象，那么容貌和印象评价之间究竟有什么样的联系呢？

一、性别二态，社会感知

我们处于一个看脸的时代，往往会根据他人的面孔对其形成第一印象。而面孔的性别化程度，即面孔是更像女性还是更像男性，构成了我们评价的基础。许多心理学研究者从进化心理学的角度去探究面孔的性别化特征对人们印象评价的影响，但除了进化角度外，我们也可以从认知的新视角去看待这个问题。

在社会认知领域，根据刻板印象内容模型，人们的印象评价可以分为热情和能力两大维度。性别二态线索对热情和能力的印象评价产生了不可忽视的影响，广泛关于人格特质和行为的研究证明男性化特征往往和高能力相关，而女性化特征往往与高热情相关。最近，已有研究者将此研究领域扩展到了面孔领域上，也发现了类似的效应：面孔的男性化特征和能力相关联，而女性化特征与热情相关联。但现有在面孔领域的研究所用到的评价材料多为人格特质词，并且多采用主观报告法，具有一定的局限性。基于此，研究者使用更多样的范式全面探索了面孔中的性别特征与热情和能力的关联（Wen et al.，2020）。

在此实验中，向被试呈现处理后的男性和女性的面孔照片，每种性别的照片都成对出现，一张更偏向于男性化，一张更偏向于女性化。与此同时，向被试呈现一些关于热情和能力的形容词，或表现热情（如“照顾小孩”）和表现能力（如“获得学位”）的简笔画，要求被试进行迫选：在呈现的成对面孔图片选一张更符合当前情景（形容词或简笔画）的面孔。结果发现，无论情景是呈现特质词还是简笔画，被试都将女性化面孔和热情联结、男性化面孔和能力联结。进一步，在内隐层面上研究使用内隐联想测验探究被试对性别二态性和热情能力的联结，结果同样支持了被试存在女性化和热情、男性化和能力的内隐联结。综上所述，该研究通过多种研究范式证明了女性化和热情、男性化和能力的外显和内隐联结，扩展了社会认知和刻板印象的应用领域。“以貌取人”是人们与生俱来的本能，在人们的生存发展中起到重要作用，我们会认为“她”是热情的、“他”是有能力的，但我们也需要提醒自己看脸识人有时也是有失偏颇的。

二、脸型刻板，影响行为

无论是在人际交往还是在工作面试当中，人们总是会不可避免地首先通过面部特征对一个人的特质进行推断和认知。脸型作为重要的面部轮廓特征，影响着人们对他人的印象形成，人们对不同脸型的人存在不同的主观印象。根据前人的经验，人的脸型被分成圆形脸和方形脸两种进行研究，圆形脸的长度与宽度趋于等同，脸型面颊圆润饱满，有着柔和的曲线；而拥有方形脸的人有着硬朗的曲线，轮廓分明，给人以端正的感觉。

随着面孔认知的兴起，越来越多的研究开始探讨这一问题。其中比较有代表性的研究就是娃娃脸效应。娃娃脸效应指的是人们会更喜欢长的偏向于婴儿脸型的人脸面孔。婴儿脸型的面孔最显著的特征就是有着圆润柔和的面部曲线。人们会认为有着这样脸型的人更善良、诚实和热情，有更少的支配性，但同时也被认为是幼稚的、缺乏竞争性和缺乏能力的。近年来，关于面孔宽高比（facial width-to-height ratio，FWHR）的研究在西方得到了许多科研者的关注。面部宽高比指面部宽度与面部高度的比值。宽度指的是人脸两颧骨之间的距离，高度指的是人脸上眼睑到下嘴唇的直线距离。许多研究者采用大样本相关分析的方法，采用人脸数据库中的照片，将人脸的宽高比与人的人格特质之间进行联系。有研究发现面部宽高比可以预测人的能力、智力以及领导力，面部宽高比与成就动机之间存在着高度的正相关，但面部宽高比越高的男性也更强势，更具有攻击性和不值得被信任。娃娃脸效应和面部宽高比的研究结果都在某种程度上说明脸型刻板印象是存在的。

脸型刻板印象在各方面影响着我们的社会生活，特别是可能在人际互动中起到社会线索的作用。不同的脸型会启动人们不同的特质知觉，从而会引发人们不同的态度和行为偏好。有研究表明，在同伴选择、择偶等人际交往活动中，人们会依据脸型进行判断，因为认为娃娃脸的人有着热情、诚实、善良的特质，表现出了对娃娃脸的喜爱、信任和欢迎。在招聘面试时，面试官也可能会不由自主地根据应聘者的脸型来推断其性格，在判断应聘者与岗位是否适合时候不能客观分析而是依靠自己的主观印象。

进一步，研究者对脸型刻板印象的存在进行了检验，探究了脸型刻板印象的作用机制及其对社会行为产生的影响。结果发现，在外显、内隐两个层面人们都认为圆脸的人更热情，方脸的人更有能力。圆脸的人，因为有着更高的面孔吸引力和面孔信任感，而被认为是更热情的。脸型刻板印象对人们的人际交往和在录用进行判断决策时会产生作用。圆脸的人被认为是更热情、更擅长与人打交道的，而方脸的人被认为是有能力、更擅长工作的（蔡馥，2015）。

三、认识自我，多样途径

在这个看脸的世界，面孔会无形地影响我们的人际交往和印象评价。古语有云“相由心生”，认为一个人的心性和作为可以通过外貌察觉。因此古代盛行相面之说，通过观察面相探寻命运的凶吉，文学作品也常有“帝王之相”之类的桥段设计。在唐代，官员的遴选需要通过“身言书判”这一综合性的考核，其中位列第一的“身”即是对官员身材相貌的考核，应试者要五官端正、仪表堂堂。可见，看面识人自古便有，人们也颇为重视。

实际上，面孔的男性化和女性化线索也会影响热情和能力的社会感知评价。总体而言，男性化的面孔看起来更具备能力，而女性化的面孔看起来更具备热情。除了面孔的男性化与女性化形状，我们大众眼中的圆脸和方脸的脸型刻板印象也普遍存在。通常，人们认为圆脸更热情，方脸更有能力，这些刻板预期会对我们的交往和录用决策等有着重要的影响，人们通过对陌生人的脸型特征进行特质推理从而能更快地进行社会判断。这样的推断经常存在着认知偏差，却成为人们进行社会决策的重要根据。

对于脸型刻板印象了解，在现实生活中对人们理解自我与他人具有现实意义，对于人们的社会行为具有启迪作用和深远影响。

总之，“眼见未必为实”，虽然我们的心理和行为都会深受“眼见”的影响，但我们仍需要“心见”：用心去接触和感受，这样我们对世界和他人的理解才会更深刻。

08 人靠衣装 红色吸引

【知行心语】服装折射出重要的性别信息，有些服装看起来更男性化，更有能力，而有些服装则看起来更女性化，更热情，这些不同的服装性别刻板印象线索与角色身份或环境需求相匹配时则会有更高的评价。同样，服装的颜色特别是红色也会影响人们的人际吸引，对于长相偏女性化的女性，通过红色衣服或其他红色的装饰与点缀，可以增强其魅力。

“人靠衣装，马靠鞍”，服装对人们的心理与行为会产生极大的影响，其中，服装无形也折射出性别的信息，比如西装更多与男性相关，而裙子则更多与女性相关，当然这些服装性别刻板印象也会受到情境和角色的影响。同时，服装的颜色线索也会对人们的人际吸引产生很大的影响，特别是红色心理效应，会影响人们的吸引评价。

一、西装裙子，服装性别

服装作为性别分类最重要的外在可视线索之一，是人们对自己和他人进行认知加工的重要信息来源。近年来，服装性别刻板印象逐渐引起社会心理学家的关注。例如，在当今社会，人们具有“粉色是女孩的颜色，蓝色是男孩的颜色”的刻板印象（Beillard-Robert，2018）。相比男孩，女孩的服装更可能被赞美，且相比穿裤子，穿裙子的女孩收到的赞美更多。学龄前儿童被要求按照社会性别角色规范的方式来进行性别行为预期和服装穿着管理。

这种服装性别刻板印象会对人们的社会认知产生影响，一方面，站在感知者的角度，人们往往认为穿着女性化服装的婴儿是女性，穿着男性化服装的婴儿是男性，且认为相比于男性化或性别模糊的服装，女性化服装的婴儿具有更少的力量（如，弱、轻、软、小）。同样，与穿着典型女性服装（柔和的米色连衣裙）的女性相比，当女性穿着更男性化服装（海军蓝套装）时，人们通常认为后者在面试中更强势，对其有更高的推荐意愿。与之类似，相比非正式服装，学生认为穿正式服装的助教更聪明、能力更强，但具有更低的社交性，且学生并不认为穿着正式服装的女性比穿着半正式服装者具有更强的能力，而对男性目标穿着正装与否却存在明显的能力感知差异。另一方面，站在行动者的角度，根据具衣认知理论，服装具有不同的意义，通过激活服装的概念会影响穿着者的社会认知（Ishii et al.，2019）。例如，研究表明相比穿黑色衣服者，穿白色衣服的被试在外显与内隐层面均认为自己更道德。

此外，情境也会对服装性别刻板印象产生影响。例如，在工作场所，拥有低声望职业如秘书的女性，如果穿着高吸引力或性感服装，人们并不认为她具有更低能力，但对于拥有更高权力工作如管理者的女性，如果穿着高吸引力服装会降低人们对其能力的感知。与之类似，当高职位女性的服装更加保守时人们对她的评价更积极，反之则会引发人们的消极评价（Gurung et al.，2018）。同样，在竞选男性化领域的与IT相关的工作求职情境中，相比中性化服装，人们认为穿着女性化服装的女性更不聪明、具有更低计算机技能（Fleischmann et al.，2016）。

二、来点颜色，红色吸引

作为最重要服装线索之一，颜色会对个体的认知、情绪和行为产生重要影响。基于颜色情境理论，在不同情境中颜色会传递不同意义信息。红色是三原色之一，也是自然界和人类社会中最为常见的颜色之一。红光的波长在可见光中最长，穿透力强，色彩浓烈而亮眼，因此自古深受人们的喜爱，中国历史上便有许多朝代崇尚赤色，如周朝、隋朝、宋朝等，故而红色被广泛运用在服饰、建筑和器物上。红色已不仅仅是喜悦的象征，也是胜利的标志，中国的国旗便是正红色的，可见中国人对红色的喜爱。实验心理学研究发现，在红色刺激下，被试会出现一些独特的心理效应，我们称之为红色效应。张腾霄与韩布新（2013）将红色的心理效应的概念归纳为：在特定情境中，红色与心理意义会形成联结，并诱发心理状态的改变，进而影响个体心理与行为，该现象会受到先天遗传和后天环境的共同影响。

红色在强调成就和关系的不同情境中具有不同的心理功能。在成就情境中，红色是一种攻击、支配的信号，能通过诱发回避动机来影响个体的心理和行为（张腾霄 等，2013）。然而在类似于择偶的关系情境下，红色则会引发更加奇妙的反应。相对于其他颜色和无色，红色可以使男性在观察女性时感知到更高的吸引力和魅力，男性倾向于评价红色背景下或穿红色衣服女性更漂亮，更有魅力，更愿意与之交往。并且有研究者对饭店的服务员进行了现场实验，发现与不涂口红的一天相比，服务员涂口红的一天里她所挣得的小费显著更多。但这一现象在同情、聪明、总体喜好的评价上并不具有一致性，红色也不会影响女性对同性吸引力的感知。

红色不仅会影响男性对女性的感知，也会影响女性对男性吸引力的评价。当女性看到男性处于红色背景或者穿着红色衣服时，她们会做出更加有吸引力、更性感的评价。女性不仅认为穿红色衣服的男性更有吸引力，而且表示更愿意与其发生一系列浪漫行为，如约会等。但红色不会影响男性对同性的评价，也不会影响女性对男性总体喜好、随和性和外倾性的感知，这也再次表明红色效应具体指向两性间的吸引力。随后的实验考察了所观察到的红色—吸引力之间的联结是否事实是由于对身份地位感知的提升。在一项比较穿红色 T 恤和蓝色 T 恤男性的实验中，女性不仅认为穿红色衣服的男性更有吸引力，并且认为这些男性有更高的身份地位、更强的挣钱能力，且更有潜力获得成功。当控制身份被感知，红色不再对吸引力起预测作用，这表明感知到的身份能解释吸引力效应。这一发现被由两部分所构成的实验所证实，当向女性展示一张穿红色或蓝色衣服的男性照片，女性认为穿红色衣服的男性有更高的身份地位。随后，这张照片转化成黑白的，并且伴随一段对此男性的高身份或低身份的描述。相比较伴随低身份描述的相同男性而言，女性认为高身份描述的男性更有吸引力（Elliot et al.，2010）。

在中国，红色有着十分重要的地位。红色代表着喜庆、吉祥，新婚时新郎新娘穿着红色喜服，春节期间在家门口贴红色对联和“福”字，长辈给小辈发红包。红色还可以辟邪，如端午节在孩童额上点朱砂、门神红色的面庞等。红色也被视为身份和繁荣的象征，如中国古代皇帝服饰就多出现红色，红色也被作为皇权的象征。另外，在革命政权中，红色在西方往往是代表危险和警备，而在中国则代表了革命和进步，中国的革命军队被称作“红军”。现如今，红色也成为中国的象征，“中国红”一词和鲜艳的五星红旗广为人知。红色在中国文化中有着更复杂的含义，已经超越了自然、历史、阶级属性。我们在中国文化背景下检验了红色对人们吸引力评价的影响，结果发现，红色有助于提升长相偏女性化的女性的吸引力评价，而对男性的吸引力评价的影响不明显（Wen et al.，

2014；温芳芳，2016）。

三、因人而异，适合最好

服装是身份的最重要表征之一，社会文化建构了服装的性别表征。历史反映了社会变迁的兴衰，服装是历史生活的镜子，反映人们精神面貌和思想追求。夏商西周的服饰秩序井然，衣冠等级严格区分；魏晋服饰多轻松、随意，女士服装长裙拖地，饰带层叠；唐朝服饰形成了独特的开放浪漫风格，恢宏大气；宋朝服装造型封闭、颜色淡雅、色调趋于单一……纵观中华服饰发展史，社会不断革新，人们的审美理念也在不断变化，服装变迁的背后是每个朝代社会风貌的演变，也彰显了中国传统文明的魅力。随着社会的改变，文化规范的改变，服装时尚也随之改变，当今的时尚革命目标在于模糊男性化与女性化的边界，消除男性与女性标签，进而解构性别刻板印象，意味着时尚中的性别流动性。例如，人们通过服装能自由地表达自我。而在服装彰显个性的同时，也需要与身份、职业角色和环境需求相匹配，这样能更好地社会适应。

09 雌雄演化 爬坡坠崖

【知行心语】 我们对女性男性化如“女汉子”以及男性女性化如“花样美男”等并非以简单地接受来与不接受来进行判断，通常与目标对象违背传统性别刻板印象的程度有关。我们发现，人们对表现出不同程度性别反刻板特质的男性和女性的接受态度呈现出“爬坡坠崖”的趋势。因此，更理性平和地对待身边有些打破常规的对象，同时，在自我展示时也注意掌握适度的规律，有助于塑造良好的形象。

在图 1 的两行图片中一共有 18 张面孔，如果让您来评价，您最喜欢哪一张面孔呢？如果把面孔替换为一些句子，例如：“陈立婷在踢足球”“刘志飞在照镜子”“汪战军很温柔”“张晓芳很果断”，您又会对这些目标对象有怎样的评价呢？在这一印象评价的过程中又存在着哪些心理规律呢？让我们一起来探索答案吧。

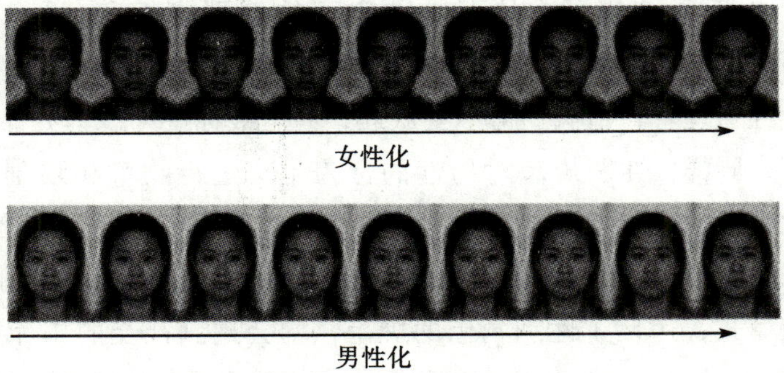

图 1 男性化与女性化的男女面孔图片

一、违背预期，印象评价

近年来，社会心理学家开始普遍关注反性别刻板印象。由于反性别刻板印象在一定程度上违背和偏离了性别刻板印象期望，进而打破和颠覆了人们传统的性别观念，从而为缓解和消除性别刻板印象提供了可能性。反性别刻板印象是指男性或女性的行为与人们印象中的性别角色行为不相符，有悖于人们对相应性别角色的期待（刘晅 等，2006）。

印象评价通常指是人们会根据有限的信息对是否喜欢他人以及对其人格形成基本判断。人们对他人进行评价时倾向于将所获得的多方面线索信息综合形成一个整体印象。在此主要从外表（面孔）、行为和特质三个重要性别线索对反性别刻板印象评价进行归纳和梳理：1）面孔。性别二态线索即男性化—女性化线索，对面孔吸引力起着重要作用（温芳芳等，2012）。研究者采用男性化—女性化连续体考察性别二态线索对面孔吸引力的影响（Rhodes et al.，2000），结果发现，对于女性面孔刺激而言，女性被试认为连续体从100%极端女性化朝−100%极端男性化递变的过程中，在达到42%的女性化程度时是最有吸引力的，而男性被试认为变化到29%的女性化程度时是最有吸引力的；对男性面孔刺激而言，女性被试认为连续体从100%极端男性化朝−100%极端女性化变化的过程中，到−39%的男性化程度时是最有吸引力的，而男性被试认为变化到−27%的男性化程度时是最有吸引力的。可见，对于男性和女性面孔刺激而言，并非极端男性化或女性化更有吸引力，而是增加一些异性化的面孔特征会增加其吸引力，且这种偏好存在性别差异。2）行为。人们在生活中对于反性别刻板者，通常会有针对性地采取措施限制或阻碍该对象的反刻板行为出现，从而维护自己的性别刻板印象（刘晅 等，2006）。例如，"女强人""铁娘子"这样的称呼通常指有较强男性化领导风格的女性管理者，她们通常不受欢迎，甚至被标签为"悍妇""刁婆""母老虎"；同样，性别规范对男性的行为也会进行约束和限制，比如，如果一位男性情绪丰富，过多向他人表露情感隐私，也是为社会所不允许的（张艳红 等，2011）。可见，不论男性还是女性，一旦采用了极为异性的行为模式，违反了性别角色的规范，均会遭到社会的排斥和拒绝。3）特质。Asch（1946）的研究发现评价者能利用最少量的信息对评价对象形成整体印象，并且热情这一核心特质在印象形成中起关键作用，依此类推，性别刻板印象的一些核心特质也会影响到评价判断。如人们认为女性的典型特质是"胆小的""依赖他人的"，而认为男性的典型特质是"勇敢的""独立的"。在现实生活中，如果一位女性表现出一定程度的独立和勇敢，会受到人们的赞许，但如果过于独立和勇敢，则会得到负面评价。可见，当男性或女性拥有这些异性化的面孔特征、行为表现和核心特质程度发生改变时，是否会出现印象判断的好评反转为差评，这些问题值得探究。

二、不同形态，维护阈限

基于此，研究者通过三个研究分别基于面孔、行为和特质考察了反性别刻板印象的演化评价效应（Wen et al.，2020），研究 1 通过计算机图像处理的男性化—女性化面孔来控制反刻板目标的不同异性特征程度。结果显示，人们对于异性化程度增加的面孔，印象评分呈现出先增加而后逐渐趋于平缓的趋势，而对具有极端异性化特征的面孔则表现出评价反转现象。研究 2 和研究 3 得到了与研究 1 相似的结果，在研究 2 和研究 3 中，实验材料分别采用典型性别刻板印象的行为与特质，同样考察不同程度的反性别刻板印象行为与特质对印象评价的影响。结果同样发现，当目标的行为和特质带有一些异性特征时，人们的评价呈现上升趋势，但当目标表现出极端异性化行为与特质时，人们对目标的评价呈现出急剧下降的趋势。可以看出，三个研究分别基于面孔、行为和特质这三个性别刻板印象的主要维度，考察了反性别刻板印象的演化评价效应，总体均表现出"爬坡坠崖"趋势。可见，人们对表现出不同程度性别反刻板特质的男性和女性的态度可以被描述为一个曲线函数，我们将其称为性别刻板印象维护的阈限模型（Wen et al.，2020）。

为什么人们对表现出不同水平的性别反刻板对象的感知中会存在阈限呢？可以通过心理双性化概念来理解这一现象。心理双性化理论是指，如果个体同时具有男性和女性特质，就可以更加灵活地改变自己的行为模式来适应变化的环境，进而拥有更加积极的心理健康状态。个体的双性化程度更高，在社会中会更容易被人接纳，其幸福感也会更高（蔡华俭 等，2008）。近年来，社会中性别中性化的发展趋势似乎也印证了这一研究结果。正如马丁等人（2017）提出的那样，"认同自己的性别对心理健康很重要，但认可另一种性别会带来额外的社会优势，并可能促进灵活性"。

研究者主要关注人们对不同程度性别反刻板目标进行评价（Wen et al.，2020），这为双性化优势假说提供了另一个视角的检验。根据性别刻板印象维护的阈限模型以及以往相关理论，我们推测，双性化特质或拥有比较平衡的性别刻板与性别反刻板特质，不仅可以使自身更具灵活性、更容易适应环境的变化，而且可以使他们更容易被他人接受或喜爱。心理双性化特质在人类的进化过程中也存在一定的适应性。这可以通过协同进化概念来理解，即一个种群中的某个特质由于受到另一个种群中的某个特质影响而发生的进化改变。

因此，在性别反刻板领域，未来的研究可以继续从心理双性化的视角讨论拥有平衡的性别反刻板外表、行为或特质表现在印象评价、人际互动等方面是否具有优势，以及其在进化心理学上的适应性功能。

三、印象管理，合理适度

我们不能简单一分为二地看待当今社会中的“中性化”趋势现象，人们违背刻板印象的程度高低会对其印象评价产生影响。总体而言，无论面孔、行为和特质表现为何种形态，人们对有一点反刻板的对象都表现出一定的好感，即接受度随着反刻板程度的增加呈上升趋势，但是反刻板印象的程度超过某一界限时，则出现了印象评价的反转即不可接受，表现出“爬坡坠崖”的趋势。

个体生理构造的不同从而形成了男性和女性，而生理构造的不同特点也造成了男女最初的劳动分工，对男性和女性的心理和行为都产生了影响。行为本身没有性别之分，刻板印象也并非天然存在，每一次的破除性别标签的反刻板印象行为就是在消融人们的刻板印象，合理适度的反刻板有利于塑造良好的个人形象。

中性化不是双性化，中性化模糊了男女性别，而双性化则兼容了男性特质和女性特质。我们要警惕中性化陷阱，因为中性化仅仅是指穿着打扮上具有异性特质，性格上没有明显区分。拥有双性化特质的个体因为拥有两性特质更易适应环境，在人际交往和自我评价上更优于单性别者。无论是男性还是女性，都应当在发挥自身性别优势的同时向异性学习，进行优势互补，以完善个人人格。待人接物不应过于刻板，对外貌、行为、性格进行简单标签化。“过犹不及”不走极端，合理适度才是重点。

10 男性看人 女性看事

【知行心语】性别刻板印象在我们日常生活中普遍存在。而当今社会越来越有中性化的趋势，而这些不同程度反性别刻板印象对于人事决策也会产生影响。男女在评价这些违背刻板印象的对象进行决策时也存在性别差异，总体表现出男性看人、女性看事的趋势。而作为社会中人，作为评价者，以更理性的方式来评价他人，打破传统刻板的限制，为男女营造平等氛围显得尤为必要；作为行动者，以更中庸合理的方式把握行为方式的度很重要。

请你想象如下情境：假如你是某公司的人事负责人，赵震奎、王妮娜、魏淑洁、王雄杰、杨剑涛、赵彩静都是毕业生，都申请了贵公司的某一岗位，他们在教育背景、专业技术、学历水平等方面都差不多。下面是关于这几个求职者面试中有关一般性格特点的描述，请你根据这六位求职者的描述，对他们淘汰的先后顺序进行排序。赵震奎："我是一个理性的、胆大的、心细的、豪放的、体谅人的、有亲和力的人。"王妮娜："我是一个温柔的、文静的、有亲和力的、大度的、心细的、能体谅人的人。"魏淑洁："我是一个大度的、理性的、豪放的、温柔的、胆大的、具有支配性的人。"王雄杰："我是一个理性的、豪放的、胆大的、温柔的、大度的、具有支配性的人。"杨剑涛："我是一个温柔的、文静的、有亲和力的、大度的、心细的、能体谅人的人。"赵彩静："我是一个理性的、温柔的、胆大的、大度的、文静的、有亲和力的人。"请想一想你倾向于最先淘汰哪一位呢？决策背后有怎样的心理学规律呢？男性决策者和女性决策者会做出不一样的决定吗？让我们一起来看看吧。

一、社会角色，性别刻板

性别作为个体与生俱来的重要特征，是群体划分和印象形成的重要线索，它为知觉者解释复杂的社会环境提供了大量有效的知觉加工信息。性别刻板印象是指人们对特定群体或社会系统中的不同性别在行为、人格特征等方面的固定看法或信念（刘晅 等，2006)，具有明显的二分性和对立性的特点，在职场领域的人事决策中发挥着举足轻重的作用，特别是对工作情境中评价目标的性别刻板印象会导致评价者的感知评价偏差。因此，理解性别刻板印象对感知者人事决策的影响对于营造相对平等公正的组织氛围具有重要的现实意义（Bosak et al.，2018）。

根据社会角色理论，性别刻板印象的信念来源于对男女的典型社会角色的观察，这些角色需要不同的技能和特征（Eagly et al.，2012）。女性通常承担更亲和性的角色（如作为照料者），而男性则更多承担具有能动性的角色（如作为管理者），由此形成了性别刻板印象的两大基本核心维度，亲和性维度和能动性维度（Heilman，2012）。刻板印象内容模型对此进行了更深入的阐释，该模型认为亲和性维度与女性化/热情维度相一致，而能动性维度与男性化/能力维度相一致（佐斌 等，2015）。此类研究将这两个维度分别称为能动性维度和共生性维度，并认为能动性维度通常与工作胜任有关，在能动性维度上处于较高水平的个体更重视竞争力，更聪明能干，更自信、独立果断，更具有支配性，倾向于冒险，更具有分析性和逻辑性等；而亲和性维度通常与关心他人有关，在亲和性维度上处于较高水平的个体往往对人热情友好，更具有社会敏感性，温柔文静、善解人意，更善于表达，更情绪化，更能够理解支持他人，以及更被动等（Fiske，2018）。

反性别刻板印象即男性或女性违背了性别刻板印象的描述性与禁止性规范，在性别角色行为方面的表现与人们的性别刻板印象不相符。当前关于其内涵主要存在两种观点：(1) 不具有同性特征的反性别刻板印象，即没有做到性别刻板印象规定的“应该做”的事情，如性别刻板印象规定女性“应该”温柔，男性“应该”有能力，而如果一个女性不是温柔的，男性没有能力，则是反性别刻板印象者。(2) 具有异性特征的反性别刻板印象，即做了刻板印象规定的“不应该”做的事情，如性别刻板印象规定女性“不应该”有攻击性，男性“不应该”体贴，而如果一个女性具有攻击性，男性是体贴的，同样是反性别刻板印象者。

目前，许多研究聚焦于工作场景中的女性反性别刻板印象，讨论其在人事决策中究竟是处于优势还是劣势。

一方面，当女性违背性别刻板印象，即表现出反性别刻板行为时会面临社会与经济的惩罚，即存在抵制效应（Rudman et al.，2012）。这种抵制效应尤其体现在工作场景中，比如招聘情境下，表现更具有能动性的女性面临录用歧视，相比男性求职者，自我提升的女性求职者被认为缺乏社会技能而更不可能被录用；在薪酬方面，更具有自我主张的女性在谈判更高薪酬时更容易被拒绝；在晋升方面，能动性的或支配性的女性会因为不被喜欢，而不是缺乏能力，从而在晋升中受到阻碍，人们也更可能对女性领导表现出偏见。

另一方面，以往研究表明女性可以将反性别刻板印象作为其职业发展的有效策略，认为女性反刻板印象在现实生活中表现出了优势效应。尤其是在具有竞争性的工作环境中，成就往往是工作组织情境中的核心组成部分，所以与目标实现和任务完成有效性紧密关联的能动性会对职业发展产生积极影响。信号理论指出，受教育程度、工作水平和过去工作经历等均可以作为重要的“能力信号”被组织用于候选人的能力推断。作为工作申请人，不论性别，提供的能力信号越多，就越可能获得工作（Inesi et al.，2015）。此外，女性候选人也能通过加强她们的反性别特征克服不易察觉的性别偏见（Baur，2017）。在工作场景中女性显示出与能动性有关的骄傲表情，有利于补偿人们对其能动性感知，不再被认为比男性缺乏能动性或能力，进而得到更好的评价。

最近，男性反性别刻板印象对其人事决策的影响也逐渐走进心理学者的研究视野。少量关于男性的研究表明，职场中男性在表现出反性别刻板时同样也会遭受惩罚，即存在抵制效应。例如，相比女性而言，谦虚的男性以及顾家的男性均会受到更多的惩罚和更少的奖励（Rudman et al.，2013），为家庭请假的男性会被认为不是“真正的男人”而受到抵制与惩罚。可见，评价者对于仅仅在女性化领域取得成功的男性也会表现出对他们的“懦弱”的惩罚。

对于评价者而言，其性别可能会导致他们对男性和女性反刻板者产生不同的评价，这种性别差异在其他反刻板印象领域研究中已经有一些发现（Ehrlinger et al.，2018），但很少有研究关注男性和女性对工作场景中反性别刻板印象者的评价差异，尽管这一差异很可能是存在的。正如前文所说，在以公司、企业为代表的竞争性工作场景中，男性往往是优势群体，女性则处于相对弱势地位（Rudman et al.，2012）。因此对于不同性别的被试来说，他们会运用这方面的知识，以不同的方式对工作场景中的男性和女性进行决策判断。对于男性而言，根据男性身份不确定（Vandello et al.，2008）和性别刻板印象维护的观点，男性往往认为其身份是需要努力才能获得的，因此为了维护男性身份或男性处于优势地位的性别刻板印象，他们可能更看重工作场景中“人”的因素，将生理性别看作严格的规范标准，对违反性别刻板印象的行为或个体会表现出更加消极的态度。而对于女性而言，根据转换类别假说（Bauer, 2017）（所谓转换类别假说，是指人们通常通过两个相关的工具来形成对他人的印象，包括类别身份的感知和个性化信息，其中个性化信息可以改变用于形成未明确分类个体印象的类别）和缺乏匹配模型（Heilman, 2012），由于男性及男性特质在工作场景中更占优势，且生理性别是难以改变的属性，因此女性更可能将男性特质和工作场景产生联结，更关注“事”的因素，将特质和职业是否匹配作为竞争性工作场景中评价和决策的主要依据。

二、负向决策，性别差异

以往缺乏在职业发展不同阶段对男女反性别刻板者评价的直接比较，同时也少有在负向决策条件下，考察不同程度的反性别刻板对人事决策的影响。我们通过三个实验分别检验了负向决策条件下，在职业发展的不同阶段中人们对男女反性别刻板印象者的评价以及其中存在的性别差异。

1. 负向决策条件对高程度反刻板目标的抵制效应（特别是男性）

我们研究一致发现了反性别刻板印象信息对人事决策的影响，在负向决策条件下，相比低和中等程度而言，人们普遍对高程度反性别刻板目标表现出更高的淘汰/扣薪/降职意愿。并且，人们对高程度男性反性别刻板目标具有较高的淘汰/扣薪/降职意愿。这种对高程度反性别刻板印象，特别是男性高程度反性别刻板印象的抵制效应可以通过性别刻板印象维护理论与缺乏匹配理论来理解。一方面，对于高反性别刻板印象者的抵制效应可以通过刻板印象维护理论来理解，是因为违背性别刻板印象的个体会威胁到人们维持稳定和连贯的刻板印象系统的需要，因此人们倾向于对高程度反性别刻板印象的个体表现出偏见，研究表明某些社会规范的违背者会面临社会代价，可能是因为规范违背者会被感知为对现有社会秩序的威胁（Rudman et al., 2012），于是人们对高程度反性别刻板印象的个体会表现出明显抵制效应，在维护性别刻板印象的基础上保护其自尊（刘晅 等，2006）。另一方面，人们对“男性高程度反性别刻板印象者”的抵制效应则进一步可以通过转换类别假说和缺乏匹配理论来理解（Rubin et al.，2012），相对而言，“男性高程度反性别刻板印象者”中“高程度反性别刻板”的个性化信息使其原本的“男性”类别发生了转换，表现出更多“女性化刻板印象”特征，与工作胜任所需的高能动性的“能力信号”最不匹配，因此，人们更多表现出对男性高程度反刻板印象目标的消极决策。

2. 反性别刻板信息对人事决策影响的性别差异

我们的研究也发现不同程度反性别刻板印象信息对人事决策的影响存在明显的性别差异。对于男性被试而言，相比女性低程度反性别刻板印象者，他们更可能淘汰“男性低程度反刻板印象者”；相较女性被试而言，男性被试对男性低程度反刻板印象者表现出了更高的扣薪和降职意愿，对女性高程度反性别刻板印象者表现出了更高的淘汰和扣薪意愿。由此可以看出，男性被试对男性低程度反刻板印象者和女性高程度反性别刻板印象者都表现出明显的抵制效应，这可能是因为男性被试更多地基于以“人”为导向的“男性身份维护”来进行人事决策。根据“男性身份不确定性”理论，男性在与同性比较中，很容易受到与自我关联的内群体成员的威胁。基于自我保护策略，男性更倾向于对威胁目标进行消极反馈，例如，通过对违反社会规范者的“正当”报复来提升自我。根据转换类别假说，男性低程度反刻板者和女性高程度反刻板者都拥有与工作情境相匹配的高能力，这对注重能力的男性身份而言是无形的威胁，由此可知，男性对男性低程度反刻板者和女性高程度反刻板者都表现出了明显的抵制效应。

另一方面，对于女性被试而言，则更倾向于对高程度反性别刻板的女性表现出优势效应。具体表现为相比高程度反刻板男性，女性被试更不可能淘汰高程度反刻板女性，也更不可能给她们扣薪或降职；相比低程度反刻板男性，女性被试也更可能给低程度反刻板女性降职。即相比男性被试，女性被试对高程度反刻板女性的淘汰、扣薪意愿更低，更可能淘汰低程度反刻板女性。从以上结果可以看出，女性被试更多是基于以“事”为导向的“工作能力匹配”原则进行人事决策。根据转换类别假说，低程度的反刻板信息不足以改变人们对女性的刻板印象，因此，女性比男性更可能淘汰低程度反性别刻板印象的女性；而高程度的反刻板信息有助于转换原本的“女性”类别，男性化特征在决策中也更加突显，进而与工作情境所需的高能力相匹配，从而增加对高程度反性别刻板女性的工作胜任能力的感知。

三、理解不同，营造平等

男女存在不同的社会角色分工，人们具有根深蒂固的性别刻板印象，并且基于对自尊的保护，会进行刻板印象维护。在负向人事决策条件下，人们对高程度反性别刻板印象者，特别是对男性高程度反性别刻板印象者会表现出明显的抵制效应。反性别刻板信息对人事决策的影响存在明显的性别差异，男性被试更多以“人”为导向，侧重男性身份维护，对男性低程度反刻板者和女性高程度反刻板者这些具有威胁性的高能力目标对象均表现出明显的抵制效应；而女性被试更多以“事”为导向，侧重工作能力匹配，对女性高程度反刻板者表现出优势效应，而对女性低程度反刻板者表现出抵制效应。这些对我们的日常生活与人际交往也具有一定的启示，一方面，作为行动者或当事人，我们需要进行合理的印象管理，不表现出极端的反刻板行为；另一方面，作为评价者或旁观者，我们应该以更理性的态度来对待具有反刻板印象特征的他人，特别在人事决策时，为男女提供平等的机会，营造更公平的氛围。

11　人如其食　美食与共

【知行心语】吃牛肉羊肉、喝白酒啤酒会让我们看起来更男性化，更能干；而吃蛋糕糖果、喝奶茶果汁会让我们看起来更女性化、更温暖。而且，与好朋友一起吃一些高热量、高糖的食物（如炸鸡腿、冰激凌等）会增加彼此的好感度，不过，为了健康考虑，也不要贪吃哦。

“吃了吗?”这种熟悉的打招呼方式，是我们中国人最常见的问候。民以食为天，“吃”是人们喜闻乐道的主旋律。而“吃什么”和“怎么吃”的背后很有学问，蕴含着不少心理学的知识，一方面，所谓“饮食男女”，我们选择吃什么会怎么折射出男女的样子，又如何影响人们的印象评价呢？另一方面，我们和朋友之间怎么吃会拉近彼此的距离呢？让我们来一起寻找这些有意思问题的答案吧。

一、“吃肉喝酒”更像“男子汉”

食物在人们的社会交往互动和人物评价中发挥着非常重要的作用，具有身份表达和性别角色符号价值。在评价人物时，人们也会将食物与性别联系在一起，因此，食物性别刻板印象的研究也进入社会心理学研究视野。食物性别刻板印象是指人们将关于两性特征中比较固定的观念或想法投射到食物上（包括食物类型、食物摄入量等）。例如，人们认为红肉具有男性化特质，烧烤和牛腰肉等是典型的男性化食物，而奶蛋、蔬菜水果更具有女性化特质，如奶茶和小甜点等则是女性化食物。女性偏爱女性化食物且食量小，喜欢排盘精致的食物；而男性偏爱男性化食物且食量大，喜欢外形粗糙的食物。

这种食物性别刻板印象也会影响对人物的评价。一方面，站在当事人视角，即饮食者对食物选择的印象管理上，人们倾向于选择与性别印象相一致的食物而避免不一致的食物；当存在其他共餐者时，符合食物性别刻板预期的男女会成功地展示出其特定的男性化或女性化特点；当男性身份受到威胁时，男性会食用更多肉类来维护自我的男性身份，并且远离女子气。可见，食物性别刻板印象也是自我形象建构的重要工具。

另一方面，站在旁观者（评价者）视角，人们认为饮食以肉类为主的人比以蔬菜为主的人更有男子气，吃女性化食物的人比吃男性化食物者更加女性化，男性食用男性化食物会让其感觉“更像男人”，食物摄入量更少、更偏爱女性化食物的女性会让人觉得更女性化，并且不论男女，食用女性化食物都被认为具有更好的品质和吸引力评价。

食物性别刻板印象存在一定的民族文化差异。西方食物结构和中国存在一定差异，“民以食为天”的中国食物种类更多且烹调方法更加多样。西方文化中男性化食物主要指高脂肪的食物如肉或带饭的肉，女性化食物主要包括低脂肪食物如意大利面、沙拉和水果等。中国人是否具有食物性别刻板印象？中国哪些食物类型被感知为更男性化、哪些食物则被感知为更女性化？由于性别在性别刻板印象和食物性别刻板印象中都发挥着重要影响，那么，中国人的外显与内隐的食物性别刻板印象是否存在性别差异？食物性别刻板印象是否对人物的热情与能力评价产生影响，有无目标性别差异？

研究者首次在中国社会背景下，立足社会认知的“大二”模型探讨了食物性别刻板印象的内容，从外显和内隐层面测量了其存在，从热情与能力两个维度考察了食物性别刻板印象对人物评价的影响（佐斌 等，2021）。研究结果显示出，在中国文化下，男性和女性均持有外显食物性别刻板印象，即“男性会偏好男性化食物，女性会偏好女性化食物”。男性化食物主要为肉类和酒类，肉类作为男性食物这一点具有跨文化的稳定性。从进化心理学的角度，男性会通过食用肉类来增加性吸引力，食用肉类使之感觉“更像一个男人”。而酒文化在中国历史悠久，古往今来与酒有关的社会活动多涉及男性，因此中国社会文化中，“酒”与“男性”联系紧密。女性化的食物主要为饮料和甜食，这可能与中国女性面对压力时所采取的策略有关。研究表明，甜食可以抑制皮质激素从而能减缓压力，而女性在压力状态下会更多地摄取含糖的食物，这便解释了中国文化下甜食与女性之间的紧密联系。此外，女性还会持有内隐食物性别刻板印象。从社会规范来看，相比男性而言人们在食物方面的社会期望对于女性具有更高的约束力，因此，相对男性而言，女性的食物性别刻板印象表现出更多的外显与内隐的稳定性。人们对食物性别刻板不一致的男性在热情维度的内隐评价更加积极，这表明人们并不排斥男性食用女性化食物，反而欣赏具有某些女性化特质的男性，从而对其身上的女性主要特质——热情也给予更高的评价。

二、与朋友一起吃垃圾食品会更亲近

选择“吃什么”除了无形中折射出我们的样子且会影响别人对我们的印象评价外，也会对我们的人际吸引产生影响，一个人的饮食习惯与其友谊息息相关。请想一想，假如有个朋友和你一起吃高热量的食物如炸鸡腿，有没有提升对这位朋友的好感度呢？让我们一起来看看心理学者们的研究探索吧。

生活中总存在不少矛盾，比如“好吃的东西不健康，而健康的东西又不好吃”，一些高热量、高盐和高糖含量的食物总是受到人们的青睐，而这些食物往往也成为高风险食物，会对人们的健康带来一定的伤害。而为什么明知有风险，人们又选择去吃呢？一起吃高风险食物有助于拉近我们和朋友之间的亲近度，或许为这一矛盾提供了一个新视角。

研究者首先考察了人们一起进行风险饮食的对象是否存在人际关系亲密度的不同，也就是说，是否相比不那么亲近关系的人，人们更可能与亲近关系的人一起吃高风险的食物。研究者采用自我包含他人量表测量了被试与不同对象之间的人际关系亲近度，接着问其与这些不同对象一起吃风险食物的频率。结果显示，人们与对象的关系越亲近则越有可能一起进食高风险食物。进一步采用实验法来操纵高、低风险的食物，研究发现，与朋友一起吃高风险食物的人，相比一起吃低风险食物的人，会感觉与朋友之间的关系更亲近。

可见，与朋友一起冒险吃高风险食物会增加人与人之间的亲密感，有种“患难见真情”之感，大家共同经历“苦难”之后，这种风险性的行为会使人之间的情感变得更加亲近与稳固。

三、“因人而异”选择好我们的食物

食物作为人类赖以生存的基础，在人们的印象评价中也发挥着微妙而又巨大的作用。人们通常赋予其生活环境中事物以意义，而这些被赋予意义的事物又对人们产生影响，在这样的无限循环中人们也更深刻地了解人性。正如乔治·奥本所言，“有些东西，我们生活在它们中间，看着它们，就是认识我们自己”。这些发现为人更好地通过选择食物进行合适的自我表达和印象管理具有一定的实践启示。

一方面，人们在不同场合与不同人打交道时可以适当进行食物的印象管理，比如，在择偶情境或相亲场合，如果需要表现出更多“男人味”或“女人味”，男性可以适当增加一些肉食，女性则可以点些沙拉和甜点等；在人际交往的情境中，为了提升朋友之间的吸引力，基于高风险食物的同步性或相似性会拉近彼此间的距离，不妨一起来点刺激的火锅或高糖的冰激凌，不失为好感度提升的调味品。

另一方面，对于健康风险管理和干预也具有重要的实践价值。比如，在社会工作中，对于肥胖、健康的饮食习惯进行一些干预时，除了从认知资源和风险食物有害健康的角度去提供行为改变的干预措施外，与人际吸引和友谊等有关的社会情感因素也应作为重要的考虑范围，进而为健康心理学提供新视角。

12 你的名字 蕴含模样

【知行心语】你的名字可能蕴藏着你的样子。比如，人们通常认为女性化的名字更热情，男性化的名字更有能力。且这种印象评价也会对我们的人际互动产生影响，女性的名字看起来越热情，则人们越愿意跟她交朋友，男性的名字看起来越有能力，则人们更倾向于与其共事。基于这种人名匹配效应，在不同情境需求下，给自己取一个合适的昵称和小名，也是促进我们人际交往不错的选择。

人际交往之初，名字首先为个体的身份识别、性格判断等提供线索。日常生活中，名字经常作为判断个体性别的依据。一般情况下，这种判断比较准确。但也经常会出现因为名字而错误判断性别，比如一位名字较男性化的女生由于被误判为男生，结果发生被分到男生宿舍的乌龙事件。那么，如果个体使用了相反的性别化名字，会给他人留下什么印象？

一、性别名字，亲和高冷

根据刻板印象内容模型，人们主要在热情和能力两个维度上感知和评价他人（佐斌 等，2014）。典型的性别刻板印象是认为男性是高能力、低热情的，而女性是高热情、低能力的。具有性别化的名字会激活这种性别刻板印象。因此，性别化名字的特质感知与性别刻板印象之间存在紧密关联。中国文化讲求男女有别，男性的名字多强调阳刚之气，女性的名字则往往蕴含阴柔之美（苏红 等，2015）。不过，目前关于性别化名字的特质感知研究较少。包寒吴霜等人（2016）考察了人们对性别化名字持有者的评价，发现人们对性别化名字持有者的评价存在性别角色差异。

根据名字反映出相应性别的典型程度，可以将名字分为性别化名字（包括男性化名字和女性化名字）和中性化名字。以往与名字相关的研究表明，人们更容易将典型的性别化名字与男性（女性）这一社会类别联系起来，而与之相反的是，形成名字与性别之间的联系则相对困难。这或许意味着性别化名字的感知与性别刻板印象存在密切关联。

事实果真如此吗？佐斌等人（2021）在研究中邀请被试在热情和能力两大维度上对性别化名字进行评价。研究结果表明，在能力评价维度，人们对男性化名字评分高于女性化名字；而在热情评分维度，人们对女性化名字的评分高于男性化名字。该结果反映出人们的性别观念会影响其对姓名的感知。

二、想象情境，印象评价

他人对名字的知觉影响对名字主人的评价。因为人们认为名字隐含的性别与个体性别相一致，会依据名字的性别线索评价他人。然而，生活中时常出现名字的性别信息与个体本身的性别不一致的现象。在中国，既有不少男性使用女性化名字，又有不少女性使用男性化名字。我们知道，男性化名字常被感知为“高能力”，女性化名字常被感知为“高热情”，而男性和女性又分别被赋予“高能力”和“高热情”的印象，那么在热情和能力维度上，隐含性别信息的名字和生理性别会对名字主人的评价产生怎样的影响？

根据社会角色理论，性别刻板印象是基于人们对两性传统的角色规定了男性“应该”是成就定向、高能力的，而女性“应该”是关怀取向、高热情的（Ellemers，2018）。若个体不符合这些“应有”的性别特质，就被视为违反了刻板印象，人们会在认知和行为层面抵制那些反刻板个体，以维护性别刻板印象。在认知层面，人们会对违反刻板预期的个体做出负面评价，比如缺乏亲和力、不够温柔的女性被评价为低热情，优柔寡断、缺乏竞争力的男性被评价为低能力（Eagly et al.，2020）。

研究者利用想象情境范式的研究方法，邀请被试用体现热情和能力的特质词对名字和性别一致、名字和性别不一致的个体进行评价。结果表明，与使用男性化名字的男性相比，使用女性化名字的男性被视为“不太聪明”“能力不高”；与使用女性化名字的女性相比，使用男性化名字的女性被视为“不够热情”“缺乏亲和力”。该研究结果反映出，使用了相反的性别化名字会被感知为缺乏“本应具有”的性别特质。该结果也可以解释人们为何更加喜爱名字和性别一致的个体（佐斌 等，2021）。

三、人际交往，因境制宜

在日常交际中，名字经常扮演着重要角色。尤其是在社会互动中，人们希望满足亲和需要，需要与他人沟通情感，同时也希望通过与他人协作来实现个人目标。在这两种不同的社会动机的驱使下，人们会选择相应的合适对象。比如，在郊游情境下，人们更希望交往对象表现友善；而在选择谈判代表时，人们更关注对象的能力特质是否能够达成目标。

为了探究性别化名字和性别对个体人际交往的影响机制，研究者分别创设了交友和任务情境，被试在评估与不同名字主人的交往意愿基础上，在热情和能力特质维度对名字主人进行评价。结果表明，女性化名字的女性亲和力评价更高，人们更愿意与之成为朋友；而男性化名字的男性能力评价更高，人们更希望与其成为队友来完成任务。可见，人们对名字和性别一致个体的偏好具有情境特异性（佐斌 等，2021）。

问君何许人，名中有乾坤。名字，这个自个体出生后就被赋予的存在，对人们的社会知觉具有重要影响，我们应该正确认识名字的功能，避免因名字而对他人形成先入之见的偏见，妨碍人际关系的建立。另一方面，名字或许可以作为一种印象管理工具。在一些功能性团体和组织中，允许人们使用非实名（昵称或小名）以更好地实现互动目标，人们可以根据互动目标给自己取一个合适的假名，从而有助于形成良性的互动关系。

13 新颖呈现 放大效应

【知行心语】信息化时代，媒体在我们生活中扮演着极其重要的角色，信息的不同传播方式对我们心理也会产生不同的效应。灾难报道中创新性地对数据进行可视化呈现能够对个体的助人意向起到放大效应，当以新颖方式呈现灾难信息时，原有新闻框架的效应被放大。所以说，将传播信息进行一点生动的改变，可以起到神奇的助推效果。

请大家看看图1中两种不同的数据呈现方式，左边是相对传统的呈现出新冠肺炎疫情防控期间的确诊人数和死亡人数的方式，右边则在此基础上增加了死亡占比的饼图，这些数据均来源于当时真实的数据，左图还是右图会让你感觉更严重呢？或许信息一点点呈现的改变，就会带来我们不同的心理效应。

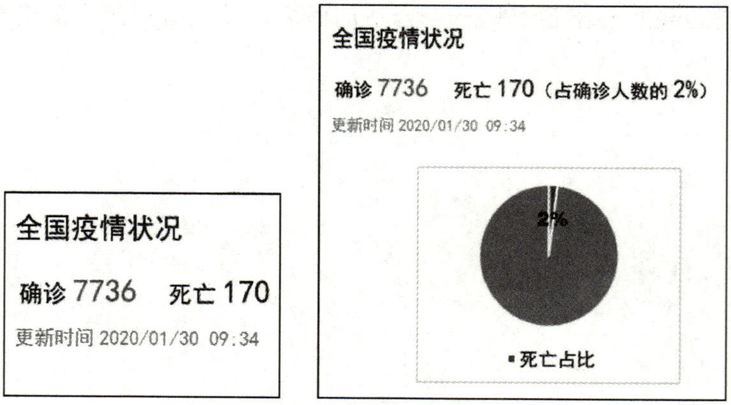

图1 传统（左）或新颖（右）形式的数据材料

一、媒体曝光，框架效应

地震、传染病等灾难事件的发生具有突发性、不可控性与破坏性的特点，往往会对经受灾难的个体造成重大的财产、生命损失，与社会大众的生产、生活息息相关。所以，此类新闻总是能引起人们的广泛关注和讨论。这就给了我们一个提醒和警示：在灾难背景下对信息进行及时、有效地传播不仅能稳定社会大众的心态，还具有减少群际冲突、避免谣言产生等重要功能。

媒体心理学领域的大量研究证实，新闻报道能够影响受众的心理与行为，这一作用被称为“媒体效应”。对新闻影响力进行的早期研究提出了“皮下注射论”，该理论将新闻影响形容为向人们的皮肤之中注射药剂，这一作用是强大的、不可抵抗的，是能够影响人们的态度、情绪，甚至左右行为的。此后，对灾难事件相关新闻的进一步研究发现，较多暴露于自然灾害、恐怖袭击等创伤性事件相关的新闻会对人们的心理健康产生负面影响，而这也可以用“媒体抑郁论”来解释（高云涛 等，2018）。例如，在美国发生的“9・11”事件中较多暴露于相关新闻环境中的个体，更容易出现焦虑、恐惧等情绪反应，甚至出现创伤后应激障碍的症状。除了上述对情绪的影响外，基于培养理论的研究还发现了电视媒体对人们认知与观点的塑造，公众对于社会犯罪率的感知并非基于真正的犯罪发生率，而是更多受到犯罪相关新闻报道凸显程度的影响。

与此同时，新闻对个体心理与行为的影响存在着框架效应，即在新闻报道中对不同观点、角度的强调能够影响受众对新闻的加工方式，进而使个体产生不同的情绪、态度与行为反应。在对灾难性事件的报道中，与传统的播报方式相比，对救援成果、受灾者积极反应等方面内容的强调有利于降低受众由此产生的负面情绪。

近年来，随着大数据技术的发展，新闻报道由传统的文字形式逐渐发展形成了以数据采集、分析与可视化呈现为主体的数据新闻。在当前的新闻行业中，可视化数据新闻的呈现形式与作用仍处于初步的探索阶段，具有较高的新颖性与发展潜力。与此同时，由于可视化数据新闻有信息含量高、准确性高等优势，因而在社会灾难的报道之中占据了重要的地位。虽然数据与图表的加入使新闻具有更多“硬新闻”的特质，使新闻传播更加精细化、全面化与可视化，但是对灾难事件过于细致的报道也会对受众的心理健康产生不良影响（Boukes et al.，2017）。

上述研究对灾难新闻报道的心理与行为效应进行了初步的探索，但是这些研究大多在西方文化下进行的，由于中西方新闻报道媒体、形式等方面的差异，所以以上研究结果在中国文化下的适用性还并不明确。与此同时，当前研究主要关注灾难新闻对个体心理的负面影响，而忽视了其对公民助人行为等积极倾向的推动作用。灾难新闻能够第一时间传递灾情信息，引起观看者对受灾群众的共情，进而促进他们的助人意愿与行为。与此同时，谢晓非等研究者（2005）在与SARS相关的研究中提出，较高的风险感知水平同样会推动人们去参与助人活动以降低风险，所以在研究此类新闻报道的同时也对有关的积极行为因素加以考察是有价值的。

二、精细加工，放大效应

认知理论中存在一个“精细加工可能性模型”，该模型将个体的认知加工分为中心化路径与边缘化路径，态度改变的中心化路径和精细加工是密切相关的，进而提升态度对后续行为的预测。基于此，可视化与精细化程度更高的新颖新闻形式能够在负面框架下引起观看者更高的负面情绪，那么能否推动人们助人行为的产生呢？同时，正面的新闻框架能否在新颖的新闻形式下产生更为积极的心理与行为效应？

对此，研究者对正面、负面新闻框架下不同新闻形式对个体认知、情绪与助人行为倾向的影响进行了探索（Wen et al.，2021），主要关注2020年上半年新冠肺炎疫情防控期间中数据新闻播报方式对个体心理与行为的影响。通过即时与延时范式对阅读正面、负面新闻框架下仅包含数字的传统形式和加入可视化比例的新颖形式的新闻报道后，测量了人们对新闻事件的严重性认知、相关情绪和个体的助人行为倾向，旨在对新颖新闻形式对原有框架效应的放大效应进行检验，拓展对新闻心理效应的认知。

两项研究结果一致表明，在数据播报中加入可视化图形时，能够增强个体阅读后的助人意愿。本研究结果支持了灾难报道中对数据进行可视化呈现能够对个体的助人意向产生放大效应。从认知加工的角度来看，放大效应的产生可能是由于表征比例的可视化饼状图提升了观看者对新闻中数据信息加工的动机与能力，进而产生了中心化路径的态度改变。根据“精细加工可能性模型”可知，态度改变中边缘化路径与中心化的路径是同时存在的，当阅读条件更利于个体进行精细加工时，中心化路径的影响便会增加，从而提升所呈现信息对相应行为的作用。因此，与单纯的比例数字相比，呈现与之表义相同的饼状图能够帮助个体加工新闻中枯燥的数字信息，在促进个体的精细加工中是更为重要的因素。

但值得注意的是，在即时与延时两类情境下，个体受信息形式的影响存在着差异。一方面，在即时范式下个体的认知、积极情绪与行为均显著受到新颖信息形式的影响，而在延时范式下则仅对认知与情绪两方面有影响，而对行为倾向不产生影响。两项实验结果的差异可能是由于在两类情境下新冠病毒感染与受众之间的关联性和受众与自身应对潜力的认知差异造成的，在新冠肺炎疫情防控期间每个人都有较高的风险受到感染，所以对灾难的可控性感知是比较低的，因此当阅读灾难信息后更加倾向于以助人的方式以减少自身的受灾风险（谢晓非 等，2005）。而新冠病毒感染得到有效控制之后，参与者自身受影响的可能性较低，对新冠病毒感染的可控性与政府应对能力的感知水平较高，因此其助人行为更少受到信息形式的影响。另一方面，虽然表面上延时范式下采用新颖形式所产生的作用与原本“积极”的治愈框架相反，但实际上 2020 年 1 月份的治愈比例与实验进行阶段国内新冠病毒感染的治愈率相比是十分低的，而死亡比例变化较小，因此这一框架所传达治愈与死亡信息反而会在当时情境下产生负面的心理效应。基于此，在延时范式下以可视化比例的形式呈现这一信息实际上仍表现出对信息影响的放大效应。

三、新颖呈现，锦上添花

对灾难数据新闻报道中不同新闻框架下数据呈现形式的作用表明，以新颖形式呈现数据新闻能够对原有新闻框架的影响产生放大效应，并且在即时报道的情况下我们的情绪、认知和行为会受到更大的影响。与此同时，未发现在传统与新颖的不同呈现方式下观看者负面情绪的差异。与新闻中图片添加相关的研究表明，在新闻报道之中加入图片能够引起观看者更多的关注，但消极图片的加入则会增强个体的负面情绪（Keib et al.，2018）。研究中所关注的可视化数据虽然以图片的形式呈现，但其本质所传达的仍是理性的数字而非感性的情绪，因而难以引起负面情绪的增强。

可见，可视化的数据图在灾难新闻的报道中具有重要的作用，这一呈现方式能够在不引起观看者过多负面情绪的同时促进助人倾向的提升，具有很高的应用潜力，对我们的日常生活和媒体曝光均具有一定的启示：在信息呈现方式中增加一点新颖性，会出现锦上添花之妙。

14　大鱼小池　社会比较

【知行心语】大鱼小池塘效应能贴切反映出相同能力的人分别在更好或更大环境的自我概念与在更差或更小环境钟的自我概念的不同，上行社会比较会降低自我评价，下行社会比较会提高自我评价。因此，我们应清晰地认清自己和所处地环境，做出合适地调整与匹配，达到最佳地适应和发展状态。

请看图1中左图和右图中间的圆圈哪个更大？我们凭直觉会觉得左边的圆更大。实际上，这两个圆的大小是一样的，让造成我们错觉的是周围环境的对比，因此，很多时候，“令人沮丧的往往不是事实，而是比较”。与之类似，当我们身处社会之中，会无形地受到周围环境的影响，当我们在一个人才济济的环境中，我们会不会觉得自己过于平庸；而当我们身处在一个大家都能力平平的环境中，我们会不会觉得自己挺优秀的。在心理学中，有种社会比较后的大鱼小池塘效应，让我们一起来探索这种有趣效应背后的奥秘吧。

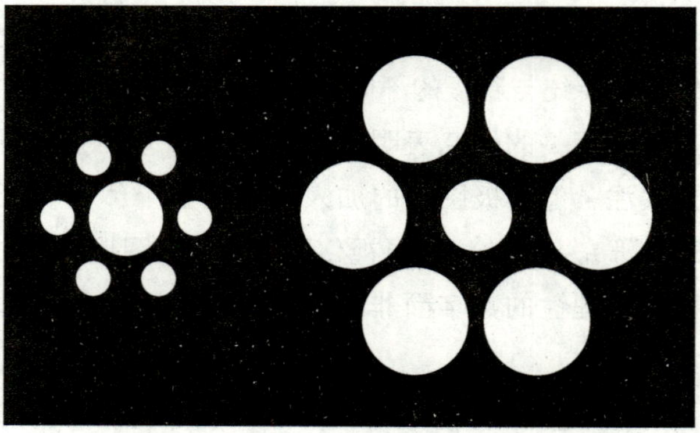

图1

一、社会比较，自我评价

社会心理学家费斯廷格在1954年提出，个体具有评价自己能力和意见的动机。当人们无法获得客观和确定的自我评价手段时，往往会通过与他人的比较来判断自己的能力。因此，参照对象和比较结果对个体的自我认知和行为有重要影响。社会比较会自发地、不自觉地影响人们的自我评价，个体通过社会比较来了解自己和他人的异同，个体一方面通过与自己相似的他人比较获得准确而稳定的自我评价，另一方面通过与周围参照框架比较获得自我完善与满足（刑淑芬 等，2005）。

社会比较对自我评价会产生同化效应和对比效应两种相反的影响。其中同化效应指自我在社会比较时，对自己的评价会朝向比较对象的方向，即在向上比较时自我评价会提升，而在向下比较时自我评价会降低；而对比效应与之相反，指自我在社会比较时，对自己的评价会背离比较对象的方向（江汶 等，2013）。

二、大鱼小池，参考框架

著名心理学家马什用大鱼小池塘效应解释了这样一种现象：对于同等能力的学生来说，进入了更优秀的班级或集体的学生获得了更低的学业自我概念（Marsh，2008）。学生进入较自身水平更好的班级或学校却没有取得更好的成绩，这与大部分家长和教师所想的不同。学校或班级平均成绩水平对学生学业自我概念产生了负向影响（江汶 等，2013）。

内外群体框架模型可以对大鱼小池塘效应形成的心理机制进行解释。根据内部参照框架模型，学生会将自己在一门学科上的成绩与另一门学科成绩进行比较。比较的结果是，成绩与不对应的学科、不同的学科的自我概念之间存在显著的负相关关系，因为对某一学术成就更积极的感知可能导致对另一学科的消极感知。例如，如果某学生在英语学科上最优秀，那么他的英语学科自我概念将会优于其他学科的自我概念。而根据外部参照模型，学生将进行一个典型的社会比较，将某一学科的成绩与本班级其他同学的成绩进行比较，或与一些外部标准（如学校规定的标准、班级排名等）进行比较。

大鱼小池塘效应是在外部参考框架模型的基础上形成的。能力相同的学生在高水平班与和自己能力相当或优于自己能力的班级平均成绩相比较，在低水平班是与等于或低于自己的平均成绩相比较。当他们从名列前茅的班级转到一流学校学习时，他们就像一条从小池塘投入到江河中的大鱼，不再有地位上的优势，学术自我概念也会受到影响（江汶 等，2013）。

三、优劣大小，知情意行

而“大鱼小池塘”中不同大小的鱼在不同大小的池塘中会怎样影响人们的知情意行呢？针对这一有趣的问题，熊胜华（2021）分别采用“班级的整体学业水平”即班级相对优劣程度（重点班、次重点班、普通班）和“群体规模”（六人间寝室、四十人班级、两百人年级）来操纵“池塘大小”，同时采用高中生最近一个月内四次语数外三科综合成绩排名的高分组、中分组和低分组来操纵“鱼的大小”，考察了高中生的群体印象评价与情绪体验水平以及离群意愿。

结果发现，以“群体规模”创设的“大鱼小池塘”情景中，随着“鱼”增大，学生的群体印象即热情评分和能力评分呈现先减后增的趋势，而离群意愿随着“鱼”的增大而降低。通过“班级的学业水平”来操纵“池塘大小”时，“池塘”越优秀，学生的对所在群体的热情评分、能力评分就越高，对自我的情绪体验水平就越偏向积极。在通过“群体规模”操纵“池塘大小”时，发现随着“群体规模”的增大，学生对所在群体的热情评分、能力评分以及对自我的情绪体验水平呈现先增后减的趋势。当通过“班级的学业水平”来构造“大鱼小池塘”的情景时，对于高分组与中分组学生而言，班级整体水平越强，热情评价呈现先减后增的变化趋势，对于低分组学生而言，班级整体水平越强，热情评价呈现先增后减的变化趋势；当通过“群体规模”来构造“大鱼小池塘”的情景时，对于高分组与中分组学生而言，随着群体规模的增加，情绪体验水平呈现先下降后上升的趋势，对于低分组的学生而言，随着小组规模的扩大，情绪体验水平逐渐降低。

可见，我们自己的资质好坏以及我们所处的环境优劣或规模大小都会发生无形的影响，这些不同的大鱼小池塘效应的背后是我们不同的社会比较动机在起作用。在移动互联网蓬勃发展的当下，社交媒体充斥我们生活的今天，我们经常被迫与过度包装的朋友圈、虚假美化的社交生活、精心修饰的完美形象进行比较，这使得我们常常感到沮丧和颓废，甚至发出要“躺平”的口号。因此，一个合适的目标非常重要，在自我提升时，尽可能与好的周围环境和他人进行相似性的比较；而自我保护时，尽可能与不利的处境进行差异性的比较。无论是同化还是对比，关键还是自我调适之后与环境的相匹配，合适的才是最好的，我们需要进一步认识自己的优劣，获得更清晰的定位，在适应环境和身边人的过程中进行合理的自我调适，以达到最好的契合和最佳的状态。

15　你我不同　将心比心

【知行心语】“子非鱼安知鱼之乐”，生活中，我们经常尝试去理解别人的想法，但是因为你我视角的不同，我们的换位思考不一定能真正地起到好的作用。而尽可能将心比心，达到自我他人融合，理性平和地去处理自己与他人的差异，会让我们的关系更融洽。

请你看看图1中的三幅图，假如在书架的背面站着另外一个人，请你从他的视角来看书架上摆了什么东西，你会看到什么？在进行这种换位思考时，你觉得容易还是困难呢？在我们现实生活中，大多数情况下，我们都会从自己的角度去看待和思考问题，如果咱们尝试从他人的视角和立场来看待问题，是不是会有新的观点和发现呢？生活中，如果我们侧重将心比心总是能产生好的结果吗？还是有时也会适得其反呢？带着这些问题，我们一起去了解观点采择的奥秘吧。

(1)　　(2)　　(3)

图1　观点采择图片示例

一、观点采择，共情想他

观点采择在社会心理学中被看作个体站在他人的立场去思考他人观点和态度的一种心理过程（吴漾 等，2014），努力采用或想象他人的视角，或者是一种通过他人的视角看待世界的认知能力（Galinsky et al.，2008），即“从他人的眼中看世界”或是“站在他人的角度看问题”。

共情和观点采择是重合度比较高的两个概念。观点采择和共情相比，通常被认为更具有认知的特质，它不仅仅专注于对他人情感的体会。虽然从概念的建构上这两者能做很好的区分，但是在研究中这两个概念又经常高度重合。我们在观点采择时的努力可能会让我们产生共情，同时共情也能诱发人们去进行观点采择。在实验操作中，这两者也很难得到清晰的区分，对共情的实验操作有时会被用来操纵观点采择，在对观点采择进行实验操作的过程中，也常常要求被试注意他人的情感。虽然有的研究者发现共情和观点采择对群体关系的影响是不同的，共情组的被试比观点采择组参与跨种族接触的动机更强（Esses et al.，2002）。但是也有研究发现当被试进行观点采择后，共情的神经基础区域——扣带前回和脑岛被显著激活（Cheng et al.，2007；孙山，2016）。

观点采择存在不同维度的结构。例如，张文新和郑金香（1999）根据采择目标本身的性质不同，将其分为空间、认知、情感三个领域。空间观点的采择是最浅的水平，它指个人在社交过程对他人相对位置的有关知识和经验；认知观点的采择是指对他人思想的认知和理解能力；情感观点的采择是指识别和理解他人感情的能力。此外，观点采择依据方式的不同分为想象的和客观的采择，两者的区别是只是在一旁观察还是真正卷入进去思考。之后，想象的观点采择有进一步细化：想象自己的观点采择和想象别人的观点采择。前者主要是注重他人对自己的感受性，后者是自己体验别人的感受（卞宁，2015）。

二、我他重叠，积极效应

在群际互动、亲密关系等方面观点采择都发挥了一些积极作用。在亲密关系中，观点采择努力程度对亲密伴侣和亲密关系都有积极的作用。人们在被引导对亲密伴侣进行观点采择之后，会导致更少的破坏性行为、更少的伴侣责备归因和更多的关系增强归因。同时，观点采择能增加低内隐自尊个体在人际关系中感知到的亲密程度（Peterson et al.，2015）。在群际互动中，观点采择能促进人们对污名群体遭受到的消极事件，做出更多的情境归因，对不公正的事件有更强的知觉，通过增强对群体的认同来对抗歧视（Todd et al.，2012）。

观点采择之所以能产生积极效应，是因为在观点采择的过程中，人们的自我表征与采择对象的表征重合程度提高。观点采择的过程中个体（自我）想象自己就是采择对象（他人），使用他的视角去看待周围的世界。在这一过程中自我和他人这两个主体的表征会出现一定程度的重合

(Galinsky et al., 2005)。自我和他人心理表征的重合，增加了自我和他人的相似性，采择对象变得更像自己，所以在评价时，自己会尽可能去减少心中已经存在的刻板印象。融合模型（自我和他人）认为在进行观点采择时会包含他人角度看待自己和将自我描述的特质归因于他人。研究者发现观点采择不仅会导致人们将自我信息应用于对他人的知觉与评价，也会导致人们更倾向于将自我信息投射到目标所属的群体之上(Laurent et al., 2011)。

在观点采择中，自我展示和目标表征有很多共同的特征。共同特征的积累是由两个不一样的认知过程来完成：一是把自己应用于他人，让他人“自我化”，也就是说，目标表征是由采择者本人模仿自我表征来建构；二是指将采择目标的特征应用于自我表现和描述中，将他人包含在自己身上，使自己更加“他人化”（Galinsky et al., 2005)。此外，观点采择不仅导致人们将更多的自我特质应用于别人，也会使我们将自我特质应用于目标群体。但是将自己应用于目标和目标团体，这其实会帮助人们减少偏见和刻板印象（Vescio et al., 2003)。

三、自我中心，消极效应

虽然有大量的研究发现观点采择在人际和群际层面发挥着积极的作用，但是近年来关于观点采择消极作用的研究也越来越多。研究者发现在竞争情境下的观点采择会激活对他人行为的自我中心理论（Epley et al., 2006)，也就是，他人的行为是出于犬儒和利己主义的动机，这些反过来导致个体表现得更加自私。

另有研究者发现，低偏见的个体对在交往中的外群体成员进行观点采择之后，对他们的喜爱程度要低于内群体成员（Vorauer et al., 2009)。而当低偏见的个体不对外群体成员进行观点采择，那么他们相对于内群体成员，会对外群体成员更为积极。观点采择也会阻碍通过群际接触使人们偏见降低的效应。在以往有关群际接触的研究中，研究者发现群际接触能够明显改善群际关系，在群际接触之后，会对外群体的态度更为积极。但是研究者发现当人们以一种共情的思维模式，去和外群体成员进行一对一的交流，并不能达到减少偏见的效果（Vorauer et al., 2009)。因为处于共情模式的个体会关注在群际交往中，他们自己被如何看待和评价，所以这时个体就更多地去考虑自己而不是他人。

可见，在观点采择的过程中，因为人们试图站在他人的角度来思考问题，难免会使得自我信息被大量使用。由于心理加工过程的不可见性，人们无法拿到他人心理活动的一手信息，就只能关注他人外在的行为表现。将自己想象成他人或是将他人想象成自己，在观点采择的过程中都有可能发生，正如研究者在研究中区分出的想象自我的观点采择和想象他人的观点采择（Myers et al.，2014）。正是这种相互的角色扮演，使得自我和他人表征的融合被看作是揭示观点采择加工的重要机制。

但是在观点采择过程中自我信息的优势并不是无条件的，首先人们的个体差异决定了对自我信息的使用存在不同，虽然对于个体而言自我信息具有高度的易得性，但是在自我信息的相对强度和使用的倾向上，不同的人可能会有不同的反应。例如，自我关注程度不同的知觉者，由于对自我关注程度上的差异，在观点采择过程中对于自我信息的使用可能也存在差异。根据对自我关注程度的不同可以分为高自我关注和低自我关注（王紫薇 等，2014）。这种关注度会在观点采择和自我/他人重合程度中起一定的调节作用，也就是说，自我信息的使用是有边界条件的。在有些条件下，对于有些个体而言，观点采择的过程中并不一定要使用自我信息来构建他人的表征，因为会导致自我和他人表征的重合（孙山，2016）。

我们尝试从他人的角度来考虑，多一个视角去将心比心，对自我、他人和社会的认识与理解均会更加理性、平和与包容。

16　脸与面子　相互尊重

【知行心语】脸面是我们为人之根本，在中国注重人情的社会中，社会互动中的脸面问题充满了智慧与艺术。“世事洞明皆学问，人情练达即文章”，脸与面子的心理实质，需要我们在生活中去实践和悟道。不论怎样，以和为贵、自信自爱、与人为善、相互尊重是根本的人际交往之道。

面子是我们中国人经常听到的一个词，鲁迅先生曾说：“‘面子’，是我们在谈话里常常听到的，因为好像一听就懂，所以细想的人大约不很多。”脸和面子是中国人特有的一种心理和行为，我们往往在反感其他的人要面子、要脸的同时，我们自己却又非常自然地追求着面子，希望自己有面子。脸和面子有什么样的心理实质或作用？脸和面子到底是什么？脸和面子有没有区别？脸与面子有哪些典型的行为？以及脸和面子在中国人中是如何进行技术呈现的？让我们一起来看看吧！

一、中国脸面，内涵不同

我们来分析一下脸和面子的概念。中国人很早在生活中就体会和运用面子、脸这样一些日常的概念，但是对于什么是面子，对于什么是脸，不同的人却有不同的说法。学者们对脸和面子的界定，也具有颇多争论。最早关注中国人面子的美国传教士史密斯在他所写的《中国人的气质》里面（也有人翻译成《中国人的性格》）指出“面子”这个词对中国人来说内涵非常复杂，其中包含的意义比我们所能描述或者可能领悟的还要多。史密斯本人对于中国人的脸和面子并没有给予充分的解释，但是他引发了很多人对中国人的面子和脸是什么的思考。

胡先进在 1944 年从词义的角度对中国人的脸和面子进行了区分，认为面子代表了社会地位或声望，是通过一个人的现实生活或者是基于成功与显耀而获得；脸则代表了中国社会对人的行为的另一类标准，是群体或社会对具有良好道德名声的个人的一种尊重。吉尔吉认为脸属于道德性的面子，而面子是属于社会性的面子。在分析了关于脸和面子的界定之后，我们认为脸和面子往往都涉及道德，涉及人的隐私，涉及人的成就，涉及人的习惯等，面子和脸是中国人正常的心理体验及行为表现，是中国社会中的一种普遍的社会现象。

面子是个人拥有或达到社会成就以及遵守日常行为习惯的结果的函数，它反映了一个人的能力实践及其习惯方式；脸是一个人履行文化道德规范以及保护自身做人尊严的结果的函数，它反映的是一个人的道德实践和基本自尊。脸和面子的内部机制是一致的，但是又有所区别。在社会互动之中，相比于中国人，西方人对于自身形象的塑造（脸）和在他人心目中的心理地位（面子）往往是一体的（佐斌，1999）。

二、脸面差异，十大体现

中国社会重情轻礼，有差序格局，在文化的影响之下，中国人一方面重视脸和面子，另一方面在脸和面子上有一定的区分。通过文献的梳理，我们发现脸和面子的区别主要体现在以下十个方面：

第一，反映内容。脸主要与遵守道德规范、隐私和人的羞耻心相关；而面子和能力、获得的社会地位和日常的生活行为习惯相关。

第二，显现性。脸往往处于心理的底层，外部可见度小，是人的自然本色或内部本色；面子的外显特征比较强，在外部就可以看到人的面子有多大。面子的大小是能够看到的，但是脸只能被体会到。

第三，数量特征。一个人只有一张脸；但是一个人可以有多个面子或多种面子，也就是说，面子存在着人与人之间的个别差异，有的人面子可以有很多，有的人面子很少。

第四，行为取向。脸重在守护，要保护我们的脸，不要丢脸；而面子是在不丢的情况下，还要增加面子，赢取面子。

第五，评价维度。脸是对一个人的德行及做人的评价，丢脸往往意味着一个人他不是人，没有脸就难以为人，难以见人；而面子是对人的财产、权力、才干等方面的一种外部评价，丢面子，伤大雅，但是不会影响这个人做人，影响程度相对较轻。

第六，影响实效。一个人丢脸的影响时间比较长，具有延时性，脸丢失以后，一个人在短期之内很难补救；丢面子影响的时效性比较短暂，具有情境性，面子丢失之后，短期内通过一定的方式可以挣回来，可以补起来。

第七，社会学习。“脸”的概念和“脸”的内涵在社会化过程中出现得比较早，婴幼儿便有了脸的一些概念，父母很早就会教孩子羞羞脸、摸摸脸等；面子比较抽象，在社会化的过程中出现得比较晚，婴幼儿不会理解面子的内涵，所以像“有面子”“你面子大”“面子小”“要不要面子啊”，对这些孩子还不太能理解。

第八，技术难度。有人认为，脸的技术比较单一，但是脸的得到和失去都是比较困难的；面子的技术很复杂，但是面子的得失比较容易。

第九，控制点。脸的控制点主要在内部，重在个人的内部体验，受他人的影响比较小，一个人觉得丢脸和不丢脸主要是自己个人的羞耻心层面的感受；但是丢面子或有面子，更多跟外部的评价相关联，受他人的影响比较大。

第十，文字起源。从汉字出现的角度来看，脸出现得比较晚，大约是在中国的梁朝，而面子出现比较早，最早就已经出现在殷商的甲骨文里面。

脸和面子虽然有区别，但是背后都是一个人在做人、做事方面上对别人评价的一种看重，是一个人具有的羞耻心。正常人都有羞耻心，羞耻心是根本，如果一个人的羞耻心外化之后，通过一种不恰当的看重或手段来维持，那就进入了虚荣心的层面。如果说一个人具有起码的羞耻心，有基本的自我了解，同时知道自己跟他人之间的关系和别人对自己的评价的客观性，那么他就会使羞耻心放大在自尊心的层面。所以有时候我们很难区分自尊与虚荣。但是无论是自尊还是虚荣，它们背后都是一个人的羞耻心在起作用。脸更多地与做人的标准有关，属于“立德”的范畴，而面子更多地跟一个人成就、才能的大小相关，跟“尚能”有关。所以我们说一个人，包括君子，要“立德”“尚能”都是从脸和面子的角度出发的基本的维护。

中国人很看重关系，就意味着对他人的评价非常重视。我们做人、做事的时候，如果别人对我们的评价不好，我们心里会难受，感到脸面无光，所以中国人重视脸和面子以及对脸和面子的区分，还在于对他人评价的一种重视，即他人的评价强化了我们的脸面观。

三、行为事件，尊重为先

中国人在人际交往中非常注重脸和面子，那么人们也就非常注重自己不要丢脸，不要丢面子，如果发生一些丢脸丢面子的事件，人们进而会根据这些丢面子的事件形成一些注重脸面行为的技术和方法。

中国人似乎在人际交往之中形成了一种面子平衡的法则。丢脸丢面子的事情也取决于不同的人，取决于不同的情境。

为了了解中国人丢脸和丢面子的一些典型的事件或者一些案例，我们也曾经对于中国人的脸面事件进行了调查，可以为我们理解中国人丢脸面事件带来一些参考，丢脸面的事件包括以下四大类行为：

第一类是违背道德的行为。凡是与公认的社会伦理道德规范相违背的一些言行，违反国家法律的犯罪行为，都会给当事人丢脸。但如果一个人遵纪守法，有礼有节，循规蹈矩，他可能是有脸或者是不丢脸。如果家庭中有一个人去坐牢，那么这个罪犯本身当然会认为他已经丢脸了，同时这个家里的人也会跟着丢脸。

第二类是能力缺陷行为。如果没把一件大家都觉得可以办好的事情办好，公认为能办到的事情没有办到，或者在某一方面的能力明显比别人差很多，这都有可能给当事人丢脸面，反之，则会增加脸面。

第三类是不良的日常行为习惯。日常生活中的不良行为习惯和一些不文雅的举止，如随地吐痰、不讲卫生、在一些小的问题上斤斤计较、讲话粗俗等等，这些都会使当事人失面子。而如果一个人在日常生活中表现出整洁、文雅、大度、文明礼貌的言行就会使这个人保持面子或者是增加面子。

第四类是隐私暴露行为。比如意外的身体裸露、一个人的隐私被人公开、私生活被人知晓、不良的或者是不好的心理被人看透看穿、一个人想要做一件不好的事情但被人事先察觉等等，都会让当事人大伤脸面。

我们可以把这四类行为事件分为两类，一类是违背道德的行为，一类是能力缺陷行为。一个是跟脸面、丢脸有关，一个是跟面子的有和无有关。

那么什么样的人容易有面子？有面子或有脸，不仅仅表现在外部评价上，同时也取决于个人对面子和行为的认识和理解。基于每个人对脸和面子的事件的判断，人们就会避免发生不好的行为让自己丢脸。同时，也会根据特定的目的和目标，在一定的场合中去展示自己，比如印象管理、自我表演等，从而使自己的脸和面子得到保护，使面子得到增加。

那么中国人对脸和面子的行为方法和技巧有哪些呢？根据脸和面子行为技术的对象、脸和面子的性质（面子是增加，还是丢损，还是维持原状）以及脸和面子行为的对象（自己、他人、群体）来看，在每一个方面都有相应的一些行为技术和方法。

行为技术就是印象管理，即中国人通过脸面行为的一些技术，来管理自己在他人心目中的印象，使自己在他人的心目中有好印象，而避免自己在公众、在他人眼里有不好的印象。同时，由于每一个人都属于一个特定的群体，比如说我们可能属于家庭、班级、学校、国家等，那么这些身份也会让个人的脸面和群体的脸面关联起来。中国文化强调“没有国，哪有家；没有家，哪有我”，这意味着个人脸面和群体脸面是具有同一性的，说明中国人的脸面行为的技术既可以是个体层面的，也可以是群体层面的。

可见，脸和面子在中国文化环境中尤为重要。从自我，到群体再到社会均有不同层面的体现，而我们如何保全脸面，挣得面子，同时也给别人留脸面，让人舒服有面子，这里面很有学问和智慧。以和为贵，自信自爱，与人为善，相互尊重是根本的人际交往之道。

17 认知动物 关联人群

【知行心语】动物在人类进化和生活中扮演着极其重要的角色，人们对动物的认识会影响人与动物的相处模式。总体而言，人们对动物的刻板印象分类包括从属、威胁敬畏、鄙夷和保护四种刻板印象簇，且存在热情优先效应，且与动物关联人群的评价之间存在匹配相似性。

动物在人类进化和生活中扮演着极其重要的角色，如食物、服饰、科研、医疗、宠物、搜寻救援、残疾人帮助等等。人与动物的关系值得研究者给予广泛关注和持续探索，它是人类活动中重要且复杂的领域。国外有研究者尝试将动物作为社会认知的对象，立足传统以人类群体为对象的刻板印象内容模型，将动物分成了低热情—低能力的鄙夷型、高热情—高能力的爱护型、高热情—低能力的从属型以及低热情—高能力的敬畏型四种不同的类型（Sevillano et al.，2016），这种动物刻板印象有助于更好地理解人们对动物的情绪和行为（Sevillano，2019）。而人们对动物的感知存在文化差异，这种基于刻板印象内容的不同动物类型在中国文化背景下存在怎样的异同？这种动物刻板印象在内隐层面是否存在？特别是，人们对动物与人类群体的感知总存在各种相似关联，如中国素有“气壮如牛”“一马当先”等将人类比作动物的说法，那么，人们对与这些动物关联的人群分别是哪些，且对这些动物关联人群的热情能力感知与对动物的感知之间存在怎样的关系呢？

一、动物刻板，热能判断

在日常生活中普遍存在对动物的固定看法，比如狗是忠诚的，狼是残忍凶狠的，马是勤劳善良的，动物是人类影响范围内的社会感知目标和有效的研究主题，研究者从生物和社会两个角度考察了在人类的社会过程中构建动物框架的适用性（Sevillano et al.，2016a），结果表明，人类感知动物的方式类似于感知其他人类的方式。例如，人们认为阉马是冷静、可靠、安全的，种马是专横和可训练的（Fenner et al.，2019）。基于人类与动物的相似性，在动物中，攻击性、友好倾向反映了对动物意图的感知（热情），而敏锐度、力量和速度等一些感官－身体能力反映了对动物能力的感知（能力）。

Sevillano 和 Fiske（2016）首次基于刻板印象内容模型对动物的热情和能力感知进行了探索和检验，结果发现，与人类的刻板印象群体划分相似，热情和能力两维度也能够将不同的动物种类划分成四个群体簇：一是从属刻板印象，代表性动物包括农场动物、兔子和鸟类等，通常被认为是高热情和低能力的；二是威胁敬畏刻板印象，代表性动物包括狼、狮子、熊等，通常被认为是低热情和高能力的；三是鄙夷刻板印象，代表性动物包括无脊椎动物、啮齿动物和爬行动物，通常被认为是低热情和低能力的；四是保护性刻板印象，代表性动物包括狗、猫、马、黑猩猩和猴子等，通常被认为是高热情和高能力的。

二、关联人群，相似感知

动物陪伴人类的历史可以追溯到数千年前，在漫长的历史长河中，人类和其他动物之间逐渐形成了强烈的互相依存关系（Waal，2009）。在中国历史上，由于一些动物具有威猛强大的能力和特殊的禀赋，或者因为它们与自己的氏族在灵魂和力量上有密切的关系，人们就会崇拜这些动物，比如西安半坡遗址陶器上的鱼纹、殷商青铜器上的云雷纹和饕餮纹，都是人们崇拜动物的体现。还有《史记·五帝本纪》中提道："炎帝欲侵陵诸侯，诸侯咸归轩辕。轩辕乃修德振兵……教熊、罴、貔、貅、貙、虎，以与炎帝战于阪泉之野。三战，然后得其志。"这里所提到的动物并不是真正的动物，而是以这些动物为图腾的各个氏族，这说明在早期历史上就已经存在用动物来代表人类特质的情况。

除此之外，中国文化下也有很多将人比作动物的词语，比如过街老鼠（人人都痛恨的坏人）、百足之虫（有实力基础的势力）、贼眉鼠眼（鬼鬼祟祟的人）、千里马（德才兼备、大有作为的人）、地头蛇（独霸一方的人）。再加上中国有生肖文化的存在，人类与动物之间有特殊的情感联系。在这一方面，已有研究也提出动物感知和人类群体感知之间的关系是心理学者关注的焦点（Amiot et al.，2015），研究表明人们具有人—动物相似性的感知（Sevillano et al.，2016b），比如长着娃娃脸的人比较招人喜爱，同样人们对待动物也是一样，更喜爱长着娃娃脸的动物。再者，对人和动物之间相似性的认同程度也能够影响人类对动物的态度。

综上，人们不仅会用动物来代表人类，将人比作动物，而且对人类和动物的感知存在相似性。

三、内隐感知，评价匹配

在西方文化下存在基于热情、能力的动物刻板印象，但不同地理区域的动物类型及人们对动物的感知可能存在文化差异，中国人的动物刻板印象内容需要进行本土验证与探索。虽然人们普遍认同动物刻板印象的存在，但是缺少内隐方面的研究。目前动物刻板印象的研究主要还是关注动物，较少对不同刻板印象的动物相关联的人类群体进行研究，也很少有研究探索人们对动物和动物关联人群的热情、能力匹配评价规律。鉴于此，佐斌等人（2021）聚焦动物刻板印象及与人类群体相互关联的问题，一方面从外显和内隐层面来探索和检验刻板印象内容模型在中国文化背景的动物感知中的适用性；另一方面，揭示出动物和动物关联人群的热情、能力感知规律。结果进一步检验了动物刻板印象在外显和内隐两个层面的存在，在内隐层面发现了热情优先效应在动物刻板印象中的存在的证据，也发现动物和动物关联人群在热情与能力评价之间存在匹配相似性。

1. 中国人的动物刻板印象及内容特点

首先，佐斌等人（2021）通过提名法和特质词评定法，结合聚类分析考察了中国人对动物的热情和能力评价，从而获得 25 种动物在热情与能力高低的 4 种组合下形成的 4 种刻板印象簇。与西方文化背景下 Sevillano 和 Fiske（2016a）所发现的 4 类动物刻板印象群体一致，表明了刻板印象内容在动物这种社会认知对象中使用的文化普适性。这种中美文化一致性可能根植于动物刻板印象的起源和进化适应价值（Sevillano et al.，2019）。

此外，中国人所提名的 25 种动物存在一定的文化差异性。具体而言，从提名法所得的 25 种动物可以看出，中国被试提名的动物依次是狗、猫、老虎、鸡、猪、兔子、猴子、蛇、狮子、羊、大象、牛、马、鱼、鸭、熊猫、老鼠、长颈鹿、豹子、熊、鹅、狐狸、鲸、蜥蜴、虫子；而 Sevillano 和 Fiske（2016a）研究中美国被试提名的动物依次是狗、猫、狮子、老虎、大象、猴子、马、熊、鸟、蛇、长颈鹿、牛、斑马、仓鼠、老鼠、鱼、兔子、猪、耗子、河马、蜥蜴、鸭子、小鸡、鲸、豹子。综上可以看出，中美提名的动物存在一定的共性，都提名了一些日常生活常见动物，比如狗、猫、鱼等；但也存在一些文化差异性，就像中国人提名的熊猫、鹅、羊等，这些是中国人所熟知的，但美国人更多提及了河马、斑马等自然界的野生动物。这可能与动物在中国传统文化中具有特殊意义有关（马玉堃，2015），一方面，因为中国具有以动物作为生肖的独特文化，另一方面，在中国文化下，人们通常将一些喜爱和欣赏的动物赋予特殊寓意，比如狗、羊、马、虎分别被赋予了忠、孝、节、义的含义，“鲤鱼跃龙门”用以指代状元及第，这些文化差异也表明人们对动物的感知是社会文化建构的产物（Marcu et al.，2007）。

2. 动物刻板印象的内隐感知

进一步，研究者使用情感错误归因程序 AMP 范式，通过实验考察了人们对动物刻板印象的内隐感知（佐斌 等，2021）。发现当刺激是高热情、高能力的动物时，被试将目标刺激判断为热情的概率高于将其判断为能力的概率，这表明两个维度都是高分时，热情维度是有一个优先效应的；当刺激是低热情、低能力时的动物时，被试将目标刺激判断为能力的概率高于将其判断为热情的概率，这表明两个维度都是低分时，被试更不能容忍低热情，所以选择了将该类型动物反应为能力动物。当动物刺激中不包含高热情，被试将目标刺激判断为能力的概率均高于将其判断为热情的概率，这说明被试能够在内隐层面感知到动物的热情、能力水平，并且热情维度存在优先性。这些发现首次检验了动物刻板印象在内隐层面的存在，且从侧面证明了热情优先效应在动物刻板印象中的存在，这与以往研究中以人类群体为对象所发现的热情优先效应相符合（佐斌 等，2020），也与人们对高热情动物表现出喜爱之情，对低热情动物表现出厌恶之情的发现相吻合（Sevillano et al.，2016a）。

3. 动物与关联人群印象评价的匹配性

最后，研究者通过特质词评定法，探索了中国文化下与不同动物对应的关联人群，并进一步探索了二者在热情和能力两维度上评价的匹配性（佐斌 等，2021）。结果发现，大部分的动物和动物关联人群间都存在相似的热情—能力评价模式，并且这种相似性在一定程度上是产生关联的基础。比如 LW-LC（低热情—低能力）的动物和其关联人群出现了比较高的重叠现象：鼠、蛇、蜥蜴这三种动物的关联人群均为腐败分子，且这三种动物和腐败分子的热情—能力评分不存在明显差异，并且我们经常用鼠蛇之辈形容这些群体，这也说明某些动物具有污名化作用；HW-LC（高热情—低能力）的动物和其关联人群的热情、能力评分没有显著差异；HW-HC（高热情—高能力）的动物和其关联人群的热情评分没有显著差异；LW-HC（低热情—高能力）的动物和其关联人群的能力评分没有显著差异。这些结果说明了动物和关联人群在热情、能力上的评价具有相似性，这些相似性使我们更好地理解人和动物的关系。总的来说，这些发现为人类与动物关系中的人—动物相似性感知提供了新的证据和研究视角。

这些有趣的结果可以帮助人们更好地理解人类与动物的关系，即动物刻板印象能够用于解释人类会如何对待动物。此外，日常生活中，当对某个人不熟悉时，有可能会基于人和动物评价的相似性来将动物的特征赋予人，这些发现为人们在人际交往和人事决策中的印象管理提供了重要的实践启示。

第三篇　影响篇

“明月松间照，清泉石上流”，唯美的画面勾勒出社会心理学“影响”的谜底。我们在人际、群际和社会交往互动中更深刻地认识、理解和实践人存在的本质与价值。作为社会中人，我们身处社会之中，无时无刻不被影响；同时作为社会之人，我们也会主动地发挥影响，在多样的社会关系中成就美好之我。本篇从人际、群际和社会交往互动三个层面出发探讨了社会心理学中存在的一些特殊心理现象，试图揭开隐藏在社会表象之下的社会关系的神秘面纱。

人际交往是人与人之间通过一定方式进行接触，从而在心理和行为上发生相互影响的过程。人际关系中的人们可以借助各种情绪、言行等心理策略和技巧来影响对方，以达到其预设的目的：巧用心理策略能赢得认同和支持；洞悉人性能在人际关系中掌握主动权；见微知著能帮助解密心灵密码。本篇第一部分揭示了人际关系发生发展和变化的一般规律与机制，通过不同的人际交往的侧面分别探讨了人际知觉、人际影响、人际吸引、人际冲突和群体行为等对人际关系形成与发展的影响，使我们正确把握人际关系的本质，建立和发展和谐的人际关系。

人际是个体与个体间的互动，而由一个特定个体组成的群体与其他群体之间的关系，则被称为群际关系。社会心理学研究的宗旨是相同的：探索个体与群体之间的关系以及关于认知、群体间的知觉、行为、态度的驱动力等。从本质上来说研究的宗旨其实就是解读内群体及外群体之间的区别。很显然，这种倾向性是全球性的，无论哪个国家的人都习惯将人群分成“我们”和“他们”。群际关系部分探讨了内群体偏好、外群体贬损、群际隔离、群际歧视等问题，通过对群际问题的解读去引发读者思考如何在保持群体内凝聚力和忠诚度的同时尽量减少和抑制群际隔离所带来的消极影响等。

社会关系是一切人际和群际关系的总和。从现实性上讲，社会关系贯穿于人类社会发展的始终，反映在社会生活的各个领域和方方面面。从理论上讲，人类从事的一切生产活动，无论是物质生产、精神生产还是人类自身的生产及其取得的文明成果，都是在一定的社会关系视阈中得以展开和获得的，离开社会关系的生产活动是极其抽象的。知晓社会关系的作用方式及本质，可以让我们更好地了解社会，融入社会。

身处社会之中，社会的政治、经济状况、道德风貌，对人的思想行动都会发挥影响。在现实社会中，每个人不是与外界隔绝的孤立个体，而是作为社会的成员活动着，社会中的各种条件会对人产生直接或间接的影响。本篇不仅希望能够使读者认识、理解人际、群际和社会关系三者的机制和它们之间的关系，而且更希望可以给予读者生活上的启迪！

01 珍视有你 要你安好

【知行心语】 进化适应的爱情心理在我们的一些行为中会微妙地反映出来，比如，女性更不愿意将有吸引力的偏女性化的同性介绍给自己的男朋友或伴侣认识，即存在配偶守卫心理。同时许多女性也会愿意做好伴侣的贤内助去提升自己伴侣的质量。不管怎样，活在当下，珍惜既有，是人们处理各种关系的黄金法则。

毛姆在《月亮与六便士》中写道："一般来说，爱情在男人身上只不过是一个插曲，是日常生活中许多事务中的一件事，但是小说却把爱情夸大了，给予它一个违反生活真实性的重要的地位。尽管也有很少数男人把爱情当作世界上的头等大事，但这些人常常是一些索然寡味的人。即便对爱情感到无限兴趣的女人，对这类男人也不太看得起。女人会被这样的男人吸引，会被他们奉承得心花怒放，但是心里却免不了有一种不安的感觉——这些人是一种可怜的生物。男人们即使在恋爱的短暂期间，也不停地干一些别的事来分散自己的心思：赖以维持生计的事务吸引了他们的注意力；他们沉湎于体育活动；他们还可能对艺术感兴趣。……作为坠入情网的人来说，男人同女人的区别是：女人能够整天整夜谈恋爱，而男人却只能有时有晌儿地干这种事。"可见，亲密关系中也存在着性别差异，且这种差异以微妙的方式存在于人类择偶的配偶守卫与质量提升中。

一、珍视有你，配偶守护

首先，请你看图 1 中的男性和女性配对面孔，在你看来左边和右边，哪边的面孔更男性化，哪边的面孔更女性化？仔细观察可以看出，不论是男性面孔还是女性面孔，均是左边更男性化，右边更女性化。下面，请进一步想象，你现在需要选择一名女性和男性介绍给你的情侣或伴侣认识，你是倾向于选择长相偏男性化还是偏女性化的女性/男性面孔呢？在面对这一选择时男性和女性读者是否会存在差异呢？如果存在性别差异，其背后又隐藏着怎样的择偶机制呢？让我们一起来揭开这一有趣问题的神秘面纱吧。

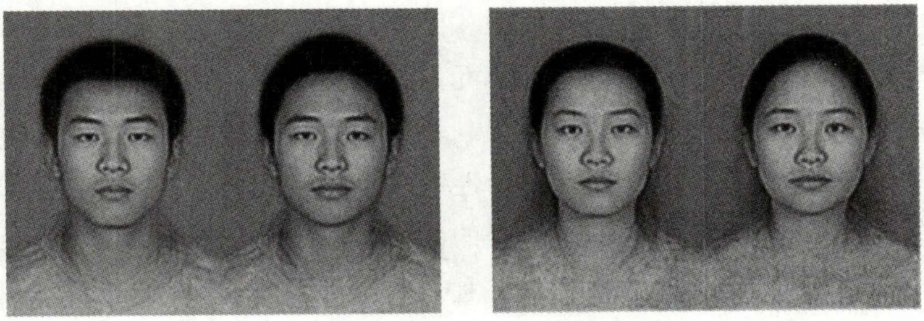

图 1　男性化和女性化的配对面孔

伴侣（本研究中指情侣和伴侣）的质量和忠诚是人类在进行择偶时看重的两大指标。人们总是在找寻值得信任或忠诚的伴侣，一旦确定了关系，他们就会小心地保卫配偶，防止潜在“第三者”进行抢夺，以此来确保其忠诚。同样，人们在择偶中也注重伴侣的质量，特别是与高配偶价值密切相关的品质，如身材吸引力、生育能力、社会地位和经济收入等。由于这些质量往往会因衰老、生活方式和社会流动性等过程的波动而发生改变，因此人们可能会积极维护伴侣的质量，以防止其贬值，并寻找机会帮助伴侣提升自己。

从进化心理学的角度来看，两性在密切的合作之外还存在着许多冲突。在求偶过程与亲密关系中，两性常常因为进化利益而产生矛盾。这一矛盾往往带来了强烈的嫉妒情绪和保卫配偶的各种手段，以避免配偶不忠。研究者发现了一系列配偶保卫策略，这些策略包括隐藏配偶、保持警惕、占领配偶的时间以及贬低竞争者等。

隐藏配偶是两性用来留住配偶的重要策略之一。正如雄黄蜂在发现其他雄性时会立刻带走它的配偶以避开追踪，两性也会隐藏自己的配偶。例如，不携带配偶参加有异性在场的聚会，避免配偶认识异性朋友，禁止配偶和异性交流等。这一方法确实有效，它减少了配偶和其他竞争者的接触，既降低了其他竞争者挖墙脚的可能，也减少了配偶寻求其他择偶机会的机会。

除隐藏配偶外，通过造谣、中伤和含沙射影的讽刺来贬低竞争者的名声、诋毁竞争者也是成功保卫配偶策略的一部分。诋毁策略利用异性的择偶心理机制发挥作用，使异性消极看待竞争者的某些重要品质，比如女性容貌和性不忠之间的关联。在荷兰、韩国和美国三种文化背景下，相比于男性，更多的女性报告说，当竞争者的相貌更出色或身材更具吸引力时，她们受到的困扰更多。在人类进化过程中，男性在择偶时看重性忠诚度，且在长期关系中更在乎。因此，对女性而言，贬低竞争者的性忠诚度是保卫配偶的有效策略。而且，女性采用诋毁对手的性忠诚度和私生活方式的手段比男性更明显，也更有效。一些研究为女性同性竞争现象提供了强有力的证据——女性对性感的同性更苛刻，并且会责难那些（性方面）看起来更容易获得的同性，例如，研究发现，几乎所有女性都会负面评价那些有吸引力并且表现出性挑衅的女性。并且，女性表现出的配偶保卫行为也非常明显，如不介绍这些女生给自己的男朋友认识，不允许男朋友与她们单独相处，也不想跟她们做朋友。女性与情敌之间的竞争反映了她们对男性择偶偏好的敏感性。

二、亲密关系，价值差异

处于亲密关系中的双方知觉到的配偶价值差异是影响配偶守卫的最突出的情境因素之一。一方面，对男性而言，配偶的年龄和外表吸引力共同决定了她对自己繁衍后代的价值，进而影响到男性对配偶的保卫行为。通常情况下，女性的生育能力随年龄的增长而下降，直至绝经后完全消失，繁衍后代的价值降到最低，所以年龄是影响女性繁衍后代价值的重要因素。妻子越年轻、越漂亮，意味着其繁衍后代的价值越高，丈夫也越倾向于使用各种策略保卫自己的妻子。研究确实发现，男性与年轻女子结婚后，会在保卫配偶上投入更多的精力，比如更多地使用隐藏伴侣、情感操纵、通过言语释放占有信号、令妻子佩戴占有性的装饰，以及使用暴力行为手段应对其他试图接近妻子的男性。

另一方面，对女性而言，如果配偶的社会地位、经济收入较高，她们也会更多地采用配偶保卫策略。虽然其他因素（比如男性的外表吸引力、忠诚等因素）也可以体现男性的配偶价值，但进化心理学提出，男性的社会地位和经济收入往往是男性配偶价值最直接的反映。在许多社会中，社会地位和经济收入较高的男性非常容易拥有追求者，当妻子的繁衍后代的价值远低于丈夫，二者的配偶价值差异较大时更会如此，因此妻子不得不投入更多的时间和精力去保卫配偶。

影响男性和女性采用配偶保卫策略的情境线索存在明显差异。诱发男性保卫配偶的线索主要是生理上的，稳定且不可变，如女性的外表吸引力、年龄等，而诱发女性主动采用配偶保卫策略的线索主要是社会性的、可变的，如男性的社会经济地位等。相对而言，后者的实质可变性远远大于前者。虽然女性的外貌可以通过整容手术等手段在一定程度上发生改变，但相比较男性通过自身努力提高自己的社会地位和收入，这些手段的可得性、有效性、社会包容度较低。而且通过整容改变的外貌不能真实地反映繁衍后代的价值，也比较容易被发现。

存在于配偶保卫线索可变性中的性别差异引出了一个有趣的假设，即由于诱发女性主动采取配偶保卫策略的线索具有社会性与可变性，那么，当女性解决了两性进化利益冲突，成功地保卫住了自己的配偶后，便可能会主动地帮助配偶提升这些品质。男性的忠诚度得到了保证，想方法让配偶对自己抚育后代更有帮助则变得重要起来，在这一点上男性的社会地位与经济能力均十分关键。相反，男性则不可能去尝试提升伴侣的质量，因为女性的配偶价值稳定不可变。因此，在日常生活中，女性更愿意在事业上帮助她们的伴侣，让自己成为贤内助，而男性则对年轻、生育能力强的女性表现出稳定和跨文化一致性的偏爱，对可能破坏他们目前亲密关系的随意性行为也更加包容。

三、要你安好，质量提升

以往研究指出面孔的性别二态线索与不同性别个体繁殖价值和能力身份地位存在一定的联系。已有研究一致表明女性化的女性面孔更具吸引力，女性化反映了女性雌性内分泌激素水平较高，表明女性生育和生殖能力较强。男性化与睾酮激素水平存在正相关关系，研究表明当男性通过努力提高自己的身份地位时，睾酮激素很可能会上升；青春期男孩的高睾酮水平可以作为特定阶段下社会成功的标志，睾酮激素在人类社会行为中可能发挥着寻求、维护社会身份地位的作用。此外，男性化男性的支配性更高。简言之，性别二态线索的研究表明，女性的女性化特征往往代表着较高的繁衍后代的价值，而男性的男性化特征往往与较高的身份地位和支配性有关。

研究者探讨了性别二态线索对配偶保卫和质量提升的影响（Zuo et al.，2018）。在呈现具有不同性别二态线索的面孔后，向被试提供多种配偶保卫和质量提升的行为策略，让被试选择自己可能采取的行为策略。结果发现，女性更倾向于诋毁女性化同性且更不可能将其介绍给自己的伴侣认识时，表现出了明显的配偶保卫策略，而男性则不论同性对象是男性化还是女性化，均不愿意介绍他们给自己的伴侣认识，总体上表现出更强烈的配偶保卫策略；女性认为男性化的男性能力更强且更有吸引力，并倾向于将其介绍给自己的伴侣，这一行为与配偶质量提升策略相一致，而男性则没有表现出类似的行为。总体取向是，“珍视自己的伴侣，希望自己的伴侣好”。可见，作为繁殖价值的微妙线索，男性化与女性化特征与生物进化的配偶保卫、质量提升策略密切相关。

正如英国诗人蒲柏所言：“自然界的所有差异，换来了整个自然界的平静。”心理学家们也一直在关注着自然界普遍存在的性别差异，进一步揭示性别差异，为探寻神秘复杂的人性寻找答案，是值得心理学家们探究的重要方向。

可见，无论是在自我成长还是亲密关系中，矛盾是一种存在的常态，人们总在进行着各种调适权衡，比如，在浪漫爱情中，我们希望爱人一直守护在我们身边，同时，我们也希望他或她变得更好，而变好后又担心他或她不再守护在我们身边，这种矛盾的循环中让我们更清晰地感受到人心和真情的可贵。不管怎样，活在当下，珍惜既有，是永恒不变的法则。

02 解密爱情 美好甜蜜

【知行心语】爱情是甜蜜的，也是我们美好生活的必需品，给予我们前进的动力和源源不断的能量。在斯滕伯格的爱情三元理论中，亲密、激情和承诺组成了一份完美的爱情。在我们中国人的爱情中，接纳、关爱、激情、爱情价值观和浪漫是重要的心理结构。真爱是情投意合、相互独立，真爱是甘心付出、不图回报，真爱是共同努力、彼此成就，真爱是牵肠挂肚、惺惺相惜。

请想象一下，假如一个人具有很多优秀的品质，但是你不爱他/她，那你会不会嫁给他或娶她呢？或许我们大多数人的答案是“不愿意”吧。爱情是什么？在回答这个问题之前，我们不妨先想一想自己和爱的人在一起时的感觉。如果站在你爱的人面前，你的心跳会加速；与爱的人四目相对，你甚至会害羞；与爱的人说话，有的话可能会难以启齿，讲不出；你的爱人在哭泣，你会陪他/她一起哭；如果爱的人要离开，你或者会泪流满面，或者闭上眼睛，忍住自己的泪水。所以爱是什么？爱可以是跟自己爱的人在一起时的感觉。爱情现象本身十分复杂，它奇妙却又难以捉摸，每个人会经历不同的爱情故事，那么爱情到底是什么？可以作为科学问题来研究吗？关于爱情，社会心理学家进行了哪些有趣的探索呢？让我们一起来看看吧！

一、什么是爱，心的依恋

爱，是人类社会普遍的一种情感，但是要回答什么是爱，可能并没有一个完美的答案。有人说，爱是一种美妙的感觉。爱一个人，心里会特别地坦然和安心；爱一个人，有时候又怕和他/她在一起；爱一个人，愿意不停地为他/她付出；爱一个人，心里希望可以随时找到他/她。所以爱情，是非常奇妙的东西。这中间蕴含着丰富的情感，喜怒哀乐有之，喜怒哀乐因之，喜怒哀乐为之。因此，爱情似乎又难以解释，难以界定。

因为爱情的复杂和美好，且与我们每个人都密切相关，所以我们都在努力寻求爱情的真谛。爱情，也是社会心理学研究的经典课题，其定义有广义和狭义的区分。广义的爱情泛指存在于各种亲密关系中的爱，包括人际关系中的亲近、悦纳、共承、同情、共鸣等。狭义的爱情，是我们讲的异性之爱，是人际吸引最强烈的形式和高级状态，是心理成熟的两个个体之间产生的具有浪漫色彩的高级情感。所以依据这样的一种定义，我们大家所谈论的爱情，主要还是异性之间的专一的、独特的、奇妙的一种狭义爱情。心理学对爱情的特征也作了分析，认为有四个基本的特点（佐斌，2009）：

第一，爱情是自主和互爱的。爱情是一种复杂、神圣、崇高的感情活动，它是由两颗心灵共同演奏出来的自然和弦。真正的爱情，可遇不可求，只能以双方的互爱为前提。所以当事人，既是爱者又是被爱者。在爱情的发展过程中，恋人必须始终处于一种平等互爱的地位。

第二，爱情是专一和排他的。爱情是两颗心的共鸣，男女一旦相爱就会要求对方忠诚于自己，相互忠贞，排斥任何第三者对当事人一方的影响。我国的教育家陶行知先生曾经很形象地说过：爱情之酒，甜而苦，两人喝是甘露，三人喝是酸醋，随便喝要中毒。这句话形象地说明了爱情的专一性和排他性。

第三，爱情是持久和分阶段的。爱情持续存在于婚前的恋爱整个过程和婚姻之后的夫妻家庭生活。爱情的持久体现在它会不断地发展、升华、充实和提高。戏剧家莎士比亚曾经说过："真正的爱非环境所能改变，真正的爱非时间所能磨灭，真正的爱给我们带来欢乐和生命。"真正的爱情不会随着年龄的增长而减弱，但在人生的不同年龄阶段中爱情的表现方式不同，所以它也具有一定的阶段性。

第四，爱情还具有社会道德的属性。爱情虽然是两个个体之间的相互爱慕的一种情感，看起来是一种私人情感，是个人之爱，但是爱情的内涵本质、爱的方式都必然会受到各种社会关系、社会情境和社会文化的影响。所以爱情的道德性意味着要对自己的爱人有强烈的义务感和责任心，为对方付出，甘于奉献。我们也发现不同的文化和不同的国家对爱的理解、形容方式存在一定差异。我们中国人以往在谈论爱情时往往是"爱你在心口难开"。我们中国人表达爱意时十分含蓄，甚至含蓄到需要通过媒人或者他人来介绍，在这样的情况下，才可能让我们爱慕的人知道我爱他/她，我想和他/她在一起。而欧美人士的爱可能比我们中国人更直接，他们喜欢一个人可能会大胆热烈地说出“I Love You”。这个和我们中国人的爱情表达还是有差异的。所以我们谈论中国人的爱情，理解中国人的爱情特点的时候，还要考虑爱情和文化的一致性。

二、爱的成分，遇见真爱

要理解爱情，就要明白爱情包含什么样的成分。在爱情心理学中，对爱情的成分研究确实非常多，其中影响最大的，应该是美国心理学家斯腾伯格的爱情三元理论。他认为爱情是由三个因素所构成的，包括亲密、激情和承诺。亲密主要是两个人之间一种亲近温馨的体验，简单来说就是能让人感到温暖。那么怎么样判断你的爱情的亲密的成分呢？斯滕伯格进一步提出了亲密所包含的十个要素。第一是渴望促进对方的幸福。第二是跟爱人在一起的时候自己会感到幸福。第三是共同分享美好的时光。第四是尊重对方。第五是相互理解。第六是与爱的人分享自我，甚至分享自己的物品。第七是能获得对方感情上的支持。第八是给对方感情上的支持。第九是亲切的沟通。第十是珍重对方。

激情是一种强烈的渴望与对方结合的心理状态，与对方见面时会有一种怦然心动的感觉，跟对方相处时会有一种兴奋的体验。特别是在激情中，人们认为“性”的需要是引起激情的主要原因和形式。其他，如一个人的自尊、被关照、归属感、支配欲、服从感，都有可能是唤醒激情体验的源泉。

承诺，有短期承诺和长期承诺。短期承诺是一个人要做出是否爱另一个人的决定，当跟一个人交往，觉得他人很好，你是爱他还是不爱他，有了这样一个短期的决定，才有后续的长期的决定。长期承诺是进一步做出维护爱情关系的承诺，包括对爱情的忠诚、责任心，也就是我们在结婚的时候，结婚的誓词里主婚人问，愿不愿意嫁给对方，回答说我愿意。这样一种愿意，这样一种承诺就是患难与共、至死不渝。中国人说的白头偕老就是这样一种责任感。短期承诺和长期承诺，它们有时候不一定同时具备。比如决定爱一个人，但是不一定愿意承担责任。或者是，有时候我们给爱的人一定的承诺，但是又决定一辈子只爱他，但又不一定会说出口，不一定在语言上有这份承诺。所以这两种情况都是存在的。

总之，亲密，是两个人互相喜欢的心理感觉，包括对爱人的赞美、照顾爱人的愿望、自我的袒露和心灵的交流。激情是一种情绪上的、对恋爱对象的一种着迷。一个人的外表、长相和内在的魅力，都是影响激情的重要因素。承诺是人内心或口头上对爱的一种期许，是爱情中的理性成分。所以有人说亲密是温暖的，激情是热烈的，承诺是冷静的，这是爱情三元结构中三个成分之间的差别。

斯滕伯格的爱情三元理论对我们分析了解中国人的爱情心理结构也是有启发的。研究者借鉴该理论，采用开放式问卷和词语评级问卷来收集数据，通过因素分析对中国人的爱情心理结构进行了探讨（王娟，2006)。结果发现了中国人的爱情心理结构包含五个因素。第一个因素——接纳，主要是指恋爱双方彼此之间的认同、信赖、默契和沟通，以及交往中的安全感。第二个因素——关爱，包括对对方的关心、支持，双方间的理解、包容和彼此的珍惜感。第三个因素——激情，包括性、身体接触、外貌以及在恋爱过程中的兴奋感。第四个因素——价值观，既包含着人们对婚姻关系的承诺，也包含着对爱情关系与家庭关系的看法、对爱情是否长久的观念和看法。第五个因素——浪漫，包括恋爱过程中浪漫的体验和情趣、快乐、激情和爱的新鲜感。

国内学者发现的五个爱情的成分和斯滕伯格的爱情三元理论之间虽然不相同，但也有某种关联。事实上不论是在斯滕伯格的激情的成分中间，还在中国人的爱情观中间，都会区分成性的和身体吸引方面的激情，以及温馨、浪漫这两个部分。但在斯滕伯格的激情中间，温馨、浪漫和性的吸引和身体是合一的。另外斯滕伯格的亲密，在我们中国人的爱情观中间，分成了接纳和关爱两个部分。在承诺的方面，我们中国人的爱情观中间，特别地赋予了爱情的价值观。可见，除了斯滕伯格的爱情三元理论启发以外，我们中国人的爱情独特性也是值得我们注意的，斯滕伯格还根据激情、亲密、承诺三种成分的组成不同，将爱情划分成八种不同的类型，这八种类型实质是七种，其中有一种叫作无爱，另外七种是跟爱相关。这八种不同的爱情是亲密、激情、承诺三种成分的不同组合，也就是说你在爱情当中，你和爱人关系在这三个当中有哪些成分。

斯滕伯格将爱情区分成这样几类：第一类是喜欢之爱，对一个人的感觉只有 like you，而没有 love you，那么前者只包含亲密这一成分，两个人在一起感觉很舒服，但缺少激情，也不一定愿意终身厮守，这就是喜欢之爱。第二类是迷恋之爱，只包含激情成分，觉得对方有强烈的吸引力，如初恋一般，初恋就是一种受到本能牵引和导向的一种青涩的爱情。第三类是空洞之爱，只包含承诺成分，纯粹出于婚姻或者其他社会目的找一个人建立所谓爱的关系。第四类是浪漫之爱，包含亲密和激情成分，但是没有承诺。这样的爱情重视爱的过程，爱得轰轰烈烈，但是不追求爱的结果。第五类是伴侣式爱情，包含亲密和承诺成分，但是缺乏激情。第六类是愚蠢之爱，包含激情和承诺成分，但缺少亲密，没有亲密的激情是一种生理上的冲动，同样没有亲密的承诺也是空洞的。第七类是完美之爱，有激情，有亲密，也有承诺，从这个意义上来讲，真正的爱情具备爱的三个成分。所以前面所说的，喜欢之爱、伴侣之爱、空洞之爱等等都不是真正的爱情，这是七种爱情的类型，在斯滕伯格看来另外一种爱情既没有亲密，也没有激情和承诺，就叫作无爱。

但在现实中类爱情和非爱情是比较常见的，而真正具备三要素的爱情很少见，是一种理想化、超现实的爱情，所以我们都非常向往。这种超现实的爱情追求对我们每一个人的爱情和心理行为具有重大的牵引作用。

三、真爱无我，懂得珍惜

在我们的人生旅途中，遇见真爱是一件非常幸运的事情。那么如何更好地去爱呢？这里有六方面的建议：第一，爱（LOVE）要保持四颗心，L 代表 Listen（倾听），在爱中我们要善于倾听爱人的所思所想，以产生心灵的共鸣和彼此相知；O 代表 Obligate（感恩），对于爱人要心怀感恩，珍惜这份彼此间的幸运；V 代表 Valued（尊重），尊重对方，愿意去支持、帮助和成全彼此，让彼此成为更好的自己；E 代表 Excuse（宽恕），在爱情中更多的包容、适当的妥协，会让爱情更长久。第二，爱要彼此信任，在爱情中信任非常重要，“爱我就信我”，既然选择和认定了，就好好地信任这份爱。第三，爱要付出和奉献，真心爱一个人时，我们一心希望对方好，心甘情愿为对方奉献和付出，不管对方是否回报，我们从来不计较，更享受那份为对方分担的心。第四，爱要表现和表达，我们的爱需要进行表达，不论是甜言蜜语，还是默默行动，甚至一个确认的眼神，都会让人心生欢喜。第五，爱情是双方的情投意合，爱不是单向的，爱需要双方的互动，是你情我愿的彼此选择、心有灵犀的惺惺相惜、彼此牵挂的心电感应。第六，爱是积极期望效应和满意，人无完人，在爱中，我们可以遵循“51%法则”，比 50%平均水平多出的 1%便是爱情价值，是我们最看重爱人的那部分，一旦选择了，就对爱人给予更多积极的期望，我们的爱情也会越来越朝着美好和满意的方向发展。

Life，Live，Love。生命、生活到爱，真爱时，已无我（I）。世间最珍贵的东西不是得不到和的已失去的，而是现在能把握的幸福。能与相爱的人在一起，不只是人生的意义，更是人生的幸运。真爱需珍惜！

03 确认眼神 正视偏好

【知行心语】“确认过眼神，我遇上对的人”，这朗朗上口的歌词背后也隐藏着有趣的心理学奥秘。相比斜视而言，我们更偏好正视的脸，同时也更喜欢微笑的面孔。因此，在人际交往中，保持微笑，真诚地与对方进行眼神交流，会让交往更顺畅，同时也会让你更受欢迎。

请想象如下场景：你和一个人在聊天，相比对方正面看着你，和他眼睛看着别的方向，你更喜欢哪种？凭直觉，我们会说，我们更喜欢对方看着我。恭喜你，你的直觉是准的。相比斜视或头不朝向我们的对象，正视会不会让我们感觉对方对我们更感兴趣或更尊重呢？让我们一起来了解确认眼神背后的心理学原理吧。

一、心灵窗口，正视偏好

眼睛是心灵的窗户，我们在与他人交流沟通时，目光的接触会让对方感到真诚和尊重。注视在人际交往中发挥着重要的作用，是解码他人心理状态的基本信号，通过观察他人的注视方向可以了解到他当前正在关注什么信息。注视往往表示注意或关注，而目光转移或回避则往往意味着注意转移或不关心。在日常生活中，人们每天都会面对大量的信息，为了生存和适应，人们需要对这些信息进行快速的评估，选择对自己有用的信息。人们对注视线索的快速反应体现了眼睛在社会交流中的必要性，感知他人注视的方向就是一种重要的认知和社交技巧。注视方向能够反映出他人潜在的行为意图，通过眼睛解读他人的想法，可将日常社会互动的复杂过程进一步简化。

相比斜视来说，正视传递着友好的信号、亲密的行为意向，接收者会从中感受到温暖。一项研究表明，当建议寻求者的注视方向为正视时，建议者提出建议的意愿更强。这是因为建议寻求者的正视目光让建议者感知到了关注和期待。相比之下如果是斜视，建议者会认为对方不是很需要自己的建议（段锦云 等，2019）。正视意味着社会参与的可能增加，得到的注意变多，与皮电反应的增强也有一定关联，如心率增加、杏仁核反应增强等。以往研究表明人们可以准确判断他人是在正视还是在回避注视自己。这种能力最早出现在婴儿时期，并持续发展到成人阶段。新生儿可以分辨出正视和回避注视，表明这种能力是天生的。

研究发现，他人目光注视方向的改变能够引起观察者反射性注意的转移。与转移的目光相比，正视的目光更容易受观察者注意。注视方向在人际交往过程中发挥着重要的作用，如调节互动、促进沟通、表达感情和社会控制等。在进化过程中，能够识别同类和天敌的注视方向所包含的信息，可以为物种在生存竞争中提供一些优势，尤其是对非人灵长类动物和人类来说，识别注视方向具有进化的重要意义。近年来，他人的正视和回避注视对面孔感知的影响受到了研究者的广泛关注。

而面孔吸引力作为面孔感知领域的一项重要课题，也逐渐引起了心理学研究者的研究兴趣。从关系的建立到人格特质的归因，再到能力的判断等，吸引力在多个方面影响着社会交往。从对吸引力的评价中也可以看出人类的择偶偏好，同时也能帮助个体确定生物质量和适宜性较高的潜在配偶。注视方向会影响个体对面孔的偏好。比如，在判断异性面孔时，人们一般会对正视自己的个体有更强烈的偏好。而性别二态线索，即男性化—女性化线索，是影响面孔吸引力的重要指标，并且在择偶中发挥着重要作用。有恋人的个体和没有恋人的个体在对面孔吸引力进行评价时产生的动机不同（温芳芳，2015）。

我们考察了有/无恋人的被试在他人的社会兴趣方向（注视方向）和性别二态线索的面孔偏好上的感知效应。结果发现，与斜视相比，被试评价正视面孔的吸引力更高，这符合进化的适应性。研究发现，婴儿很喜欢注视他人的眼睛或追随他人的目光，婴儿追随成人的目光可以发现成人感兴趣的东西，这样他们就可以和照顾者拥有相同的注视点，了解照顾者的体验。同样，注视方向对成人来说也是非常重要的，正视有利于表达情感，能促进人与人之间的交流互动。研究结果也表明在正视吸引力上男性化面孔的得分显著高于女性化面孔的得分，这可以用性别角色理论来解释。性别角色理论提出，与女性化相比，男性化与积极特质的联系更多。而被试是否有恋人也会对正视面孔的吸引力评价产生显著的影响，即相对于有恋人的被试，没有恋人的被试对正视面孔的吸引力评价更高。这表明有/无恋人的被试在评价面孔吸引力时具有不同的接近—回避动机，同时也符合进化中的择偶观点，因为正视暗示着对目标存在社会兴趣，正视对面孔偏好的作用反映出对择偶努力有效分配的适应（如个体会为那些愿意与他们互惠且具有吸引力的潜在配偶付出更多的择偶努力）（温芳芳 等，2011）。

二、头部朝向，参照有别

社会心理学家越来越关注面孔的身体线索与社会线索在判断正视偏好时的交互作用。与微笑但不朝向观察者或中性表情的面孔相比，人们偏好微笑朝向观察者的面孔。人们总体更偏好正视面孔，但这种偏好对高吸引力比低吸引力面孔更强烈，高兴比厌恶表情面孔更强烈。此外，性别二态线索也会对正视偏好产生作用。整合面孔的身体线索和社会线索在人际交往中十分重要，可以帮助个体更有效地配置社会赋予的资源。

以往对正视偏好的研究结合面孔参照和观察者参照两种视角来控制注视方向。面孔参照视角是指保持目标的头部正视被试而眼睛注视其他方向；观察者参照视角是指改变目标头部的方向而保持眼睛方向与头部相同。目前国外绝大多数考察注视方向对面孔吸引力影响的研究均采用改变眼睛注视方向的操作，研究者解释正视反映了观察者的社会兴趣。

我们分别基于面孔参照视角和观察者参照视角来考察面孔的身体线索与社会线索共同对正视面孔偏好的交互作用。基于面孔参照，我们发现人们总体存在正视偏好，并进一步发现人们更偏好高吸引力和高兴表情面孔的正视，这可能因为高兴等积极情绪与对他人的亲社会性等个体特征密切相关，这也从侧面验证了前人面孔吸引力和表情对正视偏好影响的发现。此外，我们也发现人们对厌恶表情的高、低吸引力面孔不存在正视偏好，这可能因为厌恶表情意味着一种强烈社会排斥的迹象。基于观察者参照视角时，被试对正面朝向和 3/4 朝向的面孔正视偏好不存在明显差异。这可能因为 3/4 朝向的面孔也符合中国尊重的社会规范，即“礼貌正确的无视”现象（温芳芳 等，2014）。

三、真诚对视，面带微笑

一般来说，微笑的吸引力与微笑面孔的吸引力密切相关。对于男性来说，微笑占笑脸吸引力变化的 49%，眼睛占 22%，头发占 6%。对于女性来说，69% 的面部吸引力变化可归因于微笑（Godinho et al.，2020）。运用眼动仪技术，国内学者们发现微笑会影响面孔吸引力的认知加工及其眼动模式（张丽丽 等，2016）。人们对微笑的面孔总是给予更长的注视时间，尤其在嘴巴部位。并且对于微笑的低吸引力面孔的注视时间长于中吸引力面孔。

如果对自己的容貌不自信的话，那就尝试着多微笑吧，这会提升别人对我们的好感度。也有研究表明眼睛对于面孔吸引力的判断起着重要作用。相比斜视，人们普遍表现出对正视的交往对象的偏好，同时，也更喜欢传递着友好善意的微笑面孔。中国有句俗语“伸手不打笑脸人”，面带微笑地与他人交往相处，不仅能给别人留下关于自己的好印象，也能为自己的生活带来便利。这些对我们日常生活中有着最朴实的启示：在与他人交往时，面带微笑，真诚地看对方的眼睛（当然也不要一直盯着凝视哦），会提升彼此的好感度。

04 好好商量 人际沟通

【知行心语】美国石油大王洛克菲勒说：“假如人际沟通能力也是同糖或咖啡一样的商品的话，我愿意付出比太阳底下任何东西都珍贵的价格购买这种能力。”可见沟通在人际交往中的重要性。沟通是心与心连接的重要渠道，而沟通过程中存在沟通漏斗现象，即我们输出时是100%，而对方可能行动时只有20%。为了更有效地沟通，我们需要学会同理心，专注倾听对方所说，用心地表达想说的内容，同时做一个有心人，注意非言语线索，只有用心真诚地交流，方能使沟通更流畅。

让我们先玩一个“你说我画”的游戏吧，即有位沟通员对某一图片进行描述，你按他描述的内容画画，但画画过程中不能进行询问。假如沟通员对于所看到的图片进行了如下描述：“我们将画一匹马，马的眼睛是三个环，这个图形很难，先画眼睛，瞳孔是两个环，眼睑还有一个环，所以是三个环，马是单眼皮的，眉毛上面还有一条眉毛或者眼睑之类的。耳朵像花瓣一样，就按自己想法来吧，反正很难。耳朵之后是鬃毛，前面那部分的毛在眼睛上面，然后后面部分在脖子靠下的部位，接近背部了。嘴巴是张开的，露出上面那排牙齿，右边的前蹄是抬起来的，小腿平行于地面，脚掌是垂直小腿的，还有个尾巴，它的左边两条腿之间有个像闪电一样的东西，胸口脖子那部分有点轮廓，两个弧形，鼻孔由两个弧构成，里面那个是劣弧，外面那个是优弧。”图1可能是沟通员描述的马的样子：

图1 活动中描述的马示例

而您一步一步跟着沟通员的提示，认真画出来的可能是如图 2 中所示的样子哦。

图 2　活动中被试所画出的马示例

这些萌萌哒的小马背后也折射出沟通并非一件易事，那么什么是沟通，沟通中有哪些障碍，如何更有效地沟通呢？让我们一起来探索沟通背后的心理学奥秘吧。

一、沟通重要，学问之道

在了解沟通之前，让我们首先来看一些数据，提到 70％，你会想到什么呢？这里有 4 个 70％都和我们的沟通息息相关。第一个 70％：一项权威的统计发现，除了睡眠时间，我们 70％以上的时间都花费在了传达或接收信息上；第二个 70％：企业 70％的问题是由于沟通障碍引起的；第三个 70％：企业中管理人员每天需要花费 70％～80％的时间在与员工的沟通上；第四个 70％：美国哈佛大学的研究发现，我们工作中 70％的错误是不擅长交流，或者说不擅长说话造成的。

一般来说，沟通主要有三种功能。①连接功能，在一个人和他所处的环境之间起一种连接作用；②精神功能，通过人际沟通，人们能参照他人的想法而更好地做决策，更有效地思考；③调节功能：人际沟通可以协调人们之间的行为（李淑娴 等，2006）。

综上所述，沟通在人际交往中很重要。哈佛大学就业指导团队对 500 名被解雇的男女进行了调查发现，因糟糕的人际沟通造成工作不称职者占被调查者的 82％。美国卡耐基大学调查了一万个成功者发现：成功者每天将 60％～80％的时间花在与家人、朋友、上级、下属、同事或顾客说、听、读、写的沟通活动上。一个人的“智力”“技能”和“经验”只占成功因素的 15％，剩余 85％由良好的人际关系和较高的人际沟通效率决定。普林斯顿大学的研究团队在调查了 10000 份人事档案后也发现，成功

25%取决于智力、技能和经验，75%取决于良好的人际沟通。

我们每天都要和人打交道。我们用语言传达信息，表达情感。沟通具有魔法一样的能量，如果你有良好的沟通能力，学习和生活会就会变得顺利。如果沟通能力欠缺，你就会觉得生活当中多多少少有些缺陷。

沟者，构筑管道也；通者，顺畅也。沟通是一种交流过程，在这个过程中，信息传递者借助一定的符号载体，在个体或群体间向接收者传递信息并获得理解。人们通过沟通分享信息，传播思想，表达情感，由此可以了解他人的思想、情感、观点、价值观。沟通为人们之间的交往架起一座桥梁，有了这一桥梁，人们就能互相分享自己的想法和感情，避免产生不必要的误会，增进彼此的了解，达成一致认识或共同协议。首先，沟通是一种社会活动。这是沟通社会性的本质特征。人是社会中的人，需要与同事、朋友、组织等进行交际和联系。而沟通就是人际、群际间传播信息或思想，完成共同目标，促进共同发展的桥梁。其次，沟通就是用最易懂的文字进行表达，就是信息交流，指的是主体将某一种信息传达给客体，并期望客体能做出适当反馈的过程。信息就是一种符号象征。信息的传递其实就是符号的传递。动作、语气语调、语言文字等都是符号。最后，沟通要达到一定的效果，要使对方能够理解信息的意义（佐斌，2009）。

沟通的过程包括：传递者向接收者发送信息或为需要者提供信息；传递者将这些信息编码；将上述编码传递给接收者；接收者接受这些编码；接收者将这些编码解码；接收者理解信息内容；传递者通过接收者的反馈了解他想传递的信息是否被对方准确无误地理解。此外，沟通过程中也会受到噪音的干扰，即沟通双方没有掌握沟通技巧而产生了过多与解决问题无关的话语。有经验的沟通者，可以在沟通过程中抓住问题的要点，应用聆听、区分、提问、回应等技巧对谈话进行把控，最终达成简明、有效的双向沟通。沟通看起来十分简单，每个人都会，但要深谙其道并非易事。

二、难免障碍，沟通漏斗

日常生活中，我们对沟通往往存在一定的误解，比如，沟通很容易，每天都在沟通；我告诉他了，所以我已经和他沟通了；只有当我想沟通时，才会有沟通。实际上，沟通是复杂的也是双向的，且没说话不等于没沟通。一个完整的双向沟通过程应该包括：发送者要把他想表达的信息、思想和情感，通过语言发送给接收者；当接收者接到信息、思想和情感以后，会提出一些问题给对方一个反馈。沟通存在的前提条件是沟通的双方都处于一个积极主动的状态，沟通过程存在的是一个信息的相互传递和接收的动态系统。

而在沟通中任何一个环节都可能出现问题，即出现沟通障碍，比如常见的沟通障碍有认知误解、角色差异、利益分歧、性格差别和沟通能力缺乏等。具体来看，对于传递方来说，沟通的主要障碍来自用词不当、词不达意，咬文嚼字、过于啰嗦，不善言辞、口齿不清，只要别人听自己的，态度不正确，对接收方反应不灵敏等。对于传递管道来说，沟通主要障碍来源包括经过他人传递而误会、环境选择不当、沟通时机不当、有人破坏挑衅等。对于接收方来说，沟通的主要障碍包括先入为主的初印象，没听清楚，选择性地倾听，刻板印象与偏见，晕轮效应，情绪低落，以及没有想到言外之意等。

在现实生活中，人际交往沟通中常见的障碍主要有以下几方面：

一是理解问题。每个人都有自己的认知加工系统，对于问题的理解都是建立在自己原有的知识经验的基础之上的，并且会受到多种因素的影响。比如说上司把一项难度较高的工作交给你来完成，你可能会误解为他在为难你，但其实他是根据你和其他人的能力水平高低，经过与众人商议之后认可你，才把这项具有挑战性的任务交给你的。当人们面对某一信息时，他们会按照自己的价值观、兴趣、爱好来选择、组织和理解这一信息的含义，一旦沟通双方理解不一致，信息沟通就会受阻。

二是语言问题。语言是沟通的钥匙，当沟通双方语言不通时，沟通的大门也会被迫关闭，虽然人们可以凭借肢体动作等来表达意思，但是沟通效果却大打折扣。特别是在跨文化交际中，沟通双方存在着很大的语言差异。例如，在中国人眼中“白象”是吉祥的象征，但在西方国家白象却代表着既费钱又无用的东西。所以以“白象”为商标的电池在中国广受欢迎，但在西方市场上却备受冷落。

三是信息含糊不明确。它是指对同一事物有多种不同的信息解读方式。在这种情况下，接受者容易曲解信息发出者的意思，按自己的理解行事。有这样一个非常有趣的卖豆腐的故事就是信息含糊造成的。顾客问老板：“豆腐多少钱？”老板回答：“一块两块。”顾客买了两块豆腐却只掏出一块钱，老板这时说：“两块四块。”在这个对话里，就是由于没有说清楚数量词“块”和口头的货币单位“块”而导致了沟通障碍。

值得一提的是，在沟通中还存在一种沟通漏斗现象，即你心里想的是100%，说出来的是80%，别人听到的是60%，别人理解的是40%，别人行动的是20%。所以，在沟通中，从100%的信息输出，到真正行动的20%，表明了有效沟通不容易，那么如何进行有效沟通，已成为我们共同关注的问题。

三、有效沟通，多用心思

沟通的黄金定律：“你想怎样被对待，你就怎样对待别人”，沟通的白金定律：“以别人喜欢的方式去对待他们”。为了实现更有效的沟通，不妨采取如下策略：

1. 策略1——你我“同”心

首先来认识同理心。请在您额头上写大写字母“E”，您写的E是自己看着是正的，还是对方看着是正的呢？如果对方看着是正的，从某种程度上说明您通常会从别人的角度来看问题。同理心是站在他人的角度和位置上，客观地理解他们的内心感受和内心世界，并把这种理解传递给他人的一种沟通交流方式。

人们在进行沟通时要记住同理心的两大准则，先把心情处理好，再处理事情；立场要坚定，态度要热情。针对不同的人群，我们也要有不同的着重点，比如，与男人沟通，不要忘了他的面子；与女人沟通，不要忘了她的情绪；与领导沟通，不要忘了他的尊严；与下属沟通，不要忘了他的自尊；与年轻人沟通，不要忘了他的直率；与儿童沟通，不要忘了他的天真。

2. 策略2——“听”你想说

倾听是成功的右手，说服是成功的左手。在听、说、读、写沟通的四大媒介中，我们最常使用的就是听这一媒介。有统计显示：人们在工作中每天有75%的时间花在言语沟通中，其中有50%以上的时间是用来倾听的。听力（听得见声音的能力）是与生俱来的，而听懂别人说话的能力，则是需要通过后天的学习。

“专注听别人讲话的态度是我们所能给予别人的最大赞美。”倾听分不同的层次，从忽视地听到假装地听，再到有选择地听，进而到全神贯注地听，再到有同情心地听，有效的沟通往往需要我们全神贯注和有同情心地听。在倾听中可以遵循“五位一体”法则：耳听、眼观、口问、用脑思考和用心体会。有效培养我们的倾听能力包括六个秘诀：1）培养主动倾听的习惯，2）刻意练习倾听，3）营造一个有利于倾听的环境氛围，4）多留意自己的身体语言，5）避免仓促判断，6）用同理心来倾听。

3. 策略3——“说”你喜听

在沟通中，我们需要注意“说”话。

(1) 你要说什么？在进行一对一的沟通时，一般有消除误解的机会，当看到对方表现出困惑或迷茫时，你可以将说过的话再解释一遍。但在公共场合演讲或与多人进行沟通时，可能没有消除误解的机会，或者直到沟通结束才可能做出反应。所以，当你需要与一大群人沟通时，必须要比在人际沟通场合中更认真地准备发言。

(2) 你要怎样表达？语言的掌握需要多年的学习和实践。由于制定在所有场合和情况下如何选择语言的规则是不可能的，这里的讨论限定在语言选择的四个重要方面：清楚、有力、生动和道德。清楚是人们凭借语言的精准和简单将思想以他人可以立即理解的方式表达出来的风格特色。有力的说话方式是人们直接明示观点的、不使用含糊和限定性词汇的说话方式。人们通常认为说话有力的人更可信、更具魅力和说服力。想要学会有力的说话方式，就应该避免一些特定的沟通行为。

(3) 你在对谁说话？与他人说话时，需要根据不同的沟通对象及时调整说话的方式。

(4) 你在发送什么样的变形信息？语言中存在着大量变形信息，如果你想准确地进行沟通，必须要听出这种变形信息并理解它的意义。你也应该清楚自己所传递出的变形信息。

说的内容包括感知到的、想到的、感受到的和所需要的四个方面。其中，所感知到的是个体所听、所读、所经历过的内容；想到的是主观感受，包括有价值判断；感受到的是与情感和情绪有关联，情感是真实的，不是评价性的，与价值判断无关；所需要的描述是与个人需求或意图关联的内容。“如何说”应遵循“三要”和“三不要”原则：赞许与鼓励的话要说，感谢与幽默的话要说，与良好的品格相关的话要说；无准备的话不要说，无依据与数据的话不要说，情绪不好的时候不要说。

4. 策略4——“观”你模样

沟通中除了语言沟通，非语言沟通同样发挥着极其微妙而重要的作用。美国心理学家佐治·米拉通过研究发现文字产生的沟通效果只有7%，声调产生的沟通效果有38%，而身体语言产生的沟通效果有55%。身体语言是最能够准确给予对方真实信息的。

成功的非语言沟通方式包括：诚恳坚定看着对方；眼神中带着友好的情感；专注、持续看着对方；不要翻白眼；不要乱飘、不敢注视对方；看对方两眼之间或鼻梁骨，有压迫感觉时可以看对方的前额；站立、行走和坐立时都要挺起胸膛；重心应均衡地落在脚趾之间；收小腹，使其呈扁平状；用起跑姿势和别人交谈；与人交流时不妨随意走动一下；走路要充满自信；宣布重要事项，站起来说明；要注意下半身的姿势，如腿不要总是抖动。此外，常对着镜中的自己说：“我喜欢我自己!”眼神就会带着关怀、真诚的感觉。不管是怎样的非言语沟通方式，随时提醒自己沟通的目的。

相遇是缘，沟通是关键。从心开始，你在心间，听你想说，说你喜听，观你模样，思你所想。我能懂你，心生欢喜。真诚相惜，方得温馨。

05　弦外之音　有话好说

【知行心语】语言能无形地表达出我们的态度，对于人际关系也会产生微妙的影响。对他人的积极行为更多使用抽象描述，而对他人的消极行为更多使用具体描述，会增加彼此的好感。肯定和否定表达也会折射出我们的先前期望和刻板预期，对于消极信息，我们采用否定的表述会让他人更容易接受，也能缓和群际关系；而对于积极信息，我们采用肯定表述，会让人感觉更亲切友好。

常言道，“良言一句三冬暖，恶语伤人六月寒”。语言在我们的人际沟通中发挥着非常重要的作用。很多时候我们关注的不是人们说了什么，而是人们怎么说，在看似平常的说话背后却隐藏着不少奥秘呢。社会心理学研究表明，人们在人际沟通中存在语言偏向，由于先前期望也存在着否定偏向，了解这些偏向的本质，有助于我们更好地听出弦外之音，同时也有助于我们更好地讲究说话的艺术，进而促进人际沟通，增进社会关系融洽。

一、人际沟通，语言偏向

请想一想如下情境：A 和 B 打架，第一种情形：C 说“A 打了 B”；第二种情形：C 说“A 是个有攻击性的人，他一贯如此”，请你来推断，在两种情形下，C 和 A 之间分别是什么关系？

可以看出，在第一种情形中 C 用更具体的方式来描述 A 的消极行为，即“就事论事”，我们更可能推断 C 和 A 之间是朋友关系，而在第二种情形中 C 用更抽象的方式来描述 A 的消极行为，即“人格评价”，我们更可能推断 C 和 A 之间关系不太好。由此，同样的行为，人们采用不同的方式来描述，则会微妙地折射出不同的人际关系和互动态度。

因交流目标属于不同的社会分类而引起的语言使用差异被称为语言偏向。语言偏向在社会生活中普遍存在，比如，学校里，老师对男生和女生在体育运动上具有不同的评价；招聘时，面试官在评价录取者和淘汰者时所使用的语言也不同。目前语言偏向主要聚焦于因身份和关系等不同，人们采用的具体和抽象的描述不同，即存在语言抽象性偏向（Douglas et al.，2006）。

语言类别模型提出，人们描述行为的动词和形容词可以依据抽象水平分为四类：1）描述行为动词，如 A 正在和 B 聊天，仅对行为进行描述；2）解释行为动词，如 A 帮助 B，既包含对动作的描述，也有对特定行为的解释；3）状态动词，描述的是一种状态，时间上存在连贯性，如 A 讨厌 B；4）形容词，B 是个开朗的人，描述个体稳定的特质。这四类词的抽象水平依次提高，形容词的抽象水平更高。学者将前两类即描述和解释行为的动词称为具体行为动词，将状态动词和形容词称为抽象词。人们通常对于心理距离较近的朋友或属于“我们”圈子的人的积极行为进行更多的抽象描述，对他们的消极行为则进行更多的具体描述；而对心理距离较远的朋友或关系不太好或不属于“我们”的人的积极行为更多进行具体描述，对他们的消极行为更多进行抽象描述（徐同洁 等，2014）。

二、先前期望，否定偏向

请继续想象这样的情境：假如你在机场，等的飞机正点到达，你更倾向于说“A 飞机没有晚点”还是说“B 飞机很准时”，对于这个问题，我们大多数人可能会选择“A 飞机没有晚点”，为什么？因为基于我们的先前经验：飞机总会晚点。因此当飞机正点到达，即与我们的先前期望不一致时，我们更可能采用否定的描述。

否定偏向是指当与先前期望或刻板预期不一致时，人们会表现出使用否定陈述评价目标对象的倾向。例如，人们通常会有“老人的运动能力不强”的年龄刻板印象，当一位 80 岁的老爷爷在马拉松比赛中获得冠军时，相比“老人的运动能力非常强”的肯定表述，我们更愿意做出“老人的运动能力也不差”的评价。与之类似，当女生的数学表现好时，相比“女生的数学表现很好”，我们更倾向于说“女生的数学表现也不差”。

这种语言表达的否定偏向在人们现实生活中有着重要的应用价值。首先，在医患关系领域，医生要告诉病人坏消息时，相比较肯定描述“病情糟糕”，否定描述“病情不好”可以让患者对消息的评价更乐观，看待医患关系时更积极；在群际互动领域，对于非“我们圈子”的外群体成员的消极行为，采用否定陈述会增强彼此的信任感，进而缓和群际偏见，促进群际关系和谐（Winter et al.，2020）；在师生关系领域，当学生取得好成绩时，相比做出否定描述“你这次考得不差”的老师，学生认为做出肯定描述“你这次考得很好”的老师更有热情（徐同洁，2014）。

三、说话艺术，好评暖心

在人际沟通中，语言偏向在无形中发挥着重要的作用，可以启示人们如何更好地进行表达，考虑到语言的具体和抽象使用跟我们与交流互动对方的关系亲疏距离，那么，一方面，我们使用更抽象的方式描述他人的积极行为，而描述消极行为则使用更具体的方式，能让对方感受到一种亲近，从而缩小彼此的距离。另一方面，对于他人消极行为，我们应“就事论事”，谨慎使用上升到“人格判断”的抽象评价，这种“心中有他人”的说话方式，会让对方无形感觉到一种舒服和温暖。

同样，人们在人际交往中，肯定和否定描述方式也会对人们的沟通产生微妙的影响。在沟通中，作为信息的传递者，我们的否定陈述会表现出我们的一些刻板印象，如“女生的数学也不差”的表述透露出人们的性别刻板印象。但如果巧妙地使用否定陈述，则可以缓和关系，如“他们不是虚伪的”否定描述可以增强对外群体的信任，进而降低群际偏见。与之类似，医生对于病人家属传达消极信息时，说“病情不太好”比“病情很糟糕”的表述让人更能接受，医患关系会更好。此外，对于一些积极信息，使用否定方式描述积极信息会损害信息接收者的印象；而使用否定方式描述消极信息则会提升印象接收者的印象，比如在师生互动中，“你表现很好”的表扬比“你表现也不错”的表扬更深入人心，让人感觉更亲切友好。

06 热情友好 因境而异

【知行心语】在与他人打交道时，保持热情友好和真诚会提升对方对我们的好感度与交往意愿。但是在不同的情境条件下，我们也要学会因情境而异，表现出与情境需求相匹配的品质，这样才会得到更积极的评价和结果。

作为社会中人，我们离不开他人而存在。而在与他人交往的过程中，哪些品质对我们的印象评价和交往意愿影响最大呢？我们处于不同的社会情境中具有不同的需求和目的，比如旅游时我们更倾向于与活泼友好的人交往，而工作时聪明能干的同事更受欢迎，那么这些不同的交往情境又会对我们看重的交往同伴的品质产生怎样的影响呢？对这些问题的探究有助于我们更好地管理自我的形象，进而促进人际吸引和关系和谐。

一、人际交往，热情优先

想一想，你在与他人交往的时候会看重哪些品质呢？进一步做个选择题，假如有两位交往对象，甲聪明能干，乙温暖友好，你更倾向于选择跟哪一位对象交朋友呢？

早在 1946 年，著名社会心理学家阿希就对此问题做过一个实验，他在实验中将参与者分成两组，其中一组对具有“聪明、熟练、勤奋、热情、实干、谨慎”七项品质的人进行评价，另一组对具有“聪明、熟练、勤奋、冷漠、实干、谨慎”品质的人进行评价。我们可以发现，这两组只在一对词组上存在差异：“热情”与“冷漠”，但人们对两个目标的印象评价结果迥异。具有“热情”品质的人受到了人们的青睐与喜爱，而具有“冷漠”品质的人却遭到敌视和嫌弃。可见，“热情—冷漠”对人们在人际交往中的印象评价发挥了极其重要的作用，由此，阿希提出了“热情中心品质说”，即相比于其他品质，热情在人际交往与社会互动中发挥着最核心的作用。

除了体现在“热情”上的社会性特质，人们也很看重决断力、能动性等反映能力高低的特质，这两者构成了人们进行社会认知和评价的两个基本维度，即社会心理学中的“大二”模型（佐斌 等，2015）。其中，热情维度包括友好、助人、真诚、可信等特质，能力维度包括聪明、能干、自信、高效等特质。但热情与能力在社会认知中具有某种不对称性，热情往往具有更优先的加工顺序与更大的权重，研究者称之为热情优先效应（Abele et al.，2011）。这一效应可以从人类进化适应性的角度理解，热情维度主要指人们在遇到陌生人时，首先做出对他人是敌是友的意图判断，因为意图可以预测他人后续的行为；而能力维度主要指人们对他人是否有能力实现其意图的判断。因此，判断目标是有利还是有害的意图（热情），相比能否实现此意图的程度（能力）显得更为重要。

那么热情在人际交往中是否真的具有更高的评价权重，情境是否会在其中产生影响？研究者采用同伴提名法考察了社交与工作导向情境对热情优先效应的增强与削弱作用（佐斌 等，2020），即让参与者从同伴团体中找寻最符合某种心理品质或行为特征的人，如社交导向中，让参与者回答诸如“班级组织郊游，我最愿意与班上这 3 位同学分在一组”的问题，工作学习导向中，让参与者回答诸如“如果我在学习中遇到问题，我最愿意向班上这 3 位同学请教”，接着让参与者分别对这些提名的同学进行热情友好和聪明能干的情感维度做百分制打分，分数越高则评价越高。结果发现，社交导向情境下表现出明显的热情优先效应；工作导向情境对能力的突显效应与热情优先效应的表现相反。在热情与能力独立视角下，情境的削弱效应使得热情优先效应无法表现；而在热情与能力互依视角下，热情优先效应强于情境对其的削弱效应。

二、热能推断，情境匹配

在人际交往中除了存在热情优先效应外，人们在长期的进化适应和社会互动中也形成了一种能力，即热情和能力之间的推断。而从热情推断能力和从能力推断热情时是存在晕轮效应，即某人越热情友好，我们认为其越聪明能干，还是存在补偿效应，即对某人的热情友好评价越高，我们对其的聪明能干评价越低？对此问题尚无定论，而情境在这一争论中发挥怎样的作用呢？此问题值得我们进一步探索。

研究者对热情和能力之间的推断关系以及不同情境的作用进行了研究（代涛涛 等，2019）。首先，在没有任何情境线索的提示下，让参与者对于友好、热情和真诚的目标和冷漠、自私和虚伪的目标进行能力推断评价；同样，对高效、能干和聪明的目标和无能、懒惰和笨拙的目标进行热情推断评价。结果发现，在没有情境的条件下，热情和能力的互推之间存在晕轮效应，即人们感知到目标热情或能力越高，则对其的能力或热情推断也越高。

进一步，当考虑情境线索的影响时，比如凸显高能力的情境线索和不凸显高能力的情境线索的招聘情境中，那么，人们对于高能力的目标“表现得很聪明，做事高效，很能干”具有怎样的热情推断评价和录用意愿？而对于高热情的目标“表现得热情友好，为人真诚”又具有怎样的能力推断评价和录用意愿呢？研究结果发现，当情境线索明确指向高能力时，高能力描述会引发更加积极的推断，会提升人们的录用意愿；相反，高热情描述则会引发更加消极的推断，会降低人们的录用意愿。这表明情境对热情和能力推断具有重要的影响，存在明显的情境—信息匹配效应，即当目标的信息呈现与情境的预期性线索相匹配时，人们更容易对目标产生积极推断。

三、形象塑造，因境制宜

热情友好和聪明能干均是影响人际交往的重要品质，相对而言，相比聪明、能干、自信、高效等智力性品质，与社会性有关的热情、友好、真诚、可信之类的特质会在他人心里留下更加深刻的印象，并可能影响到与他们未来的交往，即存在普遍的热情优先效应。而这种热情优先效应会受到情境的作用，特别是在热情和能力的相互推断中，在没有情境的条件下，存在热情和能力之间的晕轮效应。而在真实社会互动中，情境是重要的交往背景，人们在对互动对象的特质推断中，则存在有趣的情境匹配效应，即当信息呈现与情境预期相匹配时，更容易产生积极推断。

这些发现对人的印象管理领域具有重要启示，例如人们在相亲和招聘等日常生活和工作情境，基于热情优先效应的普遍性，人们在不同情境下均应表现出热情相关特质；而在侧重能力的招聘晋升等工作场景中，适度表现出与之相匹配的能力特质会进一步提升人们的积极评价。此外，这一发现也提示在品牌广告设计中增加与品牌属性相匹配的情境要素，对人们的消费决策也可以产生一定的促进作用。

07 你在心里 认知偏向

【知行心语】 亲密关系是人际关系中的一种，在个人化的现代社会里，注重情感的坦白和沟通，相互间的了解和深知是保持现代亲密关系的核心。但亲密关系犹如一副玫瑰色眼镜，改变了我们眼前观察到世界的色彩，同时影响我们的认知和评价偏向。相比自己，我们通常在面临威胁风险时会认为伴侣或情侣的焦虑水平更高。在进行评价时，我们通常也会对伴侣或情侣给予更积极的评价。

亲密关系为我们的生活增添了十二分的浪漫和甜蜜，同时也在很大程度上影响着我们对伴侣或情侣的认知与评价。请想一想，假如遭遇威胁或风险，你更担心自身安全，还是更担心你的伴侣或情侣呢？相比自己，你对伴侣或情侣的评价更积极还是消极呢？带着这些问题，让我们来看看亲密关系产生的有趣心理效应吧。

一、威胁风险，担心偏向

风险在我们生活中无处不在。根据情绪评估理论，人们在经历出现不良结果可能性的风险时，会产生是否能避免即将发生的身体或心理伤害的高度不确定性评估的焦虑情绪。而人们对风险即时性的、直觉的情绪反应与人们对这些风险的认知评估之间不是完全匹配的（祝婧媛 等，2016）。

以往风险研究主要聚焦于对个体的关注，较少关注个体与周围人的社会系统交织在一起的作用。例如，亲密关系的特点是高度相互依赖，在与亲密关系个体长期的互动中，个体的收益和付出将会成为双方共同的经验，其与最亲密的人通常持有积极的感受和共情，在一定程度上能够与其感同身受（王中杰 等，2017）。

通常来说，我们重要他人的风险行为比自己的风险行为更能引起我们的焦虑。由于个体对自己和他人的期待目标之间存在偏差，因此个体对于行为结果的风险评估存在固有的系统性偏差。个体认为他人更容易受到负面结果的影响，这主要可以通过乐观偏见和控制错觉来理解。一方面乐观与自我相联系，相较于他人，人们认为消极事件发生在自己身上的概率更低，而正性事件发生在自己身上的概率更高；另一方面由于对事件的控制错觉，人们会高估自己对结果的影响能力，即使不可控，人们也会认为自己具有控制能力（Klusowski et al.，2021）。

以往关于风险背景下的自我他人差异的相关研究也表明，相对于自己，人们更容易接受重要他人的威胁性风险信息，例如相对于自己超重，个体对超重的伴侣表达了更强烈的情绪反应和经验风险认知（Klein et al.，2018）。人们对风险事件的情绪感知也存在自我他人差异。当一个重要的他人（如亲密关系的伴侣）打算从事危害健康或安全的风险行为时，个体比他们自己打算从事同样行为时感觉更焦虑（Ghassemi et al.，2019）。

二、亲密关系，积极偏向

偏向的产生是个体与生俱来的认知“走捷径”的结果，人们热衷于简化信息加工过程，简化的结果可以帮助人们迅速地完成信息加工过程并有效地保护个人自尊。认知偏向对应的知觉对象是客观的人、事物或社会事件。当个体对他人进行评价时，倾向于做出正面的、积极的肯定评价，这就是对亲密关系个体的积极偏向。这种积极偏向在艾利斯等人(2007) 的研究中也得到了证实，这也同步反映了在亲密关系中人们对伴侣的期待目标。亲密关系的建立是源于个体与亲密他人建立的双向信任，信任双方建立了稳定的合作关系，也有可能二者本身并不具有共同的期望，但双方在沟通的过程中相互妥协，共同明确了一个彼此认可的目标并为了实现这个目标而建立起了亲密关系。

研究者进一步探讨了亲密关系中人们对伴侣认知的积极偏向，结果也发现，人们对恋人的评价分数高于自评分数。这种偏向的存在主要来源于以下几个方面：个体头脑中存在理想同伴模型，在社会认知中，人们会不自觉地将同伴认知为与理想模型人物相似的人，忽略一些实际的、令人沮丧的信息，出现积极偏向。研究表明在认知同伴的某些人格特质时，持有积极偏向的个体会明显地提升关系满意度（梁晓燕 等，2018），亲密同伴持积极偏向有利于维持良性关系。相对于西方社会，关系在中国具有重要地位，人们为了维护亲密关系，在认知同伴时普遍持有着积极偏向（张艺 等，2009）。

三、不同预期，决策启示

在决策研究领域发现由于心理距离可能会导致个体在为自己和为他人进行决策时存在风险偏好的差异，也就是说亲密关系会影响决策风险偏好。相比于陌生同辈，在为亲密同辈进行决策选择时更加保守，而为同辈亲密他人决策与为自我决策风险偏好无显著差异（李嘉雯 等，2021）。试想一下，在平时日常生活中，当网络上的陌生人向你询问人生决策意见与好朋友想向你请教人生难题时，你的回答会是什么。多数情况下，对于陌生人我们只会给予鼓励性的话语，但是对于自己熟悉的朋友，我们往往会根据他的实际情况告诉可行的目标与方案。由此可见，亲密关系会影响到我们建议他人决策的冒险程度。

此外，人们通常对与自己有亲密关系的人的焦虑和风险预期以及评价均存在偏向。当面临重要的医疗决定时，人们通常会向他们的伴侣或近亲寻求咨询。尽管伴侣在健康决策中起着重要的作用，但可以预期伴侣比患者本身更倾向于风险较低的治疗。现实生活中人们对自己和亲密他人的决策存在差异，也从一个侧面折射出人性中的那份善良，对亲密他人也往往存在更多的担忧与牵挂，正因如此，珍惜身边人显得尤为可贵。

08　心理台风　距离之谜

【知行心语】风险和焦虑的感知程度与疫情“震中”的关系是怎样的？是距离越近感受到的风险和焦虑越高，即产生涟漪效应，还是距离越远人们的感知越强烈，即产生心理台风眼效应？针对这一问题的研究发现，看问题时的当事人或旁观者的视角在其中起着重要的作用。无论如何，理性平和、乐观积极地去迎接各种不确定性，保持内心真正的安定，才是克服焦虑的有效方式。

人处社会之中，不确定性充斥在我们的生活中。突如其来的新冠病毒感染改变了人们的生活和卫生习惯，尽管我们处在不同的地区，对该公共卫生事件发展的关心和关注却丝毫不减。这场公共卫生事件不仅影响着武汉、湖北等各个地区，更是牵动着我们所有人的心。

一、风险焦虑，涟漪台风

如果有时光机，让我们按下后退键，将记忆拉回到武汉暂时关闭离汉通道的新冠肺炎疫情防控期间，当时的你是在武汉、湖北其他地区、与湖北接壤地区还是其他的省市呢？你对风险有怎样的感知？是否也感受到了焦虑情绪呢？请想想在当时，距离感染最严重地区（武汉）越近的人们的风险认知和焦虑体验是更高还是更低？

心理学研究者用涟漪效应和心理台风眼效应指代社会突发事件中，地理上的距离与人们的负面情绪反应之间的关系。具体来说，“涟漪”，顾名思义，是当一块石头被投入湖水后湖面的变化：石头入水的那一点会引起最大的波动，而围绕的水面波动强度随距离增加而降低；石头质量越大，水面波动强度越大，影响越广。而心理学中的涟漪效应即是用社会重大突发事件比喻石头，以水面的波动比喻人们的负性心理感受。例如发生在美国由“弗洛伊德死亡”所引发的“黑人的命也是命”抗议活动愈演愈烈，这一活动甚至蔓延至欧洲、新西兰等国家和地区，也是另一个社会突发事件背后所引发的涟漪效应。正如电影《涟漪效应》中所说：“战争如同扔到平静水面中的一块石头，它的涟漪会不断地向外扩散，绵延不止。”以往研究指出，涟漪效应体现在突发公共卫生事件后身处不同地区民众的心理状态上，表现在越靠近危机事件中心区域，人们对事件的风险认知评价和负性情绪体验越高。例如，地震灾难发生后，相比于其他地区，处于地震带周围重灾区的人们有更高的风险认知水平，以及更加负面的情绪体验，表现出更多的灾害应对行为。

另一方面，“台风眼”是一种气象学概念，描述了台风外围空气剧烈旋转的同时，中心的风力流动反而相对更缓的现象。中国科学院心理所李纾教授团队表示这一概念形象描述了重大灾难发生后人们的另一种心理反应模式，提出了心理台风眼效应（李纾 等，2009）。心理台风眼效应指出，民众与灾难事件发生地的距离越近，其焦虑情绪水平反而更低，心理也反而更加平静。国内谢晓非教授团队和时勘教授团队也分别对此心理台风眼效应的存在进行过科学的验证（时勘 等，2003；谢佳秋 等，2011）。

二、远近高低，视角不同

从涟漪效应和心理台风眼效应的描述可以看出，二者在地理上的距离和民众心理反应之间的关系上有截然相反的观察和解释，那么什么时候产生涟漪效应，什么时候产生心理台风眼效应呢？研究者指出灾难时期的不同人群对于危险与安全评估的差异可能是因为视角不同造成的（许明星 等，2020）。基于这样的假设，研究者以心理台风眼效应相关研究为线索，总结了不同类型突发事件后个体心理反应研究结果，发现视角确实会在其中产生影响（温芳芳 等，2020）。当采取旁观者视角时，大部分研究结果支持了心理台风眼效应，即民众与事件发生地距离越近，心理越平静。而当采取自我视角时，仅有部分研究验证了心理台风眼效应，其他结果则与该效应的预期并不一致。此外，对于视角这一变量的考察往往是在不同类型的灾难风险事件之间进行比较，也常常是在灾难发生之后甚至结束后再以回溯性的方式展开调查，结果准确性有待商榷。而新冠病毒感染因其新异性和传播性在世界范围内形成了大流行的趋势，对于民众而言，威胁和影响时刻存在，因此对民众的负性情绪反应进行研究具有重要的意义和价值。因此，在新冠病毒感染背景下，当事人和旁观者视角会如何影响人们对风险认知水平和情绪反应，究竟是表现出涟漪效应还是心理台风眼效应？

武汉因疫情封控后的一个半月内，研究者对全国 34 个省（直辖市、自治区）的 4833 名民众，进行了当事人视角和旁观者视角的风险认知与焦虑的调查和评估。研究结果首先表明，当事人视角和旁观者视角会对不同地区民众的风险认知与焦虑水平产生不同的影响：在当事人视角下更多地验证了涟漪效应，表现为感染严重地区民众的风险认知和焦虑水平更高；而在旁观者视角下风险认知的结果仅部分支持涟漪效应，更多表现出边缘带效应，即高风险地区和低风险地区之间人们的风险认知水平更低，这体现在除武汉外的湖北地区民众中。与此同时，心理台风眼效应更多地反映在旁观者视角下民众对武汉居民焦虑水平进行的评价，以及对该地区所需的医疗和心理救助水平的评估上，也就是说，除了武汉人民之外，其他人预计武汉人民需要更多的社会支援才能够恢复（温芳芳 等，2020）。

这一结果可以通过归因领域中经典的“当事人—旁观者偏差”进行解释。该理论指出，在推断行为背后的原因时，从旁观者视角，人们更多倾向于将行为归因于行为者的内在特质，而若从当事人视角，即当人们评估自己进行同一行为背后的原因时，更可能结合情境因素解释具体行为。类比到当前研究发现，在旁观者看来，尤其是对于那些离新冠病毒感染中心较远地区的民众而言，他们所接收到的信息更多集中在国家和各地对于新冠病毒感染严重地区的物质援助，与新冠病毒感染中心正在切实因为严格封控管理而影响到日常生活的民众对比，在风险认知水平上就会更低，表现为涟漪效应。与此同时，旁观者也更容易从个人特质的角度对武汉人生活中所遇到的事情进行归因，认为武汉居民有更加负面的情绪和心理状态，因此在评估武汉居民的焦虑水平以及心理咨询和医疗等方面表现出心理台风眼效应。

此次调查正值新冠病毒感染的高峰期，正值全年人口流动数量最大的春节时期，病毒也随着人群的流动而在全国各地扩散，此时新冠病毒感染的形势和动态都受到诸多因素影响而变得十分复杂。考虑到这种现状，研究中使用了三个不同的变量测量不同地区的新冠病毒感染的严重程度，包括地理上与武汉的距离、全国范围的当日累积确诊病例以及民众与武汉的主观心理距离。这三个变量包含了客观和主观的维度，结合了静态与动态的测量，是蕴含着科学性与全面性的新冠病毒感染的严重程度的定义。从数据结果来看，不同的新冠病毒感染的严重程度定义方式也对研究发现产生了影响。例如，在有关边缘带效应的研究中发现，当以当日全国累计确诊病例数定义新冠病毒感染的严重程度时，边缘带效应产生于当事人视角下的民众风险认知和焦虑评价中；而当以地理上与武汉距离的远近程度定义时，则是在旁观者视角下出现了人们对武汉人风险认知评估的边缘带效应。对于研究者和后续政策制定者来说，这一结果意味着需要从多个不同角度考虑民众的心理健康情况，结合不同的事件影响评估方式，从而使研究结果更好地为突发事件中公共心理卫生政策的制定提供参考。

总之，研究发现了当事人—旁观者的研究视角会导致灾难事件中民众的心理反应评估结果的差异，同时为心理台风眼效应和涟漪效应提供了不同层面上的检验，并在不同视角和不同的灾难严重性评估方式下发现了边缘带效应（温芳芳 等，2020）。相关研究结果为灾难事件应急响应中的心理干预提供了理论和数据支持，提醒援助工作者和政策制定者在选取信息来源时，需要注意其与灾难发生中心的地理位置、心理距离与观察视角等因素，从而主动校正信息源中可能存在的认知偏误，结合灾区民众的实际需要，更加审慎全面地进行灾区民众的心理健康评估。

三、探索未知，任重道远

当个体知觉到环境中存在威胁时，就会自动地引发个体的应激反应。而长期的应激会使个体产生一系列严重的心理和身体健康问题。大量的研究发现肯定自我价值可以缓冲由应激引发的负面情绪和身体反应（Li et al.，2020）。但是不管在什么艰难险阻面前，我们都需要对自己保持信心，坚守自我肯定的价值，去积极探索不可知的事物。居里夫人曾经说过："生活中没有什么可怕的事物，只有需要理解的事物。现在是我们理解更多事物的时候了，只有这样，我们害怕的事物才有可能越来越少。"在现在这一时期尤为如此。对个体和群体心理规律的探索任重而道远，且随着时代发展会出现许多的新问题和新挑战。不管怎样，用理性平和、乐观积极的心态去面对生活中的各种不确定性，让心真正安定下来，是克服风险焦虑的良策。

09 滴水之恩　涌泉相报

【知行心语】来而不往非礼也，我们中国作为礼仪之邦，与他人礼尚往来成为基本的交往形式。面临不同的交往对象，无论是金钱还是时间资源的社会交换，我们总会给对方回报“多一点”，而正是这“多一点”的互惠规范让我们与他人的关系可持续发展。因此，在社会互动中，“投桃报李”是我们无形遵循的基本准则。

请想一想：“昨天你和同事一起吃饭，同事一起买了单，总共 200 元。今天你来请同事吃饭，你会点多少钱的餐？”假如将“同事”换成“领导”或“下属”，你点餐的钱是否会发生改变呢？请再想想：“同事帮你办了一件事情，花了 2 小时。你的同事遇到类似的事情请你帮忙。你会花多少时间帮助同事？”我们在对待金钱和时间上是否存在差异呢？面对同样的场景，咱们中国人和美国人的答案存在怎样的不同？让我们一起对这些有趣的问题进行探索吧。

一、社会交换，互惠规范

生活就是不断地“取”与“送”，而在“取”与“送”的背后蕴含着社会交换的原理。社会交换作为人类存在、社会交往和社会生活的基本形式，一直是社会心理学家关注的焦点。其中，互惠规范作为人类适应的本质和社会秩序维持的基础，是社会交换得以长期持续产生所遵循的基本原则。互惠规范指人们具有回报他人恩惠的义务，通过具体性资源（如金钱、物品等实物）或象征性资源（如时间、信息等具有社交价值的事物）的往来交换，从而形成良好和相互信任的社会关系并使之得以维持。这种互惠规范存在文化的普适性，例如，中国人际交往中所强调的“礼尚往来”和西方文化背景下的“You scratch my back and I'll scratch yours.”（你帮我挠背的话，我也会帮你挠背）都是互惠规范的体现（邹文篪 等，2012）。

那么这种互惠的社会交换过程中人们是遵循“相等价值”还是“投

桃报李”的模式呢？所谓“相等价值”模式，即回报和收益之间存在资源价值的等价性（回报=收益），例如，当一方主动或被动地给予另一方资源的同时后者也理应以价值相当的资源回报给前者；而“投桃报李”模式，即回报资源要大于收益（回报>收益），例如，接受恩惠者应当给予他人更多的回报。而在中国文化背景下，存在着“滴水之恩当涌泉相报”的说法。那么，人们在社会交换中会选择哪种模式？这种社会交换模式的选择是否会受到文化因素的影响呢？

二、文化差异，地位不同

相比美国文化中对于个人主义的强调，在集体主义的中国文化中则更注重互惠规范。事实上，互惠规范也是中国文化所看重的“关系”“面子”和“人情”等人际关系因素背后的潜在机制，且相比美国的短期关系取向而言，中国更侧重良好和谐融洽的长期关系取向的建立和发展。相比个人取向而言，关系取向个体在社会交换中会获得更多互惠。

中国文化背景下人们遵循人情法则，即“投之以桃，报之以李”，或根据关系网中的相关权力地位权衡预期得失来决定是否“做人情”给对方（朱苏丽 等，2015）。而领导与下属之间的社会交换，本质上反映了二者间应该承担的相互义务和回报关系。跨文化的研究表明，权力和独立与互依自我表达之间存在文化差异（Miyamoto et al.，2018），在美国文化背景下，高权力者更多持自我取向，即更关注于自我而非他人；而在日本等东亚国家受儒家文化影响的背景下，高权力者更多持他人取向，即更关注社会情境中的他人，同时也存在自我取向（Chen，2020）。

此外，社会交换理论包括具体性资源（如金钱）和象征性资源（如时间）两种不同类型。以往领导执行公正准则的研究表明，在具体性资源交换中人们更侧重“控制”，而在象征性资源交换中则更能反映出“关系”（刘喆 等，2015）。那么，在金钱和时间不同的资源社会交换情境下，中美文化背景下人们对领导、同事和下属会表现出怎样的互惠回报模式呢？对此值得探究。

三、促进共生，和谐相处

鉴于以上研究，研究者分别在金钱和时间两种媒介框架下，通过两个研究考察中美文化背景下人们对领导、同事和下属在社会交换中的互惠回报模式。其中，研究 1 侧重金钱媒介下的领导、同事和下属的社会交换模式的中美比较；研究 2 侧重时间媒介下的领导、同事和下属的社会交换模式的中美比较（温芳芳 等，2021）。

结果均发现，中国人与美国人都选择对他人给予更多的时间和金钱回报，人们明显对领导、同事以及下属等交往对象给予更多的回报，表明社会交换总体呈现出投桃报李模式而不是相等价值模式，且这种模式具有跨金钱资源和时间资源的一致性，表现出中美文化的普遍性。这一社会交换的投桃报李互惠模式结果为受惠者应当给予他人更大的回报提供了直接的证据，这种“回报＞收益”的模式也与慷慨有助于未来更好的互惠相吻合，可以通过互惠作为人类进化适应的本质，是全人类共有的品质，并不因为洲际、国家和是否有宗教信仰而有差异，是社会交换长期可持续存在和良好社会关系建立发展的基础来理解。

在金钱资源的社会交换中我们发现，相比美国人，中国人所表现出的“投桃报李”模式更明显。这种相比美国人，中国人在工作的金钱资源社会交换中总体表现出的“回报＞收益”模式更明显的结果可能跟以下两方面的原因有关：一方面，因为与个人中心主义的美国相比，在情境中心的集体主义中国文化背景下，人们倾向于与他人建立长期和谐的关系，而互惠作为社会交换得以长期持续产生所遵循的基本原则（Xiong et al.，2018），因此，在“知恩图报”注重长期关系取向的集体主义中国文化背景下，人们更加重视回报/不欠人情，表现出更明显的“回报＞收益”的模式。

另一方面，相比美国，在中国更注重“人情”和“关系取向”的文化背景下，工作社会交换关系对于中国人具有特殊心理意义。中国没有美国的工作与生活的清晰分离，中国人的工作关系也是日常生活关系。中国人的社会交往与人际关系的主体，是家人与工作关系对象，在许多单位、企业和机构等正式组织中人际关系表现出一定的复杂性。在这些组织机构中，尽管其中的个体间并不存在事实上的血缘关系，但是组织机构的建构方式以及其所规定的成员间互动方式依然是传统亲缘关系的承载和延续（卜长莉，2003）。因此，在工作关系中，中国人总体表现出了更明显的“投桃报李”模式。

我们侧重考察了中国人和美国人对不同工作关系对象（领导、同事和下属）的社会交换差异。对中国人而言，本研究发现中国人无论在金钱媒介还是时间媒介的社会交换中，均表现出相比同事，对领导给予更多的回报，这与中国尊重领导地位的高权力距离、等级主义和差序格局的文化背景相符合。中国人的“家”意识和家长制权威在工作单位关系网中也发挥着重要作用（卜长莉，2003）。在中国，领导的资源权力大、影响大，具有更高的等级地位，因此，中国人给予领导更高的回报。而中国人对下属的回报则在金钱媒介和时间媒介下表现出了明显的不同：在金钱媒介下发现，人们对下属的回报与对领导的回报不存在明显差异，都显著高于对同事的回报；而在时间媒介下，人们对下属的回报明显最低，表现出了“领导＞同事＞下属”的明显等级规律，这可能因为金钱和时间作为社会交换的两种不同资源类型，具体性资源“金钱”更侧重“控制”，而象征性资源“时间”更反映出“关系”（刘喆 等，2015）。在金钱媒介中，人们对下属也表现出相比同事更多的回报，这样一方面有助于与下属发展更长期的工作伙伴关系，另一方面也有利于维护现有的等级秩序；而在时间这种象征性的媒介交换中对下属的回报明显低于同事和领导，则折射出了中国文化的等级主义文化。

可见，中国人这种能够区分领导、同事、下属的不同对象回报模式，是中国人的生存的实用心理策略，具有重要的社会文化适应价值。不管交往对象和交换形式如何，“滴水之恩，当涌泉相报”是我们中国人社会互动的黄金法则。

10 人际关系 促进健康

【知行心语】知、情、行是人际关系中重要的三大成分，我们在交往中要多认识了解对方，设身处地地共情，以及增强实际行动。人际关系具有整合、调节、信息沟通和心理保健的功能，因此，我们要重视并维护和发展与身边人的良好人际关系。

作为社会中人，人的生存发展都要跟他人相关联，也在一定意义上以他人的存在为前提条件并由此发展出不同的关系，形成由关系联结而成的群体，继而建立社会，形成相应的社会规范。人际关系是人与人之间要通过交往或相互作用而形成的一种直接的心理关联，是个体的社会需要在人与人或人与群体之间的反映。其中，双方的社会需要的满足程度决定了二人间人际关系的发展状况和变化方向，根据社会需要满足程度和亲缘特点，可以将人际关系具体分为夫妻关系、亲子关系、师生关系、同伴关系、同事关系、朋友关系等。每一个人所关联的人际关系都是多种多样的，人际关系也是社会关系的侧面或缩影（佐斌，2009）。

一、人际关系，满足需要

“需要”是人际关系建立的基础。人际关系是离不开需要的，因为需要，人际关系才建立；也因为需要，人际关系才改变。从需要的角度，我们每个人作为社会中人，都有合群或者群居的心理倾向，这种合群的倾向也是人际交往或人际关系建立的内驱力和心理基础。关于需要最为知名的就是马斯洛的需要层次理论。其中不论归属的需要、爱的需要，还是尊重的需要都是个体进行人际交往的重要原因和驱动力。与此类似，而在发展和维系人际关系背后，也存在着三种不同的需要，对应于三种人际关系形式。

(1) 包容的需要。包容的需要体现在我们希望和他人交往并保持良好的关系的愿望。如果包容的需要比较强烈，那么就会表现出积极的行为，主动与别人进行交往，同时充分接纳他人与我们的交往意愿，发展人际关系。

（2）控制的需要。控制的需要表现在一个人想尽可能地控制别人，影响别人。如果在人际交往中只有控制需要，没有感情和包容的需要，就有可能在人际关系和人际交往中间产生争权夺利，招致反感，最终造成人际关系的紧张甚至破裂。

（3）感情的需要。感情的需要是人们希望在友谊、爱情等方面同别人建立并维持良好关系的愿望。如果一个人包容的需要和感情的需要比较强烈，就会表现为对他人的主动关心和尊重、理解。这样的人在面对和处理人际关系过程中也会更为得心应手，更容易受到别人的欢迎。

我们所期望的美好生活实际上就是不同的需要得到了满足。从最基本的生理需要到最高的自我实现的需要都是一步步在提升自己的生活质量和幸福水平。而我们平时所说的获得感、安全感、幸福感、满足感，事实上也都是由不同层次的需要在人际关系中得到了满足而获得的。

二、知情与行，三大成分

人际关系总体上可以分为认知（cognition）、情感（affection）和行为（behavior）三个成分。也有人将其称为构成人际关系的 ABC 要素，体现在人际交互及关系发展的方方面面。

（1）认知成分。对人际关系中双方或者相互的认知，是人际关系建立的前提条件。在人与人的交往过程中，我们会通过对他人的直接或间接的评价、感受而构建他人在自己心中的形象，并在此基础上建立关系。所有的人际关系可以说都是从人的认知开始的。在这一过程中，我们既认知了他人，也在和他人互动的过程中增加了对于自我的认知。随着人际关系的深入，我们对他人内部的情感、心理需要、想法、思想等内部状态有了更多的理解，从而建立了更加深厚的人际关系。而如果没有这种对他人的深刻认知，人际关系很可能是不稳固的。

（2）情感成分。情感意味着交往或关系双方在情绪上的好恶程度，以及对双方关系的满意程度，也是评价人际关系好坏的核心要素。情感成分意味着你想到人际交往的对象或者和他产生关联时，自身的内部心理体验是积极的还是消极的。情感是我们人际关系的风向标，随着人际关系的逐渐加深，情感成分在其中会有越来越多的体现。

（3）行为成分。行为成分是人际关系相互沟通的手段，行为的具体表现形式包括语言、举止、表情、动作等。人际关系必然意味着我们跟人际交往的对象之间存在互动，如果没有互动、没有交往，也就谈不上人际关系。虽然情感是人际关系质量评价的核心指标，但是一个真实的人际关系的建立和发展发生是需要以真实的交往行为为基础的。在分析具体人际关系亲疏的时候，有没有交往以及交往的频率是分析人际关系的重要指标。在我们真实的人际关系评价中间，交往或者行为的成分是非常重要的，因此有效的交往行为是人与人之间建立和保持良好的人际关系的重要渠道。

我们的认知、情感和行为是一个有机的动态系统，积极的认知和情感会极大地促进我们的行为。同样，积极的行为也会不断地调节我们的认知和情感。总之，认知、情感和行为三要素可以帮助我们分析人际关系的细节，也有助于我们进行人际关系的判断或是调节。因此，如何在生活中做到知、情、行的统一，这是我们长期保持良好人际环境的关键。

三、四大功能，促进健康

作为人与人之间沟通和互动的基础，人际关系发挥着很多作用，这也是为什么每个人都非常重视人际关系。人际关系的这些功能主要体现在四个方面：

(1) 整合功能。整合功能是以个体为生活和生存单位的人，通过各种各样的人际关系连接而成一个社会群体进而体现出的整体性功能。所有的团体组织、人群，都需要依靠于成员之间的相互交往，都需要成员之间有一定的关联，这样才能使得群体和团体内部有分工，有协作，能协调一致地生存和发展。人能够改造自然，创造有利于自身生活的环境就是因为人与人之间通过交往而产生了各种关系，从而形成分工协作、秩序井然的强有力的群体，这就是我们的社会。所以说单个的人在社会上，可能做不了多大的事情，个体的力量是非常有限的，但是通过各种人际关系，我们将人进行整合，这样就可以完成复杂的工程和重大的项目，从而推动社会发展和文明进步。可以说，人际关系具有的整合功能，不仅对于个人来说使个人的潜能、才能得以拓展，有施展的空间和释放的舞台，而且对于社会发展也是极其重要的。

(2) 调节功能。人际关系调节了人类群体活动中的思想、情感、行为等诸多方面。人类一切活动都是在一定生产关系的制约之下实现的，都是为了达到某种目的而进行的。为了实现群体内部的个体之间在行动上的协调和默契，就需要处于群体中的他人与周围其他人发展出良好的人际关系，健全相互沟通的渠道。而如果缺少感情上的沟通、行为上的认同，以及人与人之间关系上的平衡，群体内部和群体之间的合作就不能存在。所以社会需要通过人际关系，把不同力量的人整合在一起，在整合的过程中协调、调节人与人之间的误会、矛盾、隔阂。从社会大的方面来讲，调节功能就意味着要把不同的人整合在一起，调节他们的情绪、思想与行为模式，从而实现社会的和谐、团体的和谐，进而实现工作效率的提升，保证集体工作目标和社会发展目标的完成。调节也意味着个人通过人际交往调节自身的行为，其功能是伴随着我们的日常人际交往活动而展开的。

(3) 信息沟通功能。通过人与人之间的沟通和交流，个体可以获得大量的信息。广告心理学的很多研究表明，相比于通过电视、报纸等媒体所传播的信息，通过人与人之间的交往所传播的信息在丰富度和可信度上都远高于前者。当然在人际关系中，人们还可以通过人际互动对信息及时进行追问和了解，这也是人际关系在信息沟通方面的特点和优势。在动态的沟通交流中，人们获得的信息更加准确、丰富和全面。

(4) 心理保健功能。和谐良好的人际关系是心理健康的重要指标之一。我们谈到一个人，判断其心理是否健康，存在着一些重要指标，如良好的自我意识、良好的人际关系、良好的情感与情绪控制能力、良好的社会适应能力，乃至良好的智力水平，而在这些指标中，良好的人际关系就是一个重要指标。人从出生开始就和他人有关联，所以一个人跟父母的关系不好，跟同事的关系不好，跟同学的关系不好，跟同伴的关系不好，那么他肯定是一个心理不健康的人。所以判断一个人心理健康不健康，我们也可以通过他人际关系的好与坏来判断。只有当个体的心理需要得到一定的满足，内心的期望得到别人的理解和肯定时，个体才会产生乐观的情绪，对生活更加热爱，对于自己、他人，以及自身的工作和行为都会充满信心，也会有利于实现群体目标。如果在人际关系中间，一个人持消极、悲观的态度，充满嫉妒、怨恨，那么我们就会自卑、封闭、逃避他人的关心，久而久之，就会让我们与他人脱离，对我们的心理健康造成伤害。从这个意义上来讲，要维持个人的心理健康，就要努力和他人建立或保持良好的人际关系。

现在越来越越多的研究表明人际关系跟心理健康密切相关。而在社交传播中的受欢迎程度和活跃度的不平衡，也会对心理健康产生负面影响（Zhang et al.，2020）。同样的，只有我们和他人建立了良好的人际关系，才能稳定和提高自身心理健康程度。现在我们的国家提倡“国家富强、民族振兴、人民幸福”，因此居民的幸福感逐渐成为地区评价的重要指标。幸福感的提升，意味着构建国民、社区或者单位的良好人际关系和氛围。人际关系好，民众的情绪情感积极，自身的心理健康、幸福感、满意感自然而然随之提升。除了幸福感，获得感是当前民众客观需求满足与社会公平公正发展的直接反映，与人们美好生活需要的不断追求和满足紧密相关。明确人民群众不同层面获得感对美好生活需要的具体影响，可以为新时代创新社会治理，以促进社会改革发展、保障民众生活质量提供有效路径参考（谭旭运，2021）。所以要提升幸福感，维持心理健康，我们就必须要重视人际关系，重视身边的人，维持人际关系的融洽和良性发展。

11　共生关系　和谐相处

【知行心语】我们每个人离不开他人而存在，几乎所有人的问题都与关系紧密相连。社会关系主要包括交换关系与共生关系，在中国注重人情的儒家文化背景下，对他人的需求感兴趣的共生关系越来越受到我们中国人的重视。对与他人交往的关系进行积极的认知偏向与感知评价，对自我进行合理地调控，主动慷慨地与他人交往互动等，都有助于促进人际共生关系的形成、维护与发展。

作为社会性动物，我们生活在一个由家人、朋友、同学、情侣、领导等编织起来的巨型的人际关系网络之中，这些关系对我们的生存和发展都发挥着举足轻重的作用。然而，不同类型的关系存在不同的交往模式，其中，最难获得与维护且最宝贵的共生关系越来越走进我们的视野，如何更好地维护和发展共生关系成为当前社会关注的热点。

一、了解共生，行为规范

共生关系与交换关系构成了社会关系的两种主要形态，这种划分思想起源于对社会交换与经济交换的区分，社会交换不会受到在形成交换关系之前提前就应该交换什么的影响，相对而言，经济交换中必须获得等价物质的回报。共生关系与社会交换关联，在这种关系中人们向对象提供非偶然的利益，不求回报，通常以对方的需要为前提，以相互信任为基础，支持彼此的福利，人们感到愿意或有意义回应彼此的需求。共生关系中当给予支持时会得到满足感，而当未给予支持时会体验到内疚和痛苦，这种关系更多存在于朋友、家庭成员、浪漫情侣和配偶之间；交换关系则与经济交换相对应，在这种关系中存在潜在和外在的规则，人们关心所付出与回报的利益多少，通常其付出以过去的可比利益或未来的可比利益预期为前提，这种关系在商业伙伴之间、一般熟人之间，以及没有长期交往意愿的陌生人第一次互动中较多出现（Clark et al.，2013）。

值得一提的是，共生关系并不是长期的交换关系，也不是简单的利他主义/非利他主义，或无私/自私动机的投射区分，而是否对他人的需求感兴趣是共生关系与交换关系区分的核心。

在共生关系中，最重要的就是付出与得到的“利益”。然而，需要注意的是，共生关系中的“收益”不同于“奖赏”。两者的主要区别在于意图的存在。其中，利益是在共生关系中交往的一方有意地给予对方的事物，是“一个人选择给予另一个人的东西，对接收它的人有用”，包括有形和无形的多样形式，例如，有形的利益包括金钱、物品等；无形的利益包括信息、赞美、时间、指示、服务和情感支持等。相对而言，奖赏是感知者所体验的愉悦、满意和满足等感受，是一种自动化的无意识的加工过程。

有研究表明，共生关系的存在需要满足三个前提条件：第一，感知者具有建立与发展新的友谊和浪漫关系的意愿和能力；第二，目标对象对感知者而言具有吸引力；第三，感知者对目标对象感兴趣并能够建立新关系。根据不同类型的共生关系强度和满足他人需求所涉及的成本高低，共生关系中遵循不同的行为规范。在强共生关系中，个体感觉对对方的福利负有很大的责任，并在金钱、时间和自我牺牲方面需要付出巨大代价以满足对方的需求使其受益，比如大多数父母与子女的关系就属于典型的强共生关系；相对较弱的共生关系中，人们对彼此的福利承担较少的责任，也付出较少的成本，例如朋友之间；作为连续变量，更弱的共生关系，则意味着责任与付出的成本更少，例如邻里之间。

共生关系中的行为反映了个体对他人需求的特殊义务感，以及对他人、对自己的需要感到特殊义务感的期望，主要包括以下七个方面的共生行为：给予帮助；提供帮助感觉良好，而不提供帮助则感觉糟糕；持续关注他人的需求，即会换位思考；积极回应对方的情绪表达；在分配共同赚取的奖励时考虑对方需求；愿意让对方了解自己的需求；接受对方的帮助而不试图偿还。

二、影响共生，多种要素

共生关系会受到一系列因素的影响，概括起来，主要包括认知偏差、共生反应投射、自我保护与控制、共生动机，以及经验、预期和对琐碎细节的关注等其他因素的作用。

1. 认知偏差

渴望形成共生关系的人所具有的认知偏差也会对共生关系的发展与强化起促进作用。例如，个体希望与交往对象互动的动机会投射到对对方的感知中，进而可能发生自我实现预言，即使自己的预期成真的预言，而有利于共生关系的良性发展。关系的动机认知模型也很好地体现了认知偏差对共生关系的作用。此模型指出，除了个体感知伙伴实际反应的准确性外，希望建立联结的动机所导致的偏差的认知加工，共同形成了对伙伴反应的感知，这种积极认知偏差感知进而会对个人及关系的幸福感产生促进效应。

2. 共生反应投射

个体对共生行为的投射在共生关系的发展中也发挥着重要作用。对交往伙伴需求反应感知的投射模型指出人们将自己的关心和支持投射于他们对伙伴的关心与支持的感知（Clark et al.，2017)。这种对共生行为的投射会对交往伙伴的反应感知产生影响，对共生关系产生促进作用，包括积极评价、吸引力、自我表露和提供支持等。并且这种期望维护和增加共生关系的投射动机会表现出持续性和稳定性的特点。从共生反应投射与感知到他人的反应，然后调整反应，进而再投射和感知，在人际互动中表现出一种促进共生关系发展的良性动态循环。

3. 自我保护与自我控制

自我保护与自我控制也会对人们遵守共生规范和寻求共生关系产生影响。首先，在自我保护方面，特别对于缺乏信任感的个体而言，自我保护的目标尤为强烈。例如，对于依恋焦虑、依恋回避、拒绝敏感、低共生倾向、低移情自我效能信念和低自尊、低信任感的个体而言，他们会更多以在长期的关系中的自我聚焦保护为目标，从而更少在意他人的所需的支持和注意。例如，低自尊者倾向于功能性地隔离记忆中与伙伴有关的积极信息和消极信息。与之类似，低信任感个体（如依恋回避者）更多将共生关系中他人的行为感知为非自愿的，从而减少对共生关系的依赖，不利于共生关系的发展。进而，这种策略往往对让对方产生挫败感，进而减少真实的关心，将自我实现预言付诸行动。其次，自我控制也在共生关系中扮演着极其重要的角色。在共生关系中，为了满足对方的需要，即意味着自我会为此付出代价，因此，人们通常会面临着选择困境，即是以共生的方式还是以个人主义的行动，需要自我控制发挥作用。

4. 共生动机

作为对他人福利的关心与关注，共生动机对于共生关系的建立也发挥着重要作用。例如，在朋友和情侣之间，互动的共生动机是其亲密感和支持的重要源泉；同样，具有高共生动机的父母会更好地回应子女的需要。有研究表明，共生动机包括三种不同的形式：一般共生动机、特定对象共生动机（如针对特定的子女、父母、情侣和朋友等）和非缓和共生动机（一种缺乏能力的关心形式和自我导向关注）。不论是哪种共生动机，都能够显著预测共生双方关系的幸福感（包括生活满意度、积极情感和消极情感）。

5. 其他因素

一些其他因素（如经验、预期和对鸡毛蒜皮小事的关注等）也会对共生关系产生影响。首先，个体过去的关系历史经验和对未来的关系发展预期均会对当前的共生关系产生影响。过去的关系经验会影响共生关系中的想法、感受和行为，特别是当前的交往以某种方式激活了个体过去交往对象的记忆时，这种影响尤为明显。同样，个体不同的关系经验会对未来关系产生不同的预期，进而影响其对对方的不同感知、反应和行为。此外，对鸡毛蒜皮小事的过度关注会对共生关系的发展产生消极的影响。例如，研究表明，当人们有意图地关注关系互动中的琐碎的细节，即使看起来慷慨的互动，也会让对方感觉到交易的本质，进而不利于共生关系的维护与发展（Kim et al.，2018），因此，在共生关系中交换的数量和形式都同样重要。

三、促进共生，和谐相处

共生关系作为社会性动物和社会心理学之“社会”的最重要体现，深入探索这一概念及影响因素具有重要理论与社会现实价值，对理解和促进人际/群际交往与互动均有重要社会意义。文化在关系及其所遵循的规范模式中扮演着极其重要的角色，在我们注重儒家文化和“关系取向”的中国文化背景下（佐斌，2002），维护和发展共生关系显得尤为重要。

无论从个人、人际还是群际到社会层面，对他人形成积极的认知偏向，对他人的关系与支持进行积极的感知评价、合理的自我保护与控制，提升与他人互动的意愿，更加主动与慷慨的互动等，都有助于促进共生关系的形成、维护与良性发展，进而有利于和谐相处。

12 遥远星球 动态互动

【知行心语】社会认知是情境化的，个体社会认知的结果会受到所处情境的影响，情境的变化也会影响群际评价时热情和能力两个维度的关系。在对外群体成员进行群际评价时，热情维度往往正向推断能力维度；能力维度则负向推断热情维度。当个体间的互动意图得到明确后，人们对外群体成员的群际评价在热情和能力维度感知上均呈现趋中平衡的趋势。二者在竞争情境中表现出“此起彼落”的反向演变趋势，而合作情境中表现出“同起同落”的同向演变趋势。

荀子曰：“人生不能无群。”作为社会性动物，我们每个个体总是存在于群体之中。请发挥丰富的想象力，想象一下，你和你的团队来到了一个遥远的外星球。当了解到这个星球上的外星人是高智商的“Zaufs”群体，他们智商高（平均水平是130，范围在120到140之间），成员普遍都是聪明、能干、效率高的。请你对“Zaufs”群体的热情和能力进行7分等级评价（1＝非常不热情友好/愚笨低效；7＝非常热情友好/聪明能干）。你会怎么进行评价呢？

请进一步想象，由于地球资源紧张，你和团队作为代表到某一星球开采一种能源，可是“Zaufs”群体也看上了这个星球的能源。于是你的团队和“Zaufs”群体达成了一个协议，通过一场比赛来决定开采的权利。请继续对“Zaufs”群体成员的热情和能力进行评价，你又会怎么评价呢？请再进一步想象，假如“结果，你们赢得了比赛，也获得了该星球的能源”，或者“然而，很遗憾，你们输了比赛，也失去了该星球的能源”。你又会分别怎么评价“Zaufs”群体成员的热情和能力呢？

当你得知外星球“Zaufs”群体的竞争意图后，对其的热情和能力评价会不会随之下降呢？当你的团队成功了，你对“Zaufs”群体成员会不会表现出热情评价上升，能力评价下降的趋势呢？而当你的团队失败了，反过来，你对“Zaufs”群体成员会不会又表现出热情评价下降，能力评价上升的趋势呢？

假如，你们团队和“Zaufs”群体不是竞争关系，而是要“通过合作来找到利用该星球能源的技术，你们合作程度将决定你们能否成功利用该星球的能源”，你对“Zaufs”群体的评价又会发生怎样的转变呢？除了“Zaufs”群体外，如果换成高情商（EQ平均水平为130，范围在120到140之间），成员普遍热情、友善、待人温和的“Wahrn”群体，或换成情商低（EQ平均水平为70，范围是60到80之间），成员普遍冷漠、自私、具有攻击性的“Lsejt”群体，或者换成低智商（IQ平均水平为70，范围在60到80之间），成员普遍是愚蠢、低效、无能的“Morlc”群体，你在竞争与合作情境，以及成功和失败结果下，对这些遥远星球的外星人群体会产生怎样的群体评价和演变趋势呢？

带着好奇心与这些问题，跟我们一起来一场神奇美妙的社会心理学群际评价之旅吧。

一、群际评价，动态演变

作为社会心理学家的关注热点之一，群际情境下的评价研究能够极大地有助于减少社会生活中的群际冲突、偏见和歧视。以往有众多关于群体人际关系研究的静态剖析，然而研究者很少基于动态变化的反馈去探讨在社会情境中个体彼此间的互动对群际评价的影响。事实上，群际评价在实际社会中就像是源源不断的流水，它每时每刻都是新的，时时刻刻都在发生变化。当受到个体间接触和结果反馈等情境的增多和改变，群际评价的结果也可能因此产生较大的变化。

先前的研究暗示我们，个体社会认知的结果会受到所处情境的影响，从而影响群际间的评价。美国社会心理学谢里夫的罗伯斯山洞实验可以说是最早把群际评价与群体间所处的情境间的相互依存性展现在大众面前的。在实验最开始，将夏令营中21名男孩（11～12岁）被分成“老鹰队”和“响尾蛇队”两个小队。实验中将某一队的成功使得另一对处于不利的处境看作资源稀少的竞争情境，在此情境下两支队伍对对方产生了负面评价与消极行为；而在资源充足的合作情境中，两支队伍面临的是一连串要求他们相互配合、共同解决的难题，这时，两支队伍又冰释前嫌，共同配合，产生了与资源稀少的竞争情境下相反的积极表现。此外，有研究者发现明亮和黑暗的情境也会对群际评价产生影响，黑暗情境下人们对外群体成员表现出更消极的群际评价。

近年来，研究者越来越聚焦群际评价所受到的群体互动等情境动态演变的影响。例如，研究发现，人们在为内外群体成员分配金额时，频率和轮流次数的变化会影响金额分配的差异；在起先几轮中的外群体攻击行为会影响后面轮次中的群体利他给予；研究者进一步发现在第一轮时对内外群体的评价不存在明显的差异，但随着后面几轮重复接触的增加，人们的内群体偏好逐渐增加，特别是在第10轮和第11轮进行群体间转换时，人们的群际评价改变更加明显。可见，群际评价会动态地受到群际互动的行为及结果的影响，表现出明显的情境互依性。

二、评价意图，结果作用

以往的研究程序多是一种手法的简单重复，这与复杂的社会现实显然不符，这种简单的重复并未考察互动本身性质的差异和结果反馈的影响。处于竞争关系的群体在多次重复接触后，群际行为上的变化很可能与处于合作关系的群体不同。根据社会相互依存理论，一般来说，社会互动中个体的关系可以分为竞争与合作两大类。在合作型互依关系中，个体的成功建立在他人成功的基础上并旨在开创双赢的局面，二者共同承担社会中的责任，他们的关系也因此更加融洽。而在竞争型互依关系中，个体的成功是源于他人的挫败，个体之间相互竞争，消极对立。有研究表明，群体威胁在群际接触中也发挥着一定作用，是影响评价结果的重要因素。在竞争型互依关系中，消极的评价是个体感知到的群体威胁的结果。相对于竞争关系，合作型互依关系可以明显降低群体成员的紧张与受威胁感，进而减少内群体认同、内群体偏好和外群体贬损行为；对于弱势的一方，与强势一方建立合作型互依关系甚至可以暂时消除长期弱势地位带来的对心理与行为的影响。因此，在考察互动过程中群际行为的改变时，有必要进一步考察互动的不同性质或不同结果的影响。还有研究表明，积极群际接触和消极群际接触会产生不对称的心理效应。其中，消极群际接触会更明显增加偏见和回避等消极效应。那么，在竞争或合作情境中，成功与失败的积极和消极的结果会导致人们怎样的群际评价演变呢？

为了更好地观察在群体之中的热情与能力评价在不同时间和不同情境中的差异，佐斌、温芳芳、吴漾等人（2018）从社会认知中的“大二”模型出发，着眼于能力和热情两个维度，并从单维和双维的视角首次对群际间的社会认知进行了一系列研究。他们发现，一方面将社会认知中的群际关系放到动态的情境互动过程中具有极强的现实性以及生态意义，另一方面从全新的视角探究“大二”模型能够让我们更深刻地理解社会认知中热情与能力之间的关系。

基于单维和双维信息呈现双重视角的研究显示，高热情与高热情—高能力、低热情与低热情—低能力分别得到了一致的结果，这表明由已知的热情推断能力时是正向的，这一关系的原理与晕轮效应类似；而从高能力与高能力—低热情、低能力与低能力—高热情也得到了一致的结果，这表明由已知的能力推断热情时存在类似补偿效应的负向关系。在对外群体成员的热情和能力进行评价时发现，评价意图的作用与所处情境没有联系。总体而言，人们对外群体成员的群际评价在明确互动意图时热情和能力维度感知均呈现趋中平衡的趋势，符合热情与能力的进化适应生存的心理机制。而在对外群体成员热情和能力进行评价时发现，成败结果的影响会受到所处情境的约束。热情和能力在竞争情境中表现出“此起彼落”的反向演变趋势，而合作情境中表现出“同起同落”的同向演变趋势。

三、德才兼备，本土检验

值得思考的是，研究发现的竞争情境下“此起彼落”和合作情境中“同起同落”的现象是刻板印象内容模型的必然衍生品，还是在中国文化的独特心理模式中建构的内容呢？对这一现象的探索将成为我们未来研究的重点方向。在中国注重长期和谐关系的文化背景下，通过“德才兼备”进行社会认知的人际评价是普遍现象，那么，是否存在合作情境中的“同起同落”模式呢？将竞争情境下的“此起彼落”和合作情境中的“同起同落”现象同中国文化心理学的内容相结合，进行跨文化比较研究，更深入揭示群际评价中热情与能力情境演变的内在文化根基，是未来研究的重要目标。

13 “我们”圈子 群际敏感

【知行心语】 人类作为社会性动物在长期进化发展和互动中会形成“我们”“你们”和“他们”等众多不同的圈子。人们对自己所在的“我们”圈子会存在一种偏爱，即使是人为临时分组，这种偏爱也依然在资源分配和印象评价等领域普遍存在。特别在群际互动的沟通中，人们也会存在群际敏感效应，即对一些匹配的语言只允许“我们”圈子的人来表达，同样的语言当外群体成员表达时，会激发我们产生消极的情绪和威胁防护措施。可见，了解我们所在群体的心理规律，打破根深蒂固的群体身份的边界，以更平等、开放、接纳和融合的心态来互动，是人际和群际和谐相处的良策。

又是一年毕业季，或许很多同学还没有细细感悟，就要带着留恋与不舍和熟悉的校园匆匆告别。数年青春，纸短情长。有人说，母校就是你在心里骂了千百遍，却不允许他人说一个“不”字的地方。每个人都认为自己人的批评是希望母校变得更好，而外人的批评则更可能是恶意地“泼脏水”。这种母校情结暗含了一个普遍的心理现象：不同来源的消极评价会引发人们截然不同的心理感受，即“我们说可以，但你不行”。那么，这一现象背后有着怎样的社会心理因素及后续影响呢？

一、最简群体，社会认同

请想象一下，图 1 中两幅摄影作品，请问你更欣赏哪一幅呢？

你的选择是 A 还是 B 呢？请继续想象，假如你的选择是 B，现在告诉你，你和几位同样喜欢 B 图的人被分在了 B 组，为“蜂恋花”组；另外一群喜欢 A 图的人被分在了 A 组，为“郁金香”组。现在我们分好组啦，一起来玩个小游戏吧。

这个游戏很简单，请分别为你所在的 B 组“蜂恋花”组成员和另一组 A 组“郁金香”组成员来分配虚拟货币。请注意，分配货币时需要遵循一定的规则，如表 1 中，两行数字分别表示分配给你所在 B 组成员和另一组 A 组成员的货币数量。每一列为一组搭配。你的任务是从表 1 中选择一组搭配，也就是将对应的货币分配给一名你的“蜂恋花”组成员（如 16 号）和一名“郁金香”组成员（如 22 号）。请问你更想要选择哪一列搭配呢？

A　　　　B

图 1　摄影作品示例

表 1　分配货币的搭配

蜂恋花 No. 16	7	8	9	10	11	12	13	14	15	16	17	18	19
郁金香 No. 22	1	3	5	7	9	11	13	15	17	19	21	23	25

你是追求公平，选择最中间一列的 13 和 13 组合的相同数量的货币分别给自己所在组 16 号和另一组的 22 号呢？还是追求的最大化差异，选择最左边的 7 和 1 的组合分配自己所在组和另一组成员呢？或者追求最大化共同利益，选择最两行中最大的数字如最右边的 19 和 25 组合来分配呢？再者追求给自己所在组分配最多的货币选择最右边的 19 组合呢？你的选择是什么呢？你会不会倾向于给自己所在 B 组的“蜂恋花”16 号更高的货币分配呢？

好的，感谢你的认真参与，到此小游戏告一段落，让我们来揭开小游戏的神秘面纱吧。刚才我们简单再现了社会心理学中“最简群体范式”（Minimal Group Paradigm，MGP）的经典实验，现在我们来看看“最简群体范式”是什么。

常言道，“物以类聚，人以群分”，生活由一个一个不同的圈子组成的，而不同生活圈的形成基础来源于某些生活中的线索，个体所属的圈子就形成了“我们”圈子。例如，根据性别线索，“我们”可以是“男人”或“女人”；根据年龄线索，“我们”可以是“年轻人”或“老年人”，除这些自然线索外，也可以依据社会线索，如身份地位，“我们”可以是“穷人”或“富人”等。社会心理学家发现除了通过这些现存的相对客观线索来形成“我们”圈子外，一些简单的人为随机操作也能形成“我们”和“他们”的内外群体圈子。例如，我们在上一主题中提到的谢里夫的罗伯斯山洞实验研究，在实验最开始，将21名参与夏令营的男孩（11～12岁）完全随机分成两组。当群体一划分完，两组孩子就自发产生竞争意向，并分别给自己所在队自封为“老鹰队”和“响尾蛇队”，他们向对方声称“我们队比你们队好”，可见，这一简单的分组已形成了“我们”圈子的群体规范和社会认同。

那么，内外群体偏见产生的最简条件是什么呢？这一问题引起了泰弗尔极大的兴趣，在谢里夫偏观察性的夏令营研究基础上，泰弗尔拟通过高度控制的实验条件来探讨内外群体划分的最简条件，于1971年创造了最简群体范式。其实验基本过程与我们的小游戏十分类似，首先让参与者看许多出自克利（Klee）和康定斯基（Kandinsky）之手的抽象画，并让参与者说出比较喜欢哪一张，随后，假装将参与者的多次回答进行归类，并告知他们分别被划入“克利”组或“康定斯基”组，实际上这种划分是完全随机的。随后让被试完成与我们小游戏中相同的货币分配任务，结果泰弗尔及其同事惊奇地发现，在这种最简群体的条件下，仅仅知道某人跟自己是一组，就足以产生对自己所在群体的偏好（如与外群体成员相比，被试分配给内群体成员更多的金钱），即产生了群际偏差(温芳芳 等，2018；张莹瑞 等，2006)。

最简群体范式在自泰弗尔提出以来的近50年里，如何通过简单操作形成有效的社会分类或分组一直是社会心理学家关注的焦点。分类任务的实质是对于自变量的操作，即通过操作形成具有社会心理意义的内群体与外群体。

社会心理学家对最简群体范式所产生的内群体偏好效应的解释主要基于自我与群体成员相似性的心理机制，这种相似性是从三种不同的视角来推论的：首先，自上而下的群体推断自我视角认为，之所以产生最简群体范式效应是由于内群体偏好可以减少不确定性，增强群体认同感，从而能够实现自我的价值感与自我强化的满足。其次，自下而上的自我推断群体视角则认为内群体偏好效应的产生是由于个体对内群体会产生自我投射、锚定、共鸣，促使自我认同的群体成员产生内群体偏爱。最后，由前两者形成的社会认同整合视角，为研究者提供了个体自我与社会自我动态交互作用的新视角。该模型认为自我刻板化与自我锚定作为自我—群体交互关系的两条重要认知路径可以共同解释个体与内群体相联系的社会认同。

二、“我说可以，你说不行”

我们每个人都处于复杂的社会群体之中，大到国家和地区，小到学校和社团，我们的命运或多或少都和自己所在的群体联系在一起。“我们所属的社会群体是我们观察自己的一面镜子”，符号互动论的代表人物米德如是说。简单来说，个体对自己满不满意很大程度上取决于社会对“我们”群体的评价态度。例如《红楼梦》中写道“（贾、史、王、薛）这四家皆连络有亲，一损皆损，一荣皆荣，扶持遮饰，俱有照应的”，讲的就是群体和个体的紧密相连，就如同水滴与河流，一滴水的性质，终将趋于它所处的河流。同样地，他人对我们所在群体的评价会潜移默化地改变我们的自我概念，甚至会影响在社会互动中我们表现出的态度和行为。

有关群际交互的研究表明，一个来自被积极的评价群体的个体收获的是评价的积极作用，而来自消极的评价群体的个体会因此歧视从而对群际互动产生消极影响。并且评价的来源才是影响个体反应的决定性因素，尤其是那些外群体的消极评价远比来自“我们”群体的消极评价更令人敏感和不被接受，因为来自“我们”群体的消极评价被认为是基于建设性动机的为群体谋取利益的行为，而外群体的消极评价则往往被看作是出于敌对的恶意和竞争的动机，这一现象被概括为群际敏感效应。

群际敏感效应为理解群体间的互动行为及后果提供了重要的理论基础，但也存在一些尚不明确的地方。中国注重和谐的群体关系，同时有着较高的自我批评氛围，在中国文化背景下，人们对不同来源的消极群体评价的情绪反应会呈现什么样特点？最简群体范式能否重复群际敏感效应的存在？并且，群际敏感效应的影响因素是什么？群体认同作为联结个体和群体的重要过程，对群际敏感效应会产生怎样的影响？此外，群际敏感效应的表现主要集中在情绪层面，该效应是否存在某种行为后效？其内部机制又是什么？

研究者使用 4 个实验考察了在群际交互中个体对不同身份的负面群体评价的情感反馈及群体认同的调节作用，并基于情绪—行为反应的连续性视角探索了群体间敏感性的行为表现及内在机制（宋仕婕 等，2020）。研究发现，在现实群体和最简群体分类中，两者都证明了个体对外群体的负面评价有更激烈的消极情感反馈，作为一种动机推理线索，群体身份在决定负面评价的性质的同时，也会影响个体的情感表达；并且，群体认同能够显著影响群际敏感效应及其行为表现，当面对来自外群体成员的威胁时，高群体认同的个体会被激发出更加消极的应激情感反馈，同时会产生更多的行为来维护内群体的完整和自尊。这是一种由情绪出发，过渡到行为的持续性反应模式，也可以看作是群际敏感效应在行为上的后续延伸，它为理解人们在群际交互中心理及行为的反应模式提供了崭新的理论视角与经验基础。

三、和谐共处，相互尊重

一种最简单的群体划分就让人们产生“我们”感的圈子，进而对于自己所在的群体给予更多的资源分配和更好的印象评价，存在明显的内群体的偏好。这种基于社会认同的内群体偏好也会在群际互动的沟通中以微妙的形式存在，比如一些批评的语言，只允许内群体的“我们”来说，而外群体的“你们”表达则会引起“我们”的反感、消极情绪和行为反应，即存在群际敏感效应。如何打破群际之间隐形存在的界限，实现群际间更好地融合，将是作为社会性动物的个体在社会交互中所面临和需要思考的核心问题。了解群际互动的心理规律，以更多元的视角、更宽阔的胸襟和更广大的格局形成命运共同体感，这对于消除群际隔阂具有重要的意义。

14 群际互动 消除歧视

【知行心语】在群际互动中，因社会和个人因素导致的歧视给人们带来极大的困扰和负面的影响。要想消除歧视，可从以下方面出发：首先，发挥多途径信息传递功能，保证信息多样性，加强信息准确性，着力发挥舆论优势，去提升公众的认知水平；其次，正确认识个体标签，客观认知个体身份，聚焦“中国人”共同身份认同，去端正看待不同群体的沟通方式；再次，多方向、多角度选择社会分类的线索和层次，扩大不同群体间交集，促进群体交叉分类效应的产生；最后，将理性的社会角色规范与人性真情更好地融合交织在一起，通过激发与传递积极情感来消除歧视。

社会心理学研究者把歧视及相关的刻板印象与偏见等心理现象看作一种带有社会性质的偏向。刻板印象是人们对某个群体及群体内个体的固定与概括化的看法，偏见是对某个群体及群体内个体的一种不恰当的消极情感，而歧视则是对某个群体及群体内个体的一种不恰当的带有偏见性质的行为。群体间的歧视既包括人们对外群体中个体的伤害或负面行为，还有不公平、不公正地优待自己所属内群体的利己行为。由于偏见和刻板印象针对对象的多样性和情境的变化性，群体间歧视表现形式众多，程度变化极大，包含从口头和语言文字的藐视到社会交往中行为上的刻意回避，再到暴力行为甚至更为极端的宗教色彩大屠杀或种族灭绝。新冠病毒感染暴发营造了一个非人类意愿社会性质的特殊实验场，在此状况下对疫情中个体的社会性心理状态开展研究，对疫情期间的群体间歧视进行深刻探究，有助于全方位地理解特殊时期群体间互动及社会运转过程中社会个体的心理机制。

一、群际歧视，特殊表现

当群际歧视的表现在个体层面时，可以分为外显和内隐两种，具体表现包括言语与非言语敌意、回避接触、攻击行为与不公平对待等。而当群际歧视的表现在社会层面就是我们通常所说的社会歧视，包括对于群体种族、性别、地域、职业、疾病等方面的歧视。这些群际间的歧视的共同之处就在于有值得我们思考与深究的表现形式。

1. 语言轻蔑

语言轻蔑主要表现为三个方面。一是标语类宣示，如在疫情防控期间直接将××市人、××省人、××省来的物品等文字用横幅、大标题、告示、标语等书面语言张贴出来，告示中明显存在外群体对上述内容的歧视；二是污名化称呼，如疫情防控期间对××市人、××省人使用污名化的称呼；三是使用不友善词汇，如疫情防控期间某些部门和门店甚至直接将“举报、投诉、抓、赶”等不友善词汇用于××市人、××省人身上。

2. 过度回避

过度回避具体的行为表现在与××市人、××省人在社会交往中刻意保持较大的空间距离，拒绝和××市人、××省人建立友好关系，漠视××市人、××省人的提议等。在公共交通或超市等场所，一旦听到有××省口音的人在说话，即使大家都带了口罩，做了严格的防护措施，心理上还是不由得生出恐惧并产生回避行为。

3. 扩散信息

根据媒体新闻报道，新冠病毒感染发生后多地市都出现了××市返乡人员在配合疫情防控调查后包括姓名、身份证号、电话、家庭住址、往返车次甚至是高考成绩、父母情况在内的个人隐私信息却遭到泄露扩散的情况，信息在某些老乡群和小区群内流通传播。

4. 粗暴对待

在疫情防控初期，某些地方出现了酒店拒绝××市人入住，车辆拒载××省人，在××市返乡人员家门口上锁和贴封条，强制用钢钉铁板在××省住户的大门外封门隔离，甚至有人因为给予流离失所××市人热心的救助行为，而被看作是一种罪责。

二、歧视成因，双重作用

与通常意义上的性别、种族歧视等不同，本次疫情更多的是地域歧视和疾病歧视的融合与叠加，这种特殊歧视的产生其机制也不能与以往的产生机制一概而论。经过对以往相关理论整合、文献分析和对疫情防控期间出现的各种歧视行为的观察与思考，可以基本将影响因素归纳为个人心理因素与社会群体规范因素两大方面。

1. 个人心理因素

个体对于新冠病毒、疫情发展情况、自身抵抗能力等方面的认知情绪反应及个体本身的人格特征，是影响群际歧视产生的重要心理因素。第一，个体对自我、维持自身健康状况的本能反应。第二，部分个体对于外在威胁与面对死亡的恐惧等影响因素的反应。第三，个体感受到消极情绪时对自我和社会产生的后果。第四，个体对于外界各种事物简单认知模式的作用。第五，先天形成的人格特征。

2. 社会因素

从非个人/个体的情境、群体身份、社会规范、大众传媒影响等方面探寻产生群体间歧视的原因逐渐成为社会心理学研究方向的主流。首先，处于竞争关系的群体所受到的来自该情境的影响。其次，群体中成员对自己所属群体并获得群体身份认同的作用。再次，来自个体所承担社会角色的规范严格与责任重压的结果。如疫情防控期间各种来自媒体的舆论形成的社会心理氛围的影响。最后，已形成的社会心理氛围产生的群体极化对群体间歧视的影响。

三、消除歧视，心理路径

当社会群体及群体分类产生的时候，就预示了群际歧视的存在。为了更好地减少或消除群际偏见与群际歧视，社会心理学者做了大量的研究和探讨，也提出了例如强化群际接触，奖赏无偏见动机的行为，增强个体内疚情绪与同理心，再类别化等众多方法，以期化解群际歧视的不良影响。通过对此次疫情防控期间出现的群际歧视的具体表现形式与背后形成原因进行分析，我们提出以下四个心理路径以期能够减少或消除当下的群际偏见与群际歧视（佐斌 等，2020）。

1. 增加信息的丰富性与准确性，发挥舆论对公众认知的引导作用

个体的认知加工过程主要依赖于个体所接触到和获取到的信息，认知加工方式会直接影响个体所产生的行为。目前人们所关注到和接收到的信息，不论是正面的、负面的还是关于事实的客观陈述，都会影响个体的认知加工过程。在当下这个互联网极为便利和社交媒体极为发达的时代，信息获取的便捷性和广泛性使得信息对社会公众的影响之大达到了前所未有的高度，通过网络，人们在第一时间就能够获得关于疫情发展、病毒扩散、××市人、××省人、医护人员等方方面面的新闻报道与大众评论，能够在瞬时了解到社会中对××市人、××省人的歧视行为以及其他公众对类似行为现象的态度。基于此，相关媒体要在关注病毒、疫情数据的同时，也要更多地考虑到新闻对人们的心理与行为状况的影响；既要承担起传递防控疫情信息的责任使命，也要传播友爱互助依法依规行为的信息；要勇于曝光对××市人、××省人以及中国人的歧视行为与现象，也要慎重考虑歧视行为的危害后果，并且坚守文明社会对于群际歧视明确反对态度的价值取向。尤其要强化宣传新冠病毒是人类共同的敌人，要倡导人类命运共同体意识，××市人、××省人也是病毒的受害者，不是病毒的制造者。随着疫情防控措施不断取得新的进展，人们开始注意到，随着全国各地市疫情状况正在走向明朗，好转态势逐渐清晰，网络上媒体关于群际歧视现象和行为的报道正在逐渐减少，而对与疫区人群的关爱与帮助的案例逐渐变多。

2. 聚焦“中国人”和“人类”共同身份认同，认识个人的多重身份

面对新冠病毒感染，取得胜利是全体人类奋斗的共同目标。歧视现象与行为的出现，很大原因在于人们对于目标的认知存在一定的差异，因此理性认知并正确区分“病毒”与“××市人”以及“病毒”与“人类”的关系，加强中国人和人类命运共同体之间同一身份的认同感知。当个体因为这一身份的存在所形成一个拥有共同目标的内群体时，认同度的提高和随之产生的内群体偏爱可以有效减少和预防群际歧视。除此之外，根据社会身份复杂性理论，每个个体都拥有多种多样的身份和特征，根据不同的社会身份，个体能够有意识或无意识地将自己包含于或者创造出一个以共同认知为基础的包容性更广的内群体身份，从而帮助人们能够更好地应对外群体的歧视与威胁、减缓群际间冲突并且改善不恰当和具有危害性的群际行为。心理学家戴维·迈尔斯也说过，“人生有一种智慧，叫换个角度”。当人们认知他人的时候能够调动对多种身份的感知，并将感知到的信息加以综合，例如在接触一名武汉人时，能够同时意识到她也是“母亲”“女儿”“售货员”“社区志愿者”“乒乓球爱好者”等多种身份集合的个体，群际歧视的发生就会减少。

3. 调整社会分类线索和层次，促发群体交叉分类效应

交叉分类是指依据两个或多个类别维度对进行认知判断的群体进行社会分类，从而从多个类别维度形成对该群体内外群体身份的交叉。群体交叉分类效应指内外群体身份交叉后形成的对类别成员身份共享后而出现的减少消极刻板印象与偏见歧视行为的心理现象。在交叉分类的过程中，有效地减少每一个个体内外群体所承担的身份的重要程度，同时增加了人际与群际中各类群体间的跨类别信任。比如，通过地域维度分类（武汉人与北京人）和职业维度分类（教师）的交叉后，“武汉教师”与“北京教师”共享了“教师”这一社会群体身份，有助于北京人对武汉人的某种消极认知的削弱，从而减少群际歧视。

4. 在“理性”社会角色规范中融入人性真情，激发与传递积极情感

作为社会性动物的人，也是具有个人情感的生命载体。人的社会角色也带来了规范约束，当在个体的内外群体社会角色泾渭分明的情况下，个体社会角色带来的规范约束可能会超出合适的限度，人们的心理情感与行为表现在这种情况下可能会产生一定的偏差，偏差的存在便会导致人际及群际偏见和群际歧视的产生。心理学研究发现，情绪情感与人的认知之间存在双向影响的关系，情绪情感进一步也能够影响个体的人格，是人类社会行为的调整器。人们在信息交换过程中进行情感表达和交流，在某种社会活动中，感性状态甚至能够超越理性成为主导行为的社会群体互动沟通的主导动机，以有意识或无意识的方式影响着人的行为决策。借助社会心理疏导和个体心理辅导与咨询等方式，能够有效地降低和缓解处于疫情时期人们紧张、焦虑、恐惧等负性情绪，唤起个体彼此间、不同群际间相互关心、感恩、互帮互助等积极情感表达和患难真情，同时是减少新冠肺炎疫情防控期间的特殊歧视的重要路径。

15　共情分享　助人余香

【知行心语】“赠人玫瑰，手留余香。”相互帮衬扶持、守望相助是社会中人生存、适应和发展的基础。亲社会行为受到很多因素的影响，其中，感同身受的共情和主我分享均能显著促进亲社会行为的发生。日常生活中，学会换位思考，懂得共情，分享共鸣都可以有效激发人们的助人行为。

亲社会行为是一种对他人和社会都有益处的积极行为，对于促进中国社会的和谐与发展具有十分重要的现实意义，因而如何提升人们的亲社会行为也成为一大热点问题。我们知道，在帮助他人时，感同身受的同理共情很重要，与之类似，心灵的共鸣在提升助人行为中也扮演着重要的角色，那么这些心理因素如何影响亲社会行为呢？让我们一起来探索吧。

一、同理共情，守望相助

亲社会行为是个体以自身意愿为出发点，做出对他人或社会具有积极意义的行为，包括帮助别人、与别人分享、与别人合作等。在现有研究已证实的能够影响亲社会行为的各种因素中，共情有着十分重要的地位。首先，共情是一种能力，这种能力较强的个体更容易觉察他人情绪，理解他人情感状态，感受到与他人类似的情绪体验并做出相应的情感反应。其次，共情由情感（情感分享）、动机（共情关注）、认知（观点采择）三部分组成的：情感分享指个体在观察到他人情绪情感状态后所产生的反应；共情关注指个体对他人表现出的关心；观点采择指个体从他人角度出发，体会并感受他人的情绪情感、想法观点的能力（Decety, 2012）。共情包括特质共情以及状态共情两类。顾名思义，特质共情是人的一种特质，具有一定的稳定性，拥有这种特质的人能够更好地理解别人的目的或行为；而状态共情则指一种心理状态，它是不稳定的、暂时性的，个体通过想象或观察体会到旁人所处的情境或者情绪情感状态后，会产生一定的心理反应，这种内心的反应状态即为状态共情。共情并不是某种单一的维度，而是人们对彼此情绪反应的不同方式的总称（Zaki，2012）。虽然所有共情产生的机制紧密相关，但它们实际上是独立的心理和神经过程，研究人员探索了共情的神经机制发现：共情在大脑中刺激了彼此共享的心理表征——参与者在感觉/观察他人痛苦时激活了同一个神经区域。

共情动机功能理论认为，共情忧伤会促使个体产生帮助行为，个体的共情忧伤越强就更有可能做出亲社会行为。在个体完成亲社会行为后，他的共情忧伤水平也会随之下降。共情—利他假设认为个体在知觉到别人所处的窘境后会引起自身的共情，从而做出帮助行为。由此可知，共情是亲社会行为的一大重要来源，诸多研究都对此做出了证明。例如，共情能够促进人的助人行为；能够正向预测大学生的亲社会行为。不仅如此，共情在亲社会行为的诸多影响中也扮演着十分重要的中介作用。例如，共情在宜人性人格和助人行为之间起到了完全中介的作用（定险峰 等，2012）。

二、主我分享，共鸣留香

主我分享是个体意识到他人的思想或情感状态在某一时刻与自己是一致的体验，换句话说，就是在别人分享对某事物的看法和情感时，个体感知到自己具有与对方一致的情感态度的体验。主我分享的构建源自对客体我和主体我的区分。客体我包含个体在介绍自己的时候可能会涉及的东西，如个人身份、社会身份、喜欢和不喜欢的事物、难忘的事件、信仰和价值观、对未来的目标等等。用镜子作为类比的话，客体我就像是我们在照镜子时能够直接看到的形象。主体我指主观的自我，是个体在某特定时刻在思想、情感上的体验，这些体验不是固定的。同样用镜子作类比，主体我更像是一个人在看到镜中形象后所产生的反应。主我分享不同于分享自我的客观特征（如社会身份、价值观、外貌和过去的经历）。主体我指的是一种转瞬即逝的意识状态，因此当人们相信自己和他人拥有相同的意识形态时，主我分享就发生了，它不仅可以发生在相识的人之间，也可以发生在陌生人之间。主我分享构成了一种非常具体分享形式：分享此刻的状态。人们无法直接知道自己的意识是否与他人的意识具有重叠部分（Pinel et al.，2017），因此，一个人与另一个人是否进行了主我分享就需要通过某种推论来判断。比如，当两个或两个以上的个体同时对同一个刺激做出相同的反应，就会被认为是进行了主我分享的一个很好的线索。例如，在同一时间两人对同一个笑话感到好笑或者是对同一首歌的内容感到悲伤，此时他们就会相信彼此产生了主我分享。但是并非所有分享此刻的主观体验都可以被视为主我分享。如果某两个人只是因为同部电影中的伤感场景产生了相似的行为（如“你哭个不停，我最多只是哽咽了”）就不能算作主我分享的实例。若是他们在看到电影中的伤感场景后产生了相同的反应，则可以认为他们产生了主我分享（如“看到电影中的这一幕，我们都哭得很惨”）（高倩 等，2010）。

主我分享通过分享使个体间联系来满足个体归属感的需要并以此增加个体和与之进行了主我分享的人之间的亲密度。主我分享类似于以往减少刻板印象和偏见的研究，在个体之间创造共同的主观体验，如在内群体和外群体成员之间创造共同的身份。已有研究证明，主我分享可以让个体在明知道自己和外群体成员存在客体差异的前提下，依然会对外群体成员产生积极行为（Pinel et al.，2012）。主我分享能够影响个体对陌生人喜爱，并抵消对内群体偏好的倾向，抵消个体对外群体成员评价为非人性化的倾向（如认为他人像机器人一样不知疲倦）(Pinel et al.，2015)。主我分享之所以具有如此大的影响，是因为它能够让原本处于孤独状态的个体感受到与他人的联系。尽管个体无法用别人的身体感知世界，但通过语言的传达，个体可以体会到他人的主观体验。因此，当我们和别人分享我们的经历时，能感受到最亲密的感觉。Pinel 等人（2015）发现主我分享能够促进亲社会行为，并在后续的实验中发现人际间联系越紧密，被试追求平等倾向的得分就越高。研究者的另一项实验也支持了主我分享与亲社会行为之间的联系，在该实验中被试被要求评估他们与坐在他们旁边的人有多大程度上具有相似的体验（主我分享），以及他们认为自己会有多大的意愿去帮助这个人。一个人的主我分享程度越高，就越有可能向他人伸出援手。

三、交互作用，促进助人

主我分享与共情具有相似性，主我分享能够影响亲社会行为，共情也是影响亲社会行为的重要原因之一。主我分享强调了在他人分享了对某事物的瞬间看法和情感时，个体意识到自己具有与对方一致的情绪情感的体验。主我分享能暂时消除个体的孤独感，不论进行了主我分享的人是熟悉的还是陌生的，都能增进与其进行了主我分享的人之间的亲密程度，对分享者的态度也会偏积极（Pinel，2012）。共情是一个涉及知情意的动态过程，个体依靠认知对他人的观点进行判断并表现出与他人相似的情绪反应，高共情个体更容易理解别人的观点，更容易促进彼此的合作行为。

主我分享是偏暂时性的，它强调个体在某个瞬间与别人在思想、情绪、观点等方面产生了共鸣的体验。主我分享更像是主观上的一种认知，个体通过推断，认为自己与他人在同一时刻具有相同的想法。即使事实上两个人的想法并不一致，但只要个体认为他们此刻想法是一致的，那么主我分享就存在。如前所述，共情包括特质共情以及状态共情两类，特质共情更为稳定，它是一类人格特质和能力，是人们在情绪上与别人产生共鸣的潜能，以及能够理解别人的感受或情感分享状态的能力；状态共情由认知和情绪两个部分组成，认知成分强调对他人情绪的理解，情绪成分强调个体感知到自己产生了与他人相似或者一致的情绪，并且知道这种情绪转变源自他人。主我分享让个体认为对方与自己在观念上具有高相似性，会使得个体做出更多的亲社会行为。共情模型提出感知到的相似性能够预测共情，是影响共情被唤起的因素之一（Baston et al.，2007）。自我和他人融合理论认为共情是个体的自我与共情对象相融合的过程，在这一过程中个体从自身的角度去知觉、理解他人想法或观点。在以往的研究中，研究者发现当被试处在感知相似性较高的条件中时，会察觉到与他人的差异减少，并且更容易知觉、理解他人。主我分享让个体知觉到与他人具有相似性，而知觉到他人与自身具有高度相似度会更容易唤起共情。综合上述观点来看，主我分享或许能够唤起个体的共情，也就是进行了主我分享的个体会更容易被唤起共情，进而能够产生更多的亲社会行为。

基于对主我分享和共情定义的考究，我们发现二者具有相似部分，即都突出了个体对他人情绪的判断和感受，但实际上它们又有区别。鉴于此，黎瑜君等人（2021）从特质共情和状态共情角度综合考察共情、主我分享和亲社会行为三者的关系，结果发现，主我分享、特质共情、状态共情均能影响个体的亲社会行为，具体表现为，进行了主我分享的个体会比没有进行主我分享的个体做出了更多的亲社会行为。高共情倾向的个体对他人施以援手的概率更大。状态共情诱发条件的个体会更容易做出亲社会行为。主我分享对亲社会行为的影响在状态共情的不同水平上有所差异。诱发个体的状态共情，能够促使个体进行主我分享，从而产生更多的亲社会行为。由此可见，日常生活中，我们多与他人进行交流沟通，了解彼此对某些事物的看法，能更好地促进亲社会行为，进而营造出互助和谐的氛围。

16 内群偏好 公平互动

【知行心语】内群体偏好表现为将积极态度和更多资源分配给内群体成员，外群体贬损则表现为对外群体成员的敌意、歧视和不公平态度。群际威胁、群体认同和意图动机是影响内外群体态度重要的边界条件。认识和理解内群体偏好和外群体贬损的关系界限，采取更理性、公平的方式进行群际互动是社会和谐的重要前提。

多年来，有关群际偏见的研究在社会心理学领域中一直处于十分关键的地位。群际偏见中的个体对内群体的偏好是研究者们关注的焦点之一。内群体偏好，即相比外群体成员，人们有更强烈的愿望来帮助内群体成员，表现出更多的亲社会行为等。一些研究发现内群体偏好“依赖”于外群体贬损（Zhang et al.，2020），另一些研究则发现，内群体偏好和外群体贬损存在“分离”的现象（Gonzalez-Gadea et al.，2020），关于这些问题的争论从未停止。厘清内群体偏好和外群体贬损的关系界限，对于群际偏见、歧视和不公平行为等不良社会现象的控制与干预具有重要的意义。

一、内群偏好，实质意义

与外群体相比，人们对内群体的评价更加积极，且易对内群体成员做出亲社会行为，这种倾向被称为内群体偏好。近 70 年来，广泛的社会心理学研究采用最简和真实群体操作，在不同群体身份和不同人群的实验中均证实了内群体偏好的普遍存在（Zhang et al.，2020）。这种内群体偏好可以增强群体的凝聚力和群体成员的归属感和自尊（陈世平 等，2015），但也可能会导致不公平现象的产生和生产效率的降低，产生加剧收入不平等和社会隔离等负面影响（Hamley et al.，2019），因此探讨内群体偏好的影响因素和心理机制具有十分重要的经济和社会意义。

研究者们主要从社会认同理论、社会投射理论和有界广义互惠理论对内群体偏好产生的心理机制进行解释。首先，社会认同理论认为，群体认同是个体对自己所属群体身份的认可及赋予的价值和意义。相比外群体而言，人们倾向于对自己所属的内群体进行更积极的评价，作为群体成员的个体也会因此获得并保持积极的集体自尊（张莹瑞 等，2006）。其次，与社会认同理论不同，社会投射理论侧重从人们对自我和群体的相似性感知角度出发来解释内群体偏好，相似性越高，也就意味着对内群体的喜爱度越高。相比内群体成员而言，人们对外群体成员具有较少的投射，这也就意味着偏好较少。最后，有界广义互惠理论基于群体合作具有的重要价值来解释内群体偏好，出于对内群体成员的广义信任和与内群体成员建立积极声誉的需求。相比外群体成员，人们会更倾向于与内群体成员进行合作，表现出内群体偏好。民族作为一种重要的群体身份，属于同一民族的个体往往会知觉到自身与内群体成员之间拥有更多的共通点和相似性。例如，人们更倾向于对本民族的人做出积极评价，对外民族更易于表现出歧视和排斥（Negy et al.，2003）。

二、外群贬损，独立依赖

外群体贬损比内群体偏好发展更晚，表现为对外群体成员的敌意和不公平态度，侧重于对外群体的负面评价，不考虑对内群体的利益，尽管两者是两种截然不同的行为，但它们并不是非此即彼的，内群体偏好可以简单地通过标签来触发，而外群体贬损则是由社会距离、冲突和群体之间的竞争等因素所决定的（Abbink et al.，2019），并且儿童群体做出外群体贬损行为的频率要低于内群体偏好（Rhodes et al.，2018）。对外群体的贬损有时会导致群体间冲突和群际歧视，然而当个体面对重要身份的威胁时，通过外群体贬损，个体可以增加对群体的归属感并修复他们受损的自尊。

消除内群体偏好和外群体贬损关系的模糊性，一直以来都是研究者们关注的焦点。因为个体对内群体和外群体的态度是连续的，不是分成不同的类别，所以判断现实群体中不同类型的群体偏见是很困难的。一些研究表明，内群体偏好依赖于外群体贬损的驱动产生（Schiller et al.，2014；Zhang et al.，2020）；而另一些研究则表明，内群体偏好和外群体贬损互相分离（Hughes et al.，2017）。

1. 内群体偏好对外群体贬损的依赖

1961 年，谢里夫进行了一项儿童夏令营实验，他将互不认识的孩子们分成两个小组参与竞争活动。实验结果显示，孩子们会对自己所在的小组产生集体荣誉感，而对另一组产生不友好的态度和行为。研究也发现，自然产生的群体中，比如因为政治冲突或者竞争而形成的不同群体，会同时表现出内群体偏好和外群体贬损。当一个人从属于占主导地位的群体，内群体偏好、外群体贬损与维持现有等级制度的偏好之间存在概念上的重叠，这一点在具有强烈种族认同的弱势群体中得到了充分体现（Hamley et al.，2019）。在代价高昂的惩罚游戏中，个体倾向于对外群体犯错者的惩罚更重，对内群体犯错者的惩罚更轻，这表明群际偏见由内群体偏好和外群体贬损而导致（Schiller et al.，2014）。

内群体偏好依赖外群体贬损的本质可能是为了提升个体的自尊和维持内群体优势。在内群体的优势维度上进行内、外群体比较时，会产生一个内群体和外群体的积极区分。自尊假设理论指出，群体间的区分越明显，个体增加的自尊也就越多。当内群体的自尊处于低水平或受威胁时，会增加歧视和贬低外群体的行为，而个体为了增加群体归属感则表现出内群体偏好，并通过寻求内群体更积极的一面借以提升自尊。这就解释了个体为什么会分配给内群体更多资源，给予内群体更积极的评价，而对外群体却进行贬损，即使这种偏见并不客观。研究也发现，低自尊能够预测外群体贬损，但这种影响会被内群体偏好所掩盖（Zavala et al.，2019）。

2. 内群体偏好与外群体贬损的分离

早期已有大量研究表明，内群体偏好和外群体贬损并不一定是相互关联的。从儿童发展来看，内群体偏好的发展早于外群体贬损，并且儿童的外群体贬损行为比内群体偏好行为更少被观察到（Rhodes et al.，2018)，这些研究无疑从侧面驳斥了内群体偏好会依赖外群体贬损的观点。此外，研究发现在人为操纵区分的群体中，仅仅是给两组人贴上不同的字母标签，就可以触发内群体偏好，但是没有观察到外群体贬损现象（Abbink et al.，2019）。

在大多数研究中很少能见到纯粹的外群体贬损，因而内群体偏好才是群际偏见的主要形式。例如，有研究发现表现出纯粹外群体偏见的人所占比例很小（Hamley et al.，2019）。这一小部分人可能经历过社会孤立或在他们的内群体和外群体中都遭遇过负面经历，因此难以对内群体产生偏好，但对外群体却会有显著的敌意。从进化的角度来看，个体只表现出外群体贬损这种现象比较少见，群际偏见通常需要服务于内群体，即对内群体有利（无论是表现为纯粹的内群体偏好，还是同时表现出内群体偏好和外群体贬损），这是毋庸置疑的。出现此类倾向可能是由于内群体被视为联盟群体，同一群体中的人更有可能成为在冲突中可以依靠的盟友。

三、心理边界，维护公平

内群体偏好与外群体贬损之间的关系较为复杂且模糊，二者之间究竟是相互依赖还是彼此分离，常常会受到一系列重要心理因素的影响，概括而言，群际威胁、群体认同和意图动机是二者关系的重要边界条件。

1. 群际威胁

群际威胁指一个群体的各方面特征对另一群体的存在和发展构成的威胁，这一情境条件在内群体偏好和外群体贬损的关系中起着十分关键的作用。当外群体参与有限资源或权力的竞争，并引发强烈的象征性威胁时，内群体偏好与外群体贬损便会更紧密地联系在一起。根据整合威胁理论，象征性威胁会触发外群体贬损。

2. 群体认同

群体认同也是内群体偏好与外群体贬损关联的重要边界条件，单纯基于群体认同只会产生内群体偏好。社会认同理论表明个体认可自己所在群体，从而会给予内群体更多积极态度和有利资源，且这不以伤害外群体为前提。研究发现，使用最简群体范式，将被试简单地标记为 A 组和 B 组，便可以观察到不包含外群体贬损的内群体偏好（Abbink et al., 2019）。此外还有研究发现，当儿童没有感觉到外群体的威胁时，仅仅会对群体内成员产生轻微的认同感；在儿童的帮助行为和群体认同的研究中，也观察到与外群体贬损分离的内群体偏好（Gonzalez-Gadea et al., 2020）。

3. 意图动机

外群体贬损和内群体偏好具有不同的意图动机。研究表明，内群体偏好与群体成员的亲密度和重要性有关，而外群体贬损则受自我与外群体成员之间的距离所驱动（Abbink et al., 2019）。内群体偏好和外群体贬损之所以会同时出现，可能是由在优势群体中基于群体主导地位的意图所推动，当个体属于优势群体，并致力于维持现有的等级制度时，就会出现这种情况。竞争关系也会发展为群际偏见，优势群体希望维持自己的特权地位，弱势群体希望减少不平等，这种竞争也会引起群体间个体的外群体贬损和内群体偏好。此外，外群体贬损侧重于对外群体的消极评价，而不包含对内群体的积极评价。因此，外群体贬损的动机可能是伤害外群体的。

厘清内群体偏好与外群体贬损的关系界限，是实施针对性的干预措施的重要依据，有研究者发现群体肯定（减轻身份威胁）降低了外群体贬损发生的可能性（Cha et al.，2017），继续探索其他干预措施用于减弱甚至消除外群体贬损，对缓解群体冲突和维护相对公平，营造良好的群际互动环境具有重要现实意义。

17 社会中人 社会之人

【知行心语】人是有思想、有感情、有人格的活生生的社会人。作为社会之人，人在社会互动中成长与发展，人的社会属性与合群性就显得尤为重要，而人的特性是由他人所参照和界定的，所以我们要在生活中努力去认识、理解和行动，在社会生活中寻找乐趣，做一名幸福的社会中人与社会之人。

“社会人”又被称为“社交人”。“社会人”假设最早来自梅奥（G. E. Mayo）主持的霍桑实验。人除了物质需要外，还有社会需要，比如家人的关爱、朋友的鼓励、上司的肯定等。处在社会之中，我们无时无刻不会受到他人的影响，与此同时，我们也会对他人产生影响。那么作为人，他人对我们的存在具有怎样的意义？如何才能更加深刻地领会人性的本质及价值呢？

一、社会中人，人的存在

许多哲学家都曾探讨过人的本质问题，其中卡尔·马克思的论断得到了最广泛的传播——“人的本质是一切社会关系的总和”。有关这句话的解读，出现在各类马克思主义哲学的教科书以及研究著作中。社会心理学家同样试图从心理学的角度探求人存在的本质，试图回答人是以何种方式存在的，而且最终得出的结论与马克思的论述相契合。人的本质在于其社会性，即人是社会中人。

人一出生就脱离不了一定的社会关系，也就是所谓的“他人”，我们与他人的关系就被称为社会关系，如与父母、兄弟、朋友的关系，我们与这些他人具有情感要素，这是由人的自然血亲关系和生活关系造就的，也会以“他我”的方式评价“自我”（洪海超，2020）。所谓社会中人，即是说作为人，我们不可避免地会受到其他人的影响，不可避免地会被容纳在社会之中。在社会心理学背景下，孤立的个体是不存在的，一个人一旦失去了与其他人的关联，其作为人的本质就会受到威胁。这是因为每个人都需要在人际互动的过程中发展自身。同他人的关联决定着一个人的存在，影响其自我健全以及顺利成长的可能。一个人如果离开了他人，其成长和发展便难以为继，其自身也难以被定义。举例来说，自幼被遗弃在森林里的野孩，尽管被兽群抚养得以存活，也还具有人的一切外在特征，但其人性已然不复存在，其作为人的本质也已被剥夺。

因而，只有和他人产生联系才能成为正常的社会中人。根据阿尔伯特的定义，他人可能是现实的人，也可能是假想的人。换句话说，我们与其他人的联系可以是真实的，也可以是假想的，可以是此时此刻的，也可以是过去存在的。只有与他人建立起融洽的关系，展开良好的互动，我们才能在社会上正常地成长和发展。其实，社会中人的观点是理解社会心理学中一系列科学问题的出发点，社会心理学的研究并不是为了揭示个体的心理，而是为了揭示个体心理的存在，揭示人的价值以及如何依据心理规律在社会中发展自身。

社会中人就是要确证我们的自我在社会中的存在。我们身处社会之中，必然会对其他人产生影响，对他人进行评价，与他人产生关联。一个人的自我不是孤立的，而要与其他人相伴相生，并且在同他人的关联过程中不断地进行自我调整、变化、表达和确证。可见，社会中人的核心就是我们要与他人关联，我们的自我是跟别人的自我、别人的存在紧密联系在一起的，换言之，两个以上的自我才构成了我们的社会，才能对一个社会中人进行界定，一个人的存在感、一个人的意义、一个人对自我的认识都离不开他人。

二、社会之人，人的价值

如前所述，社会中人强调我们会同他人发生不可避免的关联，而社会之人则仅仅指代我们是社会中的个人，二者存在一定的区别，前者强调的是社会，后者强调的是人。社会中人涉及人的各种关系，社会之人则是社会的基本组成单位，是人的本质的又一种体现。横向来看，社会之人涵盖了一个人在社会中的认知、情感和行为等方面；纵向来看，它又囊括了一个人在社会中的发展和变化的全过程。身处社会之中，要始终牢记自己身为社会之人的地位，在自身的发展、成长过程中关照他人，实现作为社会之人的价值。

身为社会之人，我们并非独立存在，我们所有的心理、行为都会对他人产生影响，因而我们必须顾及他人，力求对他人产生积极的影响。我们作为社会之人的本质以及我们的人性并不能由自己决定，而必须通过他人乃至整个社会加以定义。但是，我们并不能因此陷入宿命论的泥沼，甚至消极悲观。

身为社会之人，我们要从三个层面加以把握：第一是认识层面，要关注和了解自己社会之人的身份，关注和了解与自己存在关联的人。第二是理解层面，理解的前提条件是认识并接纳，当他人的思想、观点、价值观跟我们不一致的时，我们要能认知并接纳，这便是理解。第三是行动层面，我们的自我要与别人的自我发生融合，所谓融合即是我的自我帮助你，你的自我帮助我。社会之人就是要学会认识、理解和行动，这也正是人的价值所在。

社会心理学是对人的一种帮助，是有价值的，对于理解他人和认识自我都有重要的作用。在人们的生活中，常常强调要时刻意识到他人作为人的身份，仅仅相识是远远不够的。意识到他人作为社会之人的身份，同时意识到自己作为社会之人的身份，对一切人际关系的良好发展都大有裨益，这一严格的人际交往要求已经融入了中国人的日常生活。从本质上来讲，这是中国特有的社会心理学对人性的探求，不仅要认识人，还要学会做人，要把别人、把自己当成一个有尊严的社会之人来看待。

三、社会心理，美美与共

社会心理学包罗万象，研究的范畴几乎包含了我们社会生活中的方方面面，它能够帮助我们理解人、理解人性、理解自身。学习体会并学会运用社会心理学的知识，实际上会为我们提供看待问题的新视角、新思路，给予我们与过去不同的理解方式。

人类社会的每个领域都如同一片花园，里面长满了各式各样的花草树木，园丁们在其中辛勤地栽花种草。社会心理学这个大花园也毫不例外，不管是在这个大花园里劳作，还是来欣赏花园中五彩缤纷的花朵，都是同社会心理学结下了缘分，能与社会心理学结缘，一定会给你们带来幸运。不论你们最终会在哪片花园里劳作，社会心理学的花园也始终会向你们敞开。

在不同领域，人们便有了不同的担当。身处社会之中，我们要努力成为一个有担当的社会之人，共同建设人类社会这个巨大的花园，通过认识、理解和行动，让整个花园都充满生机、更加美丽，真正实现“各美其美，美人之美，美美与共”的美好设想。

结束语　影响与真实：美好源于回归初心

岁月如梭，转眼已在心理学领域浸润近二十载。大学课堂上老师问“轻舟一叶水平流”打一字是什么字的情景尚历历在目，自此，谜底“心”也在我充满好奇的心里刻上了深深的印记。而走进美妙的社会心理学领域，也与一个有趣的猜谜有关，当时老师念了我们耳熟能详的诗句“明月松间照，清泉石上流”，以此打一个两字词语，“影响”的答案便在初心中埋下了美好的种子。

社会心理学的学习对我们的生活、学习和工作产生了深远的影响，概括而言，主要包括如下六大方面。

影响一：揭秘人性，探索存在本质

社会心理学作为一门科学，有助于人们带着好奇心去探索人性的本质。一方面，在研究方法上，我们会采用不同的方法来对情境中人的心理与行为规律进行探究，除了提名法、访谈法和调查法等外，更多采用巧妙的实验设计来探究因果，因此，情境实验、假被试和现场研究也是社会心理学研究的特色。同时，为了避免外显自我报告法的社会称许性，社会心理学中通常会采用内隐社会认知的方法与范式进行测量，例如内隐联想测验（IAT）、刻板解释偏差（SEB）、情感错误归因程序（AMP）等。另一方面，在研究内容上，社会心理学的学科性质侧重研究人的社会属性，这样作为社会性动物，人们在各种社会关系中能更深刻地认识和理解人存在的本质。

影响二：认识自我，遇见更好的自己

自我作为社会心理学最重要的研究主题之一，有助于人们更清晰地认识自己。我们不仅通过内省、他人评价、以人为镜等方法对自己有更立体多元的认识，更值得一提的是，社会心理学可以作为我们自己有力的保护工具，或者更亲切地说是一位忠实的老朋友，特别是当我们遇到危险、威胁、挫折和感到迷惑时，社会心理学的相关内容会教给我们具体的解决方法，帮助我们自我调适，给予我们力量，坚定我们的内心，仿佛一盏指路明灯，让我们看到希望之光。

影响三：理解他人，接受多样差异

人际交往作为社会心理学的重要领域，有助于我们更多元地理解他人。我们对他人形成各种“像”，这些印象随着时间的推移和互动的变化，也在发生着动态的更新。社会认知的视角切换和立场的转变，会让我们看到不同的“像”，我们会越来越认识到人与人之间的差异性，接受别人与我们自己的不同，对他人也会更加包容和宽容。

影响四：消除偏见，促进群际互动

除了一个人、两个人，一群人的群体心理与互动是社会心理学研究的主旋律。小到三人成群的小群体，中到学校组织群体，大到国际之间的冲突与融合；既有按照抛硬币正反面人为划分的最简群体，也有遥远星球的外星人想象，还有现实生活中的真实社会群体，社会心理学揭示了内群体偏好、群际敏感效应、群际偏见、群际威胁与冲突、群际竞争与合作等背后的心理之谜，有助于我们以更理性的方式来对待“我们”和“他们”，进而有利于群际之间形成良性互动。

影响五：助人自助，引导积极心态

社会心理学的研究发现不限于象牙塔内，不限于学者之间，更不限于白纸黑字的文本之上。社会心理学的价值在于授人以渔、助人自助，在于传播正面影响，在于主动融入、积极引导。因此，如何将社会心理学的理论原理跟我们的现实生活实际结合起来，学以致用，对公众进行心态调适和疏导是当前社会心理学人聚焦的共同问题。

影响六：服务社会，践行心理价值

“心理学的价值在心理学之外”，随着社会心理服务体系建设的有序推进，我们社会心理学在“注重人文关怀和心理疏导，培育自尊自信、理性平和、积极向上的社会心态”上越来越有用武之地。比如，社会心理学人“走出书斋”，步入社会，深入到老百姓中去，为重点人群的心理干预，为社区的心理建设，为全民的心理健康，为满足人们对美好生活的向往而贡献力量。

作为侧重社会影响的社会心理学，在我们共同经历和见证的 2020 年，其价值再次被凸显出来。假如用一个关键词来形容我们走过的这一段经历，有幸运、努力、扎根、成长、快乐、五彩缤纷、突破、转变、成长前进、重新出发、温暖、乐观、沉淀、变充实、新体验和冲动、沟通、勿忘初心、耐心接纳、活在当下、顺利、回忆、温馨、告别、为了遇见你做准备、遇见将故事写成我们、匆匆、关系、一半，这些虽然只是一个个简洁明了的词，但每一个都是我们这一年走过的路。

如果用一个关键词来表达 2020 年对我们社会心理学的感悟和价值，我选择的是“真实”。这一年其实我们说得最多的就是“我感觉像在做梦一样”。当我很久后再回来踏上桂子山的时候，下着雨，觉得真的阔别已久了，虽然还是空无一人，但那个时候就觉得这片土地是很真实的。我深刻地感受到真实就在我身边，有时候真实的东西就在那里。

我想从 5 个方面来提我们的真实。

第一个“真实”就是生活中的困难的发生是真实的。很多不得不面对的事情就是在真实地发生着，我有时候觉得人伟大又渺小，当你经历了很多之后，会觉得人真的好渺小，也就是那么几十年的光阴，而我们每个人，我们学心理学的，我们能做点什么？

第二个“真实”就是真实的行动者。像医生、护士的话可以为社会付出直接的行动，那我们心理学人能做点什么？有时候我真的是在思考这个问题，觉得我们心理学人，读了这么多年的书，不能只是自己在自娱自乐，而是为社会，一个人能做点什么？在整个社会运转过程中我们又能留下些什么？针对这两个方面，我们团队在新冠肺炎疫情防控期间对民众进行一些动态把握。那个时候真的确实是从早到晚，编问卷也好，编工具也好，开始动态地去追踪，那些日子可以说是非常的扎实。虽然也是不太会写这种咨政报告，但就觉得发现了这些东西确实要去跟政府提点建议。当时是有二十几篇咨政报告出来，也是从早到晚，我们针对不同群体比如返乡人员，就觉得应该说点什么让政府官员或者是一些机构能够看到这些群体的实际情况，就是这样的一个简单的心思。我们做这样一些研究，很庆幸的是，当时我们写的期望病亡者家属能够得到关注的咨政报告得到了中央领导人的批示。那时候发现原来我们还是可以做点事情的。我们团队通过这些行动一步步走过来是很了不起的。我们自2013年开启的、目前已坚持了9年的社区志愿服务温馨行动，每次我们都是全员参与，跟现在的社会心理服务挂钩，有些东西你坚持一步一步走过来的时候便能够水到渠成。

第三个“真实”是真实的人性。我们一直相信人性至善，特别是这一次新冠肺炎疫情防控期间我们一直坚持善良。学会做人永远是第一位的，一辈子都要去学做人。我们对做人会有不同的解读，我们心目中有人格魅力的榜样，我们在努力去做一个这样的人，能够撑得起、立得住的这样一个人，这就是我们的人性。当你不再只关注自己，开始想到要为社会做点什么，为别人做点什么，当真正在心中有看别人的时候，你便成为“社会中人”了。人生是一个不断唤醒和领悟的过程，在这个过程中我们也清晰地了解到人性的部分和学习到如何为人。

第四个“真实”是真实有力量。有时候感觉放弃好简单，有好多理由都可以让你放弃，但是有一个理由会让你坚持，而这个坚持的背后除了你内心的热爱，真的还是有一份力量。而这个力量是我们讲的团结友爱，它真的太重要了。因为你一个人的力量太微不足道了，但是你一旦有了群体的力量后，就很不一样，它就会给你无限的可能。团结友爱还要有各种理解和包容，因为每个人是不一样的，但是我们要能够理解包容不一样。当你有一天开始去为自己团队奉献、服务社会时，你真的就是不一样了，就变成“我们”了。

第五个“真实”是真实做你自己。“我是谁”，“我要成为什么样的人”，“我要做什么”，我们有的人求名，有的求才，每个人求的东西不同，但是有的人就是一辈子在“求真”。真诚地去对待别人，有一颗真心在做这些东西，就是不一样的。“心诚则灵”，为什么有的人做事很顺利，或者说能够扛过去，因为他就是有一个非常“真”的这种心态。听从你的心，经历了很多事情之后，那么你到底想要什么？你的所爱在哪里？你要做什么？你的规划是什么？真的都要听听自己的心，这些都是外界给不了你的。

真实在发生（Happen），真实行动着（Action），真实的人性（Personality），真实有力量（Power），真实做你自己（Yourself），我们在真实中会获得幸福（Happy）。我们每个人能活着，就是幸运和美好的。这个又让我们想到真实的背后是什么。“什么是真实，就我们现在你看到什么，听到什么，做什么，和谁在一起，有一种从心灵深处满溢出来的不懊悔、永不休止的平和和喜悦”，幸福是我很平静，我内心很平静，但就是有一种发自内心的喜悦，这样实际上就是一种很幸福的状态，专注地做好当下的每一件事情，自己问心无愧，就是一种很幸福的感受。

这种“在真实中获得幸福”是我们每个人都在修炼的。正如《瓦尔登湖》中所描述的那样，从无到有再到无的时候，从简单到复杂再回归简单的时候，我们才有那份淡定和从容。“时间决定你会在生命中遇见谁，你的心决定你想要谁出现在你的生命里，而你的行为决定最后谁能留下。”社会心理学教会我们“珍惜既有”。

因此，基于社会心理学的影响价值和真实，便有了这本《社会心理：知与行》的诞生，这本书也是我们国家社会科学基金重大项目（18ZDA331）、国家自然科学基金面上项目（32271128）和国家社会科学基金后期资助项目（20FSHB003）的成果之一。确切地说，这本书是集体智慧的结晶，是我们团队这几十年深耕社会心理学领域的成果节选，更是对“心理学价值在心理学之外”的那份初心的践行。我们从老百姓的生活实际出发，精心挑选了我们团队前期社会心理学研究的 51 个典型主题，尽可能以通俗易懂的语言呈现，希望本书能对老百姓的生活有一点启发和积极的影响。

饮水思源。在这里请允许我列出我们社会心理研究中心主要贡献者的姓名：胡三嫚、赵菊、张阳阳、王娟、陈晶、秦向荣、张玮、叶娜、张陆、刘暅、刘峰、张晓斌、孙利、任杰、孙山、吴漾、张艳红、任娜、严磊、宋静静、代涛涛、兰玉娟、张莹瑞、谢志杰、谭潇、魏谨、宋仕婕、张翔、刘晨、张业丹、潘文静、张天然、高佳、何赛飞、朱佳佳、王阳、杨珂、姚奕、聂思源、韩施、戴月娥、刘国琪、游之悦、艾传国、黎情、许红建、甘琳琳、潘璠、朱小芳、严义娟、雷雅甜、余璇、孔祥伟、马书瀚、叶含雪、王琦、乔亚兰、丁玉、王苗、柯文琳、杨翠、林云涛、戴钰、王晶、何妤佳、李林意、马祯、熊胜华、温小雪、雷倩雯、张晓蕾、王甜甜、刘巧、汪瑞、尚子贞、倪源源、龚悦琪、胡聚平、张于、马俊华、高倩、张媛、张文婷、李林兰、江汶、徐同洁、肖任飞、刘珂、曲燕、李妍、卞宁、宋莉薇、浮冬琴、滕婷婷、蔡馥、吴月鹏、朱雯琪、赵苗苗、张金良、张心一、李焱焱、李娜、段雅欣、王雅菲、王咏霞、严芳、甘泉、何文荟、王红桥、李嫚、侯巧庆、吴晖阳、李路路、王薇、江达文、张箫、穆菁华、肖晥睿、杨敏宁、黎瑜君、尹娜、高欣妍、芦昌昊、鞠一琰、赵峰、龙佳慧、杜桢、杨术艺、袁琴、杨顺花、牛紫薇、付路、陈苏、施睿、孙绘芳和谢翔宇等。特别感谢龙佳慧、陈苏、孙绘芳、杨珂、王阳、戴钰、王晶、柯文琳、林云涛、杨翠、赵峰、鞠一琰、雒曾祺、谢慧懿、赵炳强对本书文字的认真修改和校对。也非常感谢我们的合作者徐以安、John Coley、Susan Fiske、齐玥、王蹊径、钱淼、宋蔓、方泽鸣、董轩昊和 Doug VanderLaan 等的大力支持与帮助。我们的同事李晔、王伟、马红宇、贺金波、洪建中、周治金、王伟军、谷传华、赵庆柏、程晓荣、范炤、莫书亮、陶嵘、张微、高闯、朱旭、李静、黄飞、李董平、于全磊、李玉杰和左培颖等老师以及心理学同仁给了我们团队许多研究上的帮助和支持，在此表示由衷的感谢！

当然，研究是一个过程，在这个过程中因精力和能力有限，难免会有各种疏漏和错误，敬请各位同行和读者朋友们包容，并提出宝贵的意见和建议，对我们研究中存在的问题和不足给予批评指正，我们会不断地完善与优化。我们也真诚地欢迎和期盼遇见志同道合的热爱社会心理学的人加入我们，大家一起携手共进，做好力所能及的事情。

最后，用我们团队社会心理研究中心（Center for Studies of Social Psychology）缩写字母的 CSSP 串出 4 个关键词来勉励我们继续坚持吧。

第一，Courage：勇气。首先，我们需要有“面对不易”的勇气，可以说 2020 年听得最多的就是生活不容易，我们能顶住压力，非常了不起，这些历练终究会化作我们人生的底气。其次，我们需要有“独当一面”的勇气，打铁还需自身硬，修炼好自己的本领，做一名合格的社会中人。最后，我们需要有“独立思考”的勇气，要有自己的主见和思想，自尊自信，不人云亦云，不做只会顺应的面团，更不受他人负面想法的干扰，勇敢做好自己。

第二，Simple：纯真。首先，保持内心的那份简单纯真，你简单了，世界就简单了；你可爱了，世界也就可爱了。其次，凡事不用太计较，有时吃亏未尝不是一种福气，心中有他人，保持淳朴厚道，学会谦让和换位思考。最后，发自内心地喜欢，做人、做学问和做事情不要带着功利心去做，纯粹的喜欢与投入，水到渠成之时反而收获更多，就如同三毛所说“我爱你，没有什么目的，只是爱你”。

第三，Strive：奋斗。首先，人生是用来奋斗的。我们处在人生的最美好年华，不奋斗，无青春。当然，青春和年轻很多时候代表的是一种阳光、积极向上的心态，跟年龄无关，一个人只有“不停地从人群中，从无限的时空中接受美好、希望、欢欣、勇气和力量，才能永远年轻”。其次，我们的价值在奋斗中才能得以实现。我们的出身我们无法决定，但我们能决定和控制的是自己的努力，当全力以赴实现一个个小目标时我们会感到无比兴奋与喜悦，并相信所有的付出都是值得的，在奋斗中我们能实现人生理想和自我价值。最后，“在路上”是人生旅途的最佳写照。人生是一个过程，如同一段旅途，“在路上”是常态，也是一种幸运的姿态，用心走过，无悔，无憾。

第四，Peaceful：平和。首先，修炼健康平和心态。我们期待世界和平，我们更需要修炼平和心态。“你是什么，世界就是什么”，我们需要修炼“不以物喜，不以己悲”的淡定、“尽人事，听天命”的从容、“得之我幸，失之我命；得之泰然，失之坦然”的豁达。其次，保持内心温柔而笃定。当内心真正平和了，整个人都会变得温柔起来，很喜欢杨绛先生的这句话：“有些人之所以不断成长，就绝对是有一种坚持下去的力量。”坚持心中所爱，笃定前行。最后，去点燃，去温暖，去照亮。作为心理学人，我们有着自己的社会责任与使命，因此，我们需要去正面地影响他人和社会，去点燃，去温暖，去照亮。

勇气、纯真、奋斗、平和这4个关键词作为对我们社会心理研究中心（CSSP）的注脚送给我们每一位可爱的人儿，坚持所爱，一切安好！我们知道，爱是一种美妙的状态，更是一种用心的能力。当有一天，身边的人对你说：“有你在，我很踏实和安心。”你会发自内心地喜悦与欢喜。希望我们都成为那个有能力爱自己和他人，让身边人踏实和安心的人。

最后，借用叔本华的这句“我的拥有就在我身”，愿我们都能珍惜既有，活在当下，心怀温暖，迎向希望！

祝福大家，坚守初心，美好如愿！

温芳芳于桂子山

2021年6月21日

参考文献

[1]ABBINK K, HARRIS D. In-group favouritism and out-group discrimination in naturally occurring groups[J]. PloS one, 2019, 14(9): 1-13.

[2]ABELE A E, BRUCKMÜLLER S. The bigger one of the "Big Two"? Preferential processing of communal information [J]. Journal of experimental social psychology, 2011, 47(5): 935-948.

[3]AMIOT C E, BASTIAN B. Toward a psychology of human-animal relations[J]. Psychological bulletin, 2015, 141(1): 6-47.

[4]BATSON C D, EKLUND J H, CHERMOK V L, et al. An additional antecedent of empathic concern: valuing the welfare of the person in need[J]. Journal of personality and social psychology, 2007, 93(1): 65-74.

[5]BAUER N M. The effects of counterstereotypic gender strategies on candidate evaluations[J]. Political psychology, 2017, 38(2): 279-295.

[6]BEILLARD-ROBERT L. Pink if It is a Girl, Blue if It is a Boy: a Question for Gender-Neutral Children Clothing[J]. Acta psiquiatrica y psicologica de America Latina, 2018, 64(3): 216-222.

[7]BENIGHT C C, BANDURA A. Social cognitive theory of posttraumatic recovery: the role of perceived self-efficacy [J]. Behaviour research and therapy, 2004, 42(10): 1129-1148.

[8]BLANDON-GITLIN I, PEZDEK K, SALDIVAR S, et al. Oxytocin eliminates the own-race bias in face recognition memory [J]. Brain research, 2014, 1580: 180-187.

[9]BOSAK J, KULICH C, RUDMAN L, et al. Be an advocate for others, unless you are a man: backlash against gender-atypical male job

candidates[J]. Psychology of men & masculinity, 2018, 19(1): 156-165.

[10]BOUKES M, VLIEGENTHART R. News consumption and its unpleasant side effect[J]. Journal of media psychology, 2017, 29(3): 137-147.

[11]BOYES A D, FLETCHER G J O. Metaperceptions of bias in intimate relationships[J]. Journal of personality and social psychology, 2007, 92(2):286-306.

[12]BUGG J M, DEY A. When stimulus-driven control settings compete: on the dominance of categories as cues for control[J]. Journal of experimental psychology: human perception and performance, 2018, 44(12):1905-1932.

[13]CHAE B G, DAHL D W, ZHU R J. "Our" brand's failure leads to "their" product derogation[J]. Journal of consumer psychology, 2017, 27(4):466-472.

[14]CHEN C. Technology adoption, capital deepening, and international productivity differences[J]. Journal of development economics, 2020, 143:102388.

[15]CHENG Y, LIN C P, LIU H L, et al. Expertise modulates the perception of pain in others[J]. Current biology, 2007, 17(19): 1708-1713.

[16]CLARK M S, VON CULIN K R, CLARK-POLNER E, et al. Accuracy and projection in perceptions of partners' recent emotional experiences: both minds matter[J]. Emotion, 2017, 17(2):196-207.

[17]CONE J, FERGUSON M J. He did what? The role of diagnosticity in revising implicit evaluations[J]. Journal of personality and social psychology, 2015, 108(1):37-57.

[18]CONE J, MANN T C, FERGUSON M J. Changing our implicit minds: how, when, and why implicit evaluations can be rapidly revised [M]//Advances in experimental social psychology: volume 56. Salt Lake City: Academic Press, 2017, 56:131-199.

[19]CUMMINGS J R, TOMIYAMA A J. Food loves company: risky

eating with friends increases interpersonal closeness[J]. Journal of experimental social psychology,2019,81:61-69.

[20]DECETY J, SVETLOVA M. Putting together phylogenetic and ontogenetic perspectives on empathy[J]. Developmental cognitive neuroscience,2012,2(1):1-24.

[21]DOUGLAS K M,SUTTON R M. When what you say about others says something about you:language abstraction and inferences about describers' attitudes and goals[J]. Journal of experimental social psychology,2006,42(4):500-508.

[22]EAGLY A H, NATER C, MILLER D I, et al. Gender stereotypes have changed: a cross-temporal meta-analysis of US public opinion polls from 1946 to 2018[J]. American psychologist,2020,75(3):301-315.

[23]EHRLINGER J, PLANT E A, HARTWIG M K, et al. Do gender differences in perceived prototypical computer scientists and engineers contribute to gender gaps in computer science and engineering?[J]. Sex roles,2018,78(1):40-51.

[24]ELLEMERS N. Gender stereotypes [J]. Annual review of psychology,2018,69(1):275-298.

[25]ELLIOT A J,Kayser D N,GREITEMEYER T,et al. Red,rank,and romance in women viewing men [J]. Journal of experimental psychology:general,2010,139(3):399-417.

[26]EPLEY N, CARUSO E M, BAZERMAN M H. When perspective taking increases taking: reactive egoism in social interaction[J]. Journal of personality and social psychology,2006,91(5):872-889.

[27]ESSES V M, DOVIDIO J F. The role of emotions in determining willingness to engage in intergroup contact[J]. Personality and social psychology bulletin,2002,28(9):1202-1214.

[28]FAY A J, MANER J K. Warmth, spatial proximity, and social attachment:the embodied perception of a social metaphor[J]. Journal of experimental social psychology,2012,48(6):1369-1372.

[29]FERGUSON M J, MANN T C, CONE J, et al. When and how

implicit first impressions can be updated[J]. Current directions in psychological science, 2019, 28(4): 331-336.

[30] FISKE S T, CUDDY A J, GLICK P, et al. A model of (often mixed) stereotype content: competence and warmth respectively follow from perceived status and competition[J]. Journal of personality and social psychology, 2002, 82(6): 878-902.

[31] FISKE S T. Stereotype content: warmth and competence endure[J]. Current directions in psychological science, 2018, 27(2): 67-73.

[32] FLEISCHMANN A, SIEVERDING M, HESPENHEIDE U, et al. See feminine—think incompetent? The effects of a feminine outfit on the evaluation of women's computer competence[J]. Computers & education, 2016, 95: 63-74.

[33] FORGAS J P. Can negative affect eliminate the power of first impressions? Affective influences on primacy and recency effects in impression formation[J]. Journal of experimental social psychology, 2011, 47(2): 425-429.

[34] FORSCHER P S, MITAMURA C, DIX E L, et al. Breaking the prejudice habit: mechanisms, timecourse, and longevity[J]. Journal of experimental social psychology, 2017, 72: 133-146.

[35] FOURAKIS E, CONE J. Matters order: the role of information order on implicit impression formation [J]. Social psychological and personality science, 2020, 11(1): 56-63.

[36] GALINSKY A D, KU G, WANG C S. Perspective-taking and self-other overlap: fostering social bonds and facilitating social coordination[J]. Group processes & intergroup relations, 2005, 8(2): 109-124.

[37] GALINSKY A D, MADDUX W W, GILIN D, et al. Why it pays to get inside the head of your opponent: the differential effects of perspective taking and empathy in negotiations [J]. Psychological science, 2008, 19(4): 378-384.

[38] GHASSEMI M, BERNECKER K, BRANDSTATTER V. "Take care, honey!": people are more anxious about their significant others'

risk behavior than about their own[J]. Journal of experimental social psychology, 2020, 86: 103879.

[39] GODINHO J, GONCALVES R P, JARDIM L. Contribution of facial components to the attractiveness of the smiling face in male and female patients: a cross-sectional correlation study [J]. American journal of orthodontics and dentofacial orthopedics, 2020, 157 (1): 98-104.

[40] GOLEC DE ZAVALA A, FEDERICO C M, SEDIKIDES C, et al. Low self-esteem predicts out-group derogation via collective narcissism, but this relationship is obscured by in-group satisfaction [J]. Journal of personality and social psychology, 2020, 119 (3): 741-764.

[41] GONZALEZ-GADEA M L, SANTAMARIA-GARCIA H, ARAGÓN I, et al. Transgression of cooperative helping norms outweighs children's intergroup bias [J]. Cognitive development, 2020, 54: 100878.

[42] GOTTFREDSON L S. Gottfredson's theory of circumscription, compromise, and self-creation [J]. Career choice and development, 2002, 4: 85-148.

[43] GURUNG R A R, PUNKE E, BRICKNER M, et al. Power and provocativeness: the effects of subtle changes in clothing on perceptions of working women[J]. The journal of social psychology, 2018, 158(2): 252-255.

[44] HAMLEY L, HOUKAMAU C A, OSBORNE D, et al. Ingroup love or outgroup hate (or both)? Mapping distinct bias profiles in the population[J]. Personality and social psychology bulletin, 2020, 46 (2): 171-188.

[45] HEIDER F, SIMMEL M. An experimental study of apparent behavior[J]. The American journal of psychology, 1944, 57 (2): 243-259.

[46] HEILMAN M E, MANZI F, CALEO S. Updating impressions: the differential effects of new performance information on evaluations of

women and men[J]. Organizational behavior and human decision processes, 2019, 152: 105-121.

[47] HEILMAN M E. Gender stereotypes and workplace bias [J]. Research in organizational behavior, 2012, 32: 113-135.

[48] HOGG M A, ABRAMS D, BREWER M B. Social identity: the role of self in group processes and intergroup relations[J]. Group processes & intergroup relations, 2017, 20(5): 570-581.

[49] HOUKAMAU C A, STRONGE S, SIBLEY C G. The prevalence and impact of racism toward indigenous Māori in New Zealand [J]. International perspectives in psychology, 2017, 6(2): 61-80.

[50] HOUWER J D. A propositional model of implicit evaluation [J]. Social and personality psychology compass, 2014, 8(7): 342-353.

[51] HUGENBERG K, WILSON J P, SEE P E, et al. Towards a synthetic model of own group biases in face memory [J]. Visual cognition, 2013, 21(9-10): 1392-1417.

[52] HUGHES B L, ZAKI J, AMBADY N. Motivation alters impression formation and related neural systems [J]. Social cognitive and affective neuroscience, 2017, 12(1): 49-60.

[53] HUGHES S, BARNES-HOLMES D, SMYTH S. Implicit cross-community biases revisited: evidence for ingroup favoritism in the absence of outgroup derogation in Northern Ireland[J]. Psychological record, 2017, 67(1): 97-107.

[54] IJZERMAN H, SEMIN G R. Temperature perceptions as a ground for social proximity[J]. Journal of experimental social psychology, 2010, 46(6): 867-873.

[55] INESI M E, CABLE D M. When accomplishments come back to haunt you: the negative effect of competence signals on women's performance evaluations [J]. Personnel psychology, 2015, 68 (3): 615-657.

[56] ISHII K, NUMAZAKI M, TADO'OKA Y. The effect of pink/blue clothing on implicit and explicit gender-related self-cognition and attitudes among men[J]. Japanese psychological research, 2019, 61

(2):123-132.
[57]JOSTMANN N B, LAKENS D, SCHUBERT T W. Weight as an embodiment of importance[J]. Psychological science, 2009, 20(9): 1169-1174.
[58]KEIB K, ESPINA C, LEE Y I, et al. Picture this: the influence of emotionally valenced images, on attention, selection, and sharing of social media news[J]. Media psychology, 2018, 21(2):202-221.
[59]KIM T, ZHANG T, NORTON M I. Pettiness in social exchange[J]. Journal of experimental psychology: general, 2019, 148(2):361-373.
[60]KLAPPER A, DOTSCH R, VAN ROOIJ I, et al. Four meanings of "categorization": a conceptual analysis of research on person perception[J]. Social and personality psychology compass, 2017, 11(8):e12336.
[61]KLEIN W M P, FERRER R A. On being more amenable to threatening risk messages concerning close others (vis-à-vis the self)[J]. Personality and social psychology bulletin, 2018, 44(10): 1411-1423.
[62]KLUSOWSKI J, SMALL D A, SIMMONS J P. Does choice cause an illusion of control?[J]. Psychological science, 2021, 32(2):159-172.
[63]LAURENT S M, MYERS M W. I know you're me, but who am I? Perspective taking and seeing the other in the self[J]. Journal of experimental social psychology, 2011, 47(6):1316-1319.
[64]MANN T C, FERGUSON M J. Reversing implicit first impressions through reinterpretation after a two-day delay[J]. Journal of experimental social psychology, 2017, 68:122-127.
[65]MARSH H W, TRAUTWEIN U, LÜDTKE O, et al. Social comparison and big-fish-little-pond effects on self-concept and other self-belief constructs: role of generalized and specific others[J]. Journal of educational psychology, 2008, 100(3):510.
[66]MEI D, ZHANG W, YIN L. Neural responses of in-group "favoritism" and out-group "discrimination" toward moral behaviors[J]. Neuropsychologia, 2020, 139:107375.

[67] MICHEL C, CORNEILLE O, ROSSION B. Race categorization modulates holistic face encoding[J]. Cognitive science, 2007, 31(5): 911-924.

[68] MIYAMOTO Y, YOO J, LEVINE C S, et al. Culture and social hierarchy: self- and other-oriented correlates of socioeconomic status across cultures[J]. Journal of personality and social psychology, 2018, 115(3): 427-445.

[69] MYERS M W, LAURENT S M, HODGES S D. Perspective taking instructions and self-other overlap: different motives for helping[J]. Motivation and emotion, 2014, 38(2): 224-234.

[70] NEGY C, SHREVE T L, JENSEN B J, et al. Ethnic identity, self-esteem, and ethnocentrism: a study of social identity versus multicultural theory of development[J]. Cultural diversity and ethnic minority psychology, 2003, 9(4): 333-344.

[71] NISBETT R E, PENG K, CHOI I, et al. Culture and systems of thought: holistic versus analytic cognition[J]. Psychological review, 2001, 108(2): 291-310.

[72] PARK B K, YOUNG L. An association between biased impression updating and relationship facilitation: a behavioral and fMRI investigation[J]. Journal of experimental social psychology, 2020, 87: 103916.

[73] PETERSON J L, BELLOWS A, PETERSON S. Promoting connection: perspective-taking improves relationship closeness and perceived regard in participants with low implicit self-esteem[J]. Journal of experimental social psychology, 2015, 56: 160-164.

[74] PICCI G, GOTTS S J, SCHERF K S. A theoretical rut: revisiting and critically evaluating the generalized under/over-connectivity hypothesis of autism[J]. Developmental science, 2016, 19(4): 524-549.

[75] PINEL E C, BERNECKER S L, RAMPY N M. I-sharing on the couch: on the clinical implications of shared subjective experience[J]. Journal of psychotherapy integration, 2015, 25(2): 59-70.

[76]PINEL E C, LONG A E, HUNEKE M. In the blink of an I: on delayed but identical subjective reactions and their effect on self-interested behavior[J]. The journal of social psychology, 2015, 155(6):605-616.
[77]PINEL E C, LONG A E. When I's meet: sharing subjective experience with someone from the outgroup[J]. Personality and social psychology bulletin, 2012, 38(3):296-307.
[78]PINEL E C, YAWGER G C, LONG A E, et al. Human like me: evidence that i-sharing humanizes the otherwise dehumanized[J]. British journal of social psychology, 2017, 56(4):689-704.
[79]RHODES G, HICKFORD C, JEFFERY L. Sex-typicality and attractiveness: are supermale and superfemale faces super-attractive?[J]. British journal of psychology, 2000, 91(1):125-140.
[80]RHODES M, LESLIE S J, SAUNDERS K, et al. How does social essentialism affect the development of inter-group relations?[J]. Developmental science, 2018, 21(1):e12509.
[81]RHODES M. How two intuitive theories shape the development of social categorization[J]. Child development perspectives, 2013, 7(1):12-16.
[82]RIM S Y, MIN K E, ULEMAN J S, et al. Seeing others through rose-colored glasses: an affiliation goal and positivity bias in implicit trait impressions[J]. Journal of experimental social psychology, 2013, 49(6):1204-1209.
[83]RUDMAN L A, MESCHER K. Penalizing men who request a family leave: Is flexibility stigma a femininity stigma[J]. Journal of social issues, 2013, 69(2):322-340.
[84]RUDMAN L A, MOSS-RACUSIN C A, PHELAN J E, et al. Status incongruity and backlash effects: defending the gender hierarchy motivates prejudice against female leaders[J]. Journal of experimental social psychology, 2012, 48(1):165-179.
[85]RUSCONI P, SACCHI S, BRAMBILLA M, et al. Being honest and acting consistently: boundary conditions of the negativity effect in the

attribution of morality[J]. Social cognition, 2020, 38(2): 146-178.

[86] SCHILLER B, BAUMGARTNER T, KNOCH D. Intergroup bias in third-party punishment stems from both ingroup favoritism and outgroup discrimination[J]. Evolution and human behavior, 2014, 35(3): 169-175.

[87] SEVILLANO V, FISKE S T. Animals as social objects: groups, stereotypes, and intergroup threats[J]. European psychologist, 2016, 21(3): 206-217.

[88] SEVILLANO V, FISKE S T. Stereotypes, emotions, and behaviors associated with animals: a causal test of the stereotype content model and BIAS map[J]. Group processes & intergroup relations, 2019, 22(6): 879-900.

[89] SEVILLANO V, FISKE S T. Warmth and competence in animals[J]. Journal of applied social psychology, 2016, 46(5): 276-293.

[90] SHEN X, MANN T C, FERGUSON M J. Beware a dishonest face?: updating face-based implicit impressions using diagnostic behavioral information[J]. Journal of experimental social psychology, 2020, 86: 103888.

[91] LI S, WU Y, ZHANG F, et al. Self-affirmation buffering by the general public reduces anxiety levels during the covid-19 epidemic[J]. Acta psychologica sinica, 2020, 52(7): 886-894.

[92] SLEPIAN M L, WEISBUCH M, RULE N O, et al. Tough and tender: embodied categorization of gender[J]. Psychological science, 2011, 22(1): 26-28.

[93] SLEPIAN M L, YOUNG S G, RULE N O, et al. Embodied impression formation: social judgments and motor cues to approach and avoidance[J]. Social cognition, 2012, 30(2): 232-240.

[94] SMYTH K, FEENEY A, EIDSON R C, et al. Development of essentialist thinking about religion categories in Northern Ireland (and the United States)[J]. Developmental psychology, 2017, 53(3): 475-496.

[95] SPAULDING S. Embodied social cognition[J]. Philosophical topics,

2011,39(1):141-162.

[96]STEELE C M, ARONSON J. Stereotype threat and the intellectual test performance of African Americans[J]. Journal of personality and social psychology,1995,69(5):797-811.

[97]STEINMETZ J, MUSSWEILER T. Breaking the ice: how physical warmth shapes social comparison consequences [J]. Journal of experimental social psychology,2011,47(5):1025-1028.

[98]STROESSNER S J, BENITEZ J, PEREZ M A, et al. What's in a shape? Evidence of gender category associations with basic forms[J]. Journal of experimental social psychology,2020,87:103915.

[99]TODD A R, BODENHAUSEN G V, GALINSKY A D. Perspective taking combats the denial of intergroup discrimination[J]. Journal of experimental social psychology,2012,48(3):738-745.

[100]VANDELLO J A, BOSSON J K, COHEN D, et al. Precarious manhood[J]. Journal of personality and social psychology,2008,95(6):1325-1339.

[101]VESCIO T K, SECHRIST G B, PAOLUCCI M P. Perspective taking and prejudice reduction: the mediational role of empathy arousal and situational attributions[J]. European journal of social psychology,2003,33(4):455-472.

[102]VESCIO T K, SECHRIST G B, PAOLUCCI M P. Perspective taking and prejudice reduction: the mediational role of empathy arousal and situational attributions[J]. European journal of social psychology,2003,33(4):455-472.

[103]VORAUER J D, MARTENS V, SASAKI S J. When trying to understand detracts from trying to behave: effects of perspective taking in intergroup interaction[J]. Journal of personality and social psychology,2009,96(4):811-827.

[104]VORAUER J D, SASAKI S J. Helpful only in the abstract? Ironic effects of empathy in intergroup interaction [J]. Psychological science,2009,20(2):191-197.

[105]WAN L, CROOKES K, REYNOLDS K J, et al. A cultural setting

where the other-race effect on face recognition has no social-motivational component and derives entirely from lifetime perceptual experience[J]. Cognition, 2015, 144:91-115.

[106] WANG C, PAN R, WAN X, et al. A longitudinal study on the mental health of general population during the COVID-19 epidemic in China[J]. Brain, behavior, and immunity, 2020, 87:40-48.

[107] WEN F, YE H, ZUO B, et al. The association between insecurity and subjective well-being among youth during the COVID-19 outbreak: a moderated mediation model [J]. Journal of affective disorders, 2022, 297:486-494.

[108] WEN F, ZHU J, YE H, et al. Associations between insecurity and stress among Chinese university students: the mediating effects of hope and self-efficacy[J]. Journal of affective disorders, 2021, 281: 447-453.

[109] WEN F, ZUO B, WANG Y, et al. Non-pregnant and pregnant women's femininity preferences in male faces: tests based on within- and between-sex sexual dimorphism facial manipulations [J]. Archives of sexual behavior, 2021, 50(2):531-541.

[110] WEN F, ZUO B, WANG Y, et al. The (continuous) nature of perceived gender counter-stereotype: a threshold model of gender stereotype maintenance[J]. Archives of sexual behavior, 2020, 49 (7):2511-2530.

[111] WINTER K, SCHOLL A, SASSENBERG K. A matter of flexibility: Changing outgroup attitudes through messages with negations[J]. Journal of personality and social psychology, 2021, 120(4):956-976.

[112] WOOD W, EAGLY A H. Biosocial construction of sex differences and similarities in behavior [M]//Advances in experimental social psychology: volume 46. Salt Lake City: Academic Press, 2012: 55-123.

[113] WU W, QI Q, CAO X, et al. Relationship between medical students' empathy and occupation expectation: mediating roles of resilience

and subjective well-being [J]. Frontiers in psychology, 2021, 12:708342.

[114] WYER N A. You never get a second chance to make a first (implicit) impression: the role of elaboration in the formation and revision of implicit impressions [J]. Social cognition, 2010, 28(1): 1-19.

[115] XIE Z, WEN F, TAN X, et al. The attractiveness of group potential: the mediating role of anticipated future achievements in willingness to join [J]. Current psychology, 2020:1-11.

[116] ZAKI J, OCHSNER K N. The neuroscience of empathy: progress, pitfalls and promise [J]. Nature neuroscience, 2012, 15(5):675-680.

[117] ZHANG S, LIU T, XIA F, et al. A social network analysis approach to interpersonal relationship and mental health in college students [J]. Chinese mental health journal, 2020, 34(10):855-859.

[118] ZUO B, WEN F, WU Y. Sex differences in mate retention and mate quality enhancement: the effect of facial sexual dimorphism cues on willingness to introduce a new friend to one's partner [J]. Archives of sexual behavior, 2019, 48(6):1785-1794.

[119] ZUO B, YANG K, YAO Y, et al. The relationship of perceived social support to feelings of hopelessness under COVID-19 pandemic: the effects of epidemic risk and meaning in life [J]. Personality and individual differences, 2021, 183:111110.

[120] ZUO B, ZHANG X, WEN F, et al. The influence of stressful life events on depression among Chinese university students: multiple mediating roles of fatalism and core self-evaluations [J]. Journal of affective disorders, 2020, 260:84-90.

[121] 包寒吴霜，陈俊霖，林俊利，等. 名字与性别的人际吸引机制：性别角色评价的中介作用 [J]. 中国临床心理学杂志，2016，24(4)：596-600.

[122] 卞宁. 观点采择对大学生的老年人刻板印象的影响 [D]. 武汉：华中师范大学，2015.

[123] 卜长莉. "差序格局"的理论诠释及现代内涵 [J]. 社会学研究，

2003 (1): 21-29.
[124] 蔡馥. 脸型刻板印象研究 [D]. 武汉: 华中师范大学, 2016.
[125] 蔡华俭, 黄玄凤, 宋海荣. 性别角色和主观幸福感的关系模型: 基于中国大学生的检验 [J]. 心理学报, 2008 (4): 474-486.
[126] 陈必忠, 郑雪, 孙晓军. 社交媒体自我控制失败影响硕士生主观幸福感的心理机制 [J]. 心理发展与教育, 2021, 37 (6): 882-888.
[127] 陈世平, 崔鑫. 从社会认同理论视角看内外群体偏爱的发展 [J]. 心理与行为研究, 2015, 13 (3): 422-427.
[128] 代涛涛, 佐斌, 温芳芳. 情境线索对社会认知内容推断的影响 [J]. 心理科学, 2019, 42 (3): 612-618.
[129] 戴月娥, 温芳芳, 佐斌, 等. 基于个体的退休心理模型 [J]. 心理科学进展, 2017, 25 (3): 443-451.
[130] 丁新华, 王极盛. 青少年主观幸福感研究述评 [J]. 心理科学进展, 2004 (1): 59-66.
[131] 定险峰, 刘华山. 个体不幸情境下的慈善捐赠-共情的中介效应 [J]. 中国临床心理学杂志, 2011, 19 (6): 759-762.
[132] 段锦云, 施蓓, 王啸天. 寻求者的注视方向对建议者建议提出的影响 [J]. 心理学报, 2019, 51 (12): 1363-1374.
[133] 高倩, 佐斌, 郭新立, 等. 人际吸引机制探索: 主我分享中情绪的作用 [J]. 心理与行为研究, 2010, 8 (3): 183-189.
[134] 高云涛, 霍倩倩, 陈宏玉, 等. 天津 8·12 爆炸事故信息传播的受众特征与心理影响效应 [J]. 职业与健康, 2018, 34 (9): 1217-1222.
[135] 古斯塔夫·勒庞. 乌合之众: 大众心理研究 [M]. 桂林: 广西师范大学出版社, 2007.
[136] 洪海超. 人的社会性辨析 [J]. 长江丛刊, 2020 (15): 146.
[137] 江汶, 佐斌. 大鱼小池效应研究评价及展望 [J]. 心理科学, 2013, 36 (1): 157-163.
[138] 赖文龙. 大学生自我意识研究 [J]. 心理科学, 2009, 32 (2): 495-497.
[139] 兰玉娟, 佐斌. 去个性化效应的社会认同模型 [J]. 心理科学进

展，2009，17 (2)：467-472.

[140] 黎情，佐斌，胡聚平. 群体交叉分类效应的代数模型及其潜在加工过程 [J]. 心理科学进展，2009，17 (4)：863-869.

[141] 黎晓丹，叶浩生，丁道群. 通过身体动作理解人与环境：具身的社会认知 [J]. 心理学探新，2018，38 (1)：20-24.

[142] 李嘉雯，石佳霖，刘力嘉，等. 你会对谁将心比心？决策者角色对生命风险偏好的影响 [C] //第二十三届全国心理学学术会议摘要集 (下)，2021：344-345.

[143] 李静，温芳芳，梁涛. 大学生在奖学金评定结果上归因倾向研究 [J]. 理工高教研究，2005 (5)：117-119.

[144] 李俊晓，陈天勇，王静诗，等. 地方院校师生职业态度的差异性调研分析 [J]. 中国大学教学，2019 (3)：88-92.

[145] 李琼，黄希庭. 自我控制：内涵及其机制与展望 [J]. 西南大学学报 (社会科学版)，2012，38 (2)：41-52.

[146] 李世峰，吴艺玲，张福民，等. 自我肯定缓冲新冠疫情引发的焦虑反应：一项随机对照研究 [J]. 心理学报，2020，52 (7)：886-894.

[147] 李纾，刘欢，白新文，等. 汶川“5. 12”地震中的“心理台风眼”效应 [J]. 科技导报，2009，27 (3)：87-89.

[148] 李淑娴，焦弘光. 消除人际沟通障碍　实现组织有效沟通 [J]. 北京大学学报 (哲学社会科学版)，2006 (S1)：70-73.

[149] 理查德·尼斯贝特. 思维的版图 [M]. 李秀霞，译. 北京：中信出版社，2006：87-88.

[150] 连淑芳，杨治良. 抑制对内隐刻板印象的影响研究 [J]. 心理科学，2007 (4)：844-846.

[151] 梁晓燕，赵桐，刘晓飞. 父母关系积极感知对浪漫关系的影响：链式中介效应分析 [J]. 中国临床心理学杂志，2018，26 (6)：1158-1162.

[152] 刘晅，佐斌. 性别刻板印象维护的心理机制 [J]. 心理科学进展，2006 (3)：456-461.

[153] 刘喆，梁娟，刘燕君，等. 领导执行公正准则的理论基础及影响因素 [J]. 心理科学进展，2015，23 (7)：1258-1266.

[154] 刘志雅，莫雷．类别学习中的分类和推理 [J]．心理科学进展，2004 (5)：774-783.
[155] 潘文静，温芳芳，佐斌．老年刻板印象威胁及其研究操纵 [J]．心理科学进展，2018，26 (9)：1670-1679.
[156] 乔纳森·布朗．自我 [M]．王伟平，陈浩莺，译．北京：人民邮电出版社，2015.
[157] 石伟，刘杰．自我肯定研究述评 [J]．心理科学进展，2009，17 (6)：1287-1294.
[158] 时勘，陈雪峰，胡卫鹏，等．北京市民对 SARS 疫情的风险认知特征 [J]．人口研究，2003 (4)：42-46.
[159] 宋仕婕，佐斌，温芳芳，等．群体认同对群际敏感效应及其行为表现的影响 [J]．心理学报，2020，52 (8)：993-1003.
[160] 宋晓东，黄婷婷，景怡．研究生心理压力调查报告：以北京某 985 高校研究生为例 [J]．中国青年社会科学，2019，38 (3)：74-82.
[161] 苏红，任孝鹏．名字的心理效应：来自个体层面和群体层面的证据 [J]．心理科学进展，2015，23 (5)：879-887.
[162] 孙利，佐斌．中小学教师职业认同的结构与测量 [J]．教育研究与实验，2010 (5)：80-84.
[163] 孙利．中小学教师职业认同：测量、特征与关系模型 [D]．武汉：华中师范大学，2011.
[164] 孙山．观点采择对刻板化的影响：自我—刻板印象双重路径的视角 [D]．武汉：华中师范大学，2016.
[165] 谭旭运．获得感与美好生活需要的关系研究 [J]．江苏社会科学，2021 (3)：68-77.
[166] 汪新建，程婕婷，管健．解析群际偏见：基于刻板印象内容模型的认知神经研究 [J]．广东社会科学，2014 (3)：173-180.
[167] 王娟．中国人爱情的心理结构及其影响因素 [D]．武汉：华中师范大学，2006.
[168] 王桢，陈雪峰，时勘．大学生应对方式、社会支持与心理健康的关系 [J]．中国临床心理学杂志，2006 (4)：378-380.
[169] 王中杰，赵山明．性别在大学生恋爱关系满意度与共情关系中的调节作用 [J]．中国心理卫生杂志，2017，31 (7)：573-576.

[170] 王紫薇，涂平．社会排斥情境下自我关注变化的性别差异［J］．心理学报，2014，46（11）：1782-1792.
[171] 温芳芳，马书瀚，叶含雪，等．“涟漪效应”与“心理台风眼效应”：不同程度COVID-19疫情地区民众风险认知与焦虑的双视角检验［J］．心理学报，2020，52（9）：1087-1104.
[172] 温芳芳，佐斌，马书瀚，等．面孔识别的自我群体偏向［J］．心理科学进展，2020，28（7）：1164-1171.
[173] 温芳芳，佐斌．刻板印象威胁研究［M］．武汉：华中师范大学出版社，2020.
[174] 温芳芳，佐斌．面孔参照或观察者参照：性别二态线索、面孔吸引力与表情对正视面孔偏好的影响［J］．心理科学，2014，37（4）：834-839.
[175] 温芳芳，佐斌．男性化与女性化对面孔偏好的影响：基于图像处理技术和眼动的检验［J］．心理学报，2012，44（1）：14-29.
[176] 温芳芳，佐斌．社会分类的概念、线索及影响机制［J］．心理科学，2019，42（2）：395-401.
[177] 温芳芳，佐斌．注视方向和性别二态线索对面孔吸引力的影响［J］．中国临床心理学杂志，2011，19（4）：441-444.
[178] 温芳芳，佐斌．最简群体范式的操作、心理机制及新应用［J］．心理科学，2018，41（3）：713-719.
[179] 温芳芳．男性化与女性化：面孔吸引力研究［M］．武汉：华中师范大学出版社，2016.
[180] 吴漾，温芳芳，陈真珍，等．权力增加还是降低观点采择？基于本土的验证［J］．中国临床心理学杂志，2014，22（6）：957-963.
[181] 吴漾．自我矛盾性：关于自我的心理学研究［M］．北京：社会科学文献出版社，2019.
[182] 谢佳秋，谢晓非，甘怡群．汶川地震中的心理台风眼效应［J］．北京大学学报（自然科学版），2011，47（5）：944-952.
[183] 谢晓非，郑蕊，谢冬梅，等．SARS中的心理恐慌现象分析［J］．北京大学学报（自然科学版），2005（4）：628-639.
[184] 谢晓非．乐观与冒险［J］．北京大学学报（自然科学版），2001（6）：859-868.

[185] 辛自强，马君雪，耿柳娜．青少年无望感与生活事件、控制信念和社会支持的关系［J］．心理发展与教育，2006（3）：41-46.
[186] 邢淑芬，俞国良．社会比较研究的现状与发展趋势［J］．心理科学进展，2005（1）：78-84.
[187] 熊胜华．学业水平与群体规模对高中生群体印象的影响及教育建议［D］．武汉：华中师范大学，2021.
[188] 徐同洁，温芳芳，浮东琴，等．人际沟通中的语言偏向及影响因素［J］．心理科学进展，2014，22（7）：1188-1197.
[189] 徐同洁．否定偏向及其对印象评价的影响［D］．武汉：华中师范大学，2015.
[190] 许明星，郑蕊，饶俪琳，等．妥善应对现于新冠肺炎疫情中“心理台风眼效应”的建议［J］．中国科学院院刊，2020，35（3）：273-282.
[191] 薛婷，陈浩，乐国安，等．社会认同对集体行动的作用：群体情绪与效能路径［J］．心理学报，2013，45（8）：899-920.
[192] 杨宜音．关系化还是类别化：中国人“我们”概念形成的社会心理机制探讨［J］．中国社会科学，2008（4）：148-159.
[193] 叶浩生．认知与身体：理论心理学的视角［J］．心理学报，2013，45（4）：481-488.
[194] 叶娜，佐斌．联想—命题评价模型：态度改变的新解释［J］．心理科学进展，2007（5）：834-839.
[195] 于泳红．大学生内隐职业偏见和内隐职业性别刻板印象研究［J］．心理科学，2003（4）：672-675.
[196] 张慧，周小虎，宋迪．从0到1：刻板印象威胁与女性创业者机会评估［J］．经济管理，2020，42（4）：72-90.
[197] 张丽丽，魏斌，张妍．微笑影响面孔吸引力判断的眼动研究［J］．心理学探新，2016，36（1）：13-17.
[198] 张腾霄，韩布新．红色的心理效应：现象与机制研究述评［J］．心理科学进展，2013，21（3）：398-406.
[199] 张艳红，佐斌．情绪性别刻板印象的归因解释［J］．中国临床心理学杂志，2011，19（5）：578-581.
[200] 张艺，佐斌，张于，等．亲密关系认知中的积极偏向［J］．中国临

床心理学杂志，2009，17（3）：372-374.
[201] 张莹瑞，佐斌．社会认同理论及其发展［J］．心理科学进展，2006（3）：475-480.
[202] 钟毅平，陈智勇，罗西，等．自我肯定对自尊及自我评价的影响［J］．中国临床心理学杂志，2014，22（3）：390-393.
[203] 周爱保，马小凤．大学生职业决策中的妥协策略［J］．心理科学，2007（5）：1247-1249.
[204] 朱苏丽，龙立荣，贺伟，等．超越工具性交换：中国企业员工—组织类亲情交换关系的理论建构与实证研究［J］．管理世界，2015（11）：119-134.
[205] 朱雪莲，廖全明．基于IAT的内隐职业性别刻板印象研究［J］．心理学进展，2020，10（2）：5.
[206] 祝婧媛，何贵兵．风险来源与决策：背信规避现象及人际联结需求的作用［J］．心理学报，2016，48（6）：733-745.
[207] 邹文篪，田青，刘佳．"投桃报李"：互惠理论的组织行为学研究述评［J］．心理科学进展，2012，20（11）：1879-1888.
[208] 佐斌，代涛涛，温芳芳，等．社会认知内容的"大二"模型［J］．心理科学，2015，38（4）：1019-1023.
[209] 佐斌，代涛涛，温芳芳，等．热情与能力的关系及其影响因素［J］．心理科学进展，2014，22（9）：1467-1474.
[210] 佐斌，戴月娥，温芳芳，等．人如其食：食物性别刻板印象及对人物评价的影响［J］．心理学报，2021，53（3）：259-272.
[211] 佐斌，刘晨，温芳芳，等．性别化名字对个体印象评价及人际交往的影响［J］．心理学报，2021，53（4）：387-399.
[212] 佐斌，刘晅．基于IAT和SEB的内隐性别刻板印象研究［J］．心理发展与教育，2006（4）：57-63.
[213] 佐斌，温芳芳，宋静静，等．社会分类的特性、维度及心理效应［J］．心理科学进展，2019，27（1）：141-148.
[214] 佐斌，温芳芳，吴漾，等．群际评价中热情与能力关系的情境演变：评价意图与结果的作用［J］．心理学报，2018，50（10）：1180-1196.
[215] 佐斌，温芳芳，杨珂，等．情境对"热情优先效应"的影响：基

于同伴提名法的检验［J］．心理科学，2020，43（6）：1384-1390.
［216］佐斌，温芳芳．大学生职业选择与内隐职业声望偏好［J］．心理与行为研究，2009，7（3）：171-175.
［217］佐斌，温芳芳．当代中国人的文化认同［J］．中国科学院院刊，2017，32（2）：175-187.
［218］佐斌，温芳芳．新冠肺炎疫情时期的群际歧视探析［J］．华南师范大学学报（社会科学版），2020（3）：70-78.
［219］佐斌，张阳阳，赵菊，等．刻板印象内容模型：理论假设及研究［J］．心理科学进展，2006（1）：138-145.
［220］佐斌．缓解现代人的心理压力［J］．家庭护士，2003（6）：20.
［221］佐斌．社会心理学［M］．北京：高等教育出版社，2009.
［222］佐斌．中国人的关系取向：概念及其测量［J］．华中师范大学学报（人文社会科学版），2002（1）：74-80.
［223］佐斌．中国人的脸与面子：本土社会心理学探索［M］．武汉：华中师范大学出版社，1999.
［224］佐斌．心理健康教育（小学版）［M］．武汉：长江少年儿童出版社，2014.